应知应会的
100个民法典知识

佟丽华 编著

人 民 出 版 社

前　言

2020年5月28日第十三届全国人民代表大会第三次会议通过了《中华人民共和国民法典》（以下简称《民法典》）。民法典自2021年1月1日起正式实施。新颁布的民法典共分为7编，依次为总则编、物权编、合同编、人格权编、婚姻家庭编、继承编、侵权责任编以及附则。民法典的颁布和实施，对于推进全面依法治国、加快建设社会主义法治国家，对于发展社会主义市场经济、巩固社会主义基本经济制度，对于坚持以人民为中心的发展思想、依法维护人民权益、推动我国人权事业发展，对于推进国家治理体系和治理能力现代化都具有重大的意义和深远的影响。

习近平总书记在中央政治局第二十次集体学习时强调要充分认识颁布实施民法典的重大意义。他在讲话中指出，各级党和国家机关要带头宣传、推进、保障民法典实施，加强检查和监督，确保民法典得到全面有效执行。各级领导干部要做学习、遵守、维护民法典的表率，提高运用民法典维护人民权益、化解矛盾纠纷、促进社会和谐稳定的能力和水平。

2020年7月，中央宣传部、中央组织部、中央政法委、中央网信办、全国人大常委会办公厅、教育部、司法部、全国普法办等部门专门发布通知，部署开展《民法典》学习宣传工作。通知强调，民法典是新中国成立以来第一部以"法典"命名的法律，是新时代我国社会主义法治建设的重大成果，在中国特色社会主义法律体系中具有重要地位，是一部固根本、稳预期、利长远的基础性法律。通知特别要求，抓好重点群体的宣传教育，把民法典纳入领导干部学法必修课，作为领导干部年度述法重要内容。

民法典适应新时代新发展新要求，从经济社会生产生活的方方面面，细致详尽地规定了人民群众的权益，并有效衔接了行政法、刑法等其他部门法，是人民群众利益的基本法律保障。民法典实施水平和效果，是衡量各级党政机关和党员干部履行为人民服务宗旨的重要尺度。

本书面向广大读者，特别是党员领导干部学习民法典的需要，具有以下三个特点：

首先,这本书紧密结合党员领导干部的需要。党员干部要站在国家治理的视角来学习和了解民法典中的重大法律制度,所以既不是简单法律条文的说明,也不是具体条款的深入解读,而是要了解相关法律制度对国家治理以及法治建设的重大影响。这本书突破了目前关于民法典解读书籍只针对普通群众或者法律专业人士的局限,突出党员干部身份属性、工作性质等特点,让党员干部在学习实施民法典的过程中,能以更开阔的视角知晓重大法律制度的背景和应用中需要注意的具体问题。

其次,这本书化繁为简、通俗易懂。民法典有 1260 条、近 11 万字,内容博大精深,对很多非法律专业人士来说学习确实存在困难。这本书针对党员干部工作生活中经常接触的民商事活动,选取了党员干部确实需要了解的一些重大民事法律制度和相关民商事概念进行了解读,聚焦 100 个重大法律制度和 360 多个具体问题,便于党员干部快速学习、及时掌握,得心应手。

最后,这本书紧密结合党的十八大以来以习近平同志为核心的党中央通过的一系列重大方针政策,介绍了相关党内法规以及立法政策关于民商事活动的具体要求和重大改革举措,将党内法规和国家法律进行了有机融合,能够帮助党员在学法懂法用法守法与学习贯彻落实党纪党规之间融会贯通,能够积极促进党员履行法定义务和党员义务、充分发挥尊法守纪的模范带头作用。

目　录

第二编　物　权

第三编　合　　同

第四编 人 格 权

第五编　婚姻家庭

第六编　继　承

第七编 **侵权责任**

第一编 总 则

民法典总则编,是民法典的总纲,与其他编之间是总分关系,也是一般与特殊的关系。总则编明确了民事活动必须遵循的基本原则和一般性规则,在民法典中起到了纲举目张、统领全典的重要作用。党员干部只有理解了总则编,才能了解整个民法典的体系框架,才能更好地掌握其他编的具体要求。

1 民事活动的基本原则

民事活动的基本原则,是贯穿于民法典立法、执法、司法、守法各环节之中的根本规则。民事活动的基本原则不仅是制定民法典的立法准则,也是执法部门处理民事纠纷的调解准则,还是司法机关在处理此种情况下诉讼纠纷的审判准则,更是当事人在法无明文规定时的行为准则。

(1) 民事活动有哪些基本原则?

在民事活动中,有平等原则、自愿原则、公平原则、诚信原则、公序良俗原则和绿色原则等六项基本原则,分别对应《民法典》第四条至第九条。这些基本原则贯穿着民法典的始终,并在引用法条、适用规则出现冲突时明确了民法典的价值位阶。

关于平等原则,它是民法典最根本也是最基础的原则。我国宪法明确规定:"中华人民共和国各民族一律平等"。"中华人民共和国公民在法律面前一律平等"。"中华人民共和国妇女在政治的、经济的、文化的、社会的和家庭的生活等各方面享有同男子平等的权利"。民法典是调整平等主体之间人身关系和财产关系的法律,也贯彻了这一要求,将平等原则作为民事活动的基本原则。《民法典》第四条规定:"民事主体在民事活动中的法律地位一律平等"。平等原则,一方面要求公民、法人等民事主体在法律上的地位平等,另一方面也要求公民权利平等地受到法律保护。

关于自愿原则,它是民法典中最具有代表性的原则,又称意思自治原则。通俗来讲,就是民事主体在民事活动中有权按照自己的真实意愿独立地作出选择或决定，只要在法律允许的范围内，任何人都不能干涉民事主体自愿作出的行为。《民法典》第五条规定："民事主体从事民事活动，应当遵循自愿原则，按照自己的意思设立、变更、终止民事法律关系。"如果他人以欺诈、胁迫的手段致使民事主体作出违背自己真实意愿的民事法律行为，那么民事主体有权请求司法机关予以撤销。

关于公平原则，它是所有法律的基本原则，民法典也不例外。《民法典》第六条规定："民事主体从事民事活动，应当遵循公平原则，合理确定各方的权利和义务。"在民事活动中，公平原则主要体现在两个方面：一是民事主体参与民事活动的机会同等，不会因为年龄、性别、民族、种族、社会地位等因素而被剥夺。二是民事法律行为所形成的权利义务关系应该公平、合理，当一方利用另一方处于危困状态、缺乏判断能力等情形所作出的民事法律行为很明显就是不公平的，对于这样显失公平的民事法律行为，受损失的一方有权请求司法机关予以撤销。

关于诚信原则，它是民事活动的最高指导原则，堪称现代民法的"帝王条款"。《民法典》第七条规定："民事主体从事民事活动，应当遵循诚信原则，秉持诚实，恪守承诺。"诚信原则要求民事主体进行民事活动时，言出必行，诺成必兑，不能以坑蒙拐骗等失信方式去追求自己的利益，而且从这个角度上来说，诚信原则其实是将道德要求上升成了法律要求。诚信原则具有很强的抽象性，无法从法律条文中明确、具体地表述出来，但同时诚信原则又具有非常高的普适性，只要是具有基本道德观念的人都可以据此作出基本的判断。

关于公序良俗原则，它是民事法律的补充性原则，也是底线原则，具体是指民事主体的行为除了要符合法律的规定，还应当遵守公共秩序，符合善良风俗。《民法典》第八条规定："民事主体从事民事活动，不得违反法律，不得违背公序良俗。"民事法律最为强调当事人的意思自治，但即便是民事主体完全自愿且不违法的行为，一旦违背公序良俗原则也是应当被禁止的。而且法律的制定具有一定的滞后性，立法机关不能未卜先知，也不能凭空想象，这就导致现行法律在处理案件时难免有不足之处，而公序良俗是在长期的社会生活中形成的，被社会大众所普遍接受的价值判断标准，司法机关在处理民事纠纷时遇到法律规定不足或者不违反强制性法律规定时，适用公序良俗原则可以起到补充和完善法律条文的作用。

关于绿色原则，它是2017年10月1日开始施行的《民法总则》中新增的内容，是平衡和解决资源的有限性与人类社会的发展需要之间的矛盾冲突的法律准绳，是落实新发展理念和社会主义核心价值观的法律依据。《民法典》第九条规定："民事主体从事民事活动，应当有利于节约资源、保护生态环境。"民法典在此基础上进行了保留和延续，不仅在总则编将其规定为基本原则，也在分则的物权编、合同编和侵权责任编等部分都增加了"绿色条款"，为民事活动作出了更加明确的指引。绿色原则的确立顺应了时代发展，具有鲜明的中国特色，是民法典中浓墨重彩的一笔。

（2）民事活动基本原则与社会主义核心价值观有着怎样的关系？

民事活动的基本原则是社会主义核心价值观的具体呈现，二者是相辅相成的关系。社会主义核心价值观的基本内容为 24 个字：富强、民主、文明、和谐、自由、平等、公正、法治、爱国、敬业、诚信、友善。民事活动的基本原则无一不是在体现和弘扬社会主义核心价值观。民事活动中的平等原则、自愿原则和诚信原则与社会主义核心价值观的"平等"、"自由"和"诚信"一一对应，社会主义核心价值观提倡的"公正"可以说是公平原则的另一种表述方式，公序良俗原则体现了社会主义核心价值观的"文明"、"友善"，而绿色原则是从节约资源、保护生态环境、促进人与自然和谐发展的角度去呈现社会主义核心价值观提倡的"和谐"。所以说，民事活动的基本原则就是社会主义核心价值观在民事法律上的具体体现，二者在制度上和观念上一致，并共同促进中国社会健康发展。

（3）为什么说掌握民事活动基本原则是培养法治意识和法治能力的基础？

掌握民事活动的基本原则是培养党员干部法治意识和法治能力的基础。新时代全面依法治国基本方略要求我们党员干部要增强法治意识，提高法治能力，做到知法、懂法、守法、用法。

民法典是与人民群众的利益息息相关的部门法，而民法的基本原则是民法典中具有普遍约束力的法律原则，是一切民事主体都必须遵循的行为准则，它既是民事立法的指导方针，也是解释民事法律法规的依据，在现存法律缺乏具体规范时，司法机关可以直接适用民法的基本原则裁判案件。

党员干部掌握了民事活动的基本原则，能初步掌握民法典的功能和作用，快速作出法律价值判断，有利于自身法治思维的提升，也有利于维护人民权益、化解矛盾纠纷、促进社会和谐稳定。

2 未成年人年龄对民事法律行为的特殊意义

国家统计局数据显示，2019 年我国全年出生人口 1465 万人，人口出生率为 1.05%，是 1949 年以来的最低值。这将导致未成年人越来越稀缺，他们的成长成才更加关系到祖国和民族的未来。党和国家高度重视未成年人保护工作。习近平总书记多次强调，培养少年儿童是一项战略任务，事关长远。

为加强对未成年人保护工作，我国专门制定了《未成年人保护法》等相关法律法规，出台了针对困境儿童、农村留守儿童等特殊儿童群体的国家政策，逐步形成了具有中国特色的未成年人法律保护体系。被誉为"社会生活百科全书"的民法典同样关注未成年人问题,民法典沿承《民法总则》以年龄为标准对未成年人的民事法律行为能力进行划分,并对不同年龄阶段的未成年人民事法律行为分别进行了规定,对未成年人合法权益的保护进行了细化。

（1）民法典关于未成年人的年龄有哪些规定?

《民法典·总则编》第十七条至第二十条,明确规定了未成年人的年龄及民事行为能力:

"未成年人"这一概念是以年龄为界定标准的。《民法典》第十七条规定:"十八周岁以上的自然人为成年人。不满十八周岁的自然人为未成年人。"对未成年人年龄的具体规定,以十八周岁为界限,不满十八周岁的即为未成年人。民法典的这一规定与《联合国儿童权利公约》以及我国《未成年人保护法》等相关规定一致。

关于未成年人民事行为能力的特殊性规定,《民法典》第十八条第二款规定:"十六周岁以上的未成年人,以自己的劳动收入为主要生活来源的,视为完全民事行为能力人"。也就是说,虽然该人在年龄上未满十八周岁,但是如果"以自己的劳动收入为主要生活来源"的,可以将其视为成年人,与普通成年人一样享有完全的民事行为能力。当然,这一劳动收入需是未成年人的主要收入来源,如果未成年人仅仅是因勤工俭学、假期打工等而获得一些收入,其主要生活来源还是监护人给予的,那么这位未成年人即使年满十六周岁,也不能将其视为完全民事行为能力人。由此可以看出,在校未成年学生这一群体通常是不能被视为完全民事行为能力人的。

关于限制民事行为能力人,《民法典》第十九条规定:"八周岁以上的未成年人为限制民事行为能力人,实施民事法律行为由其法定代理人代理或者经其法定代理人同意、追认;但是,可以独立实施纯获利益的民事法律行为或者与其年龄、智力相适应的民事法律行为"。本条之所以规定八周岁以上的未成年人是限制民事行为能力人,是因为他们限于智力发育和人生阅历,还不能完全地认识到自己行为的后果,无法独立承担民事责任,如果任由其独立参与民事活动,既不利于其自身的权益保护,还有可能侵害到他人的合法权益。根据该条规定,对于八周岁以上未成年人(即已满八周岁不满十八周岁的自然人)这一限制民事行为能力人的"限制"主要体现在以下三个方面:

一是其实施的民事法律行为由其法定代理人代理或者经其法定代理人同意、追认,否则不具有法律效力。

二是如果是纯获利益的民事法律行为,限制行为能力人可以独立实施,如接受他人不附加任何条件的赠与等。

三是可以独立实施与其年龄、智力相适应的民事法律行为。比如年满八周岁的孩子买一根棒棒糖这样的行为,就不需要他的父母同意或追认。但是如果一个八周岁的孩子去购买了一部昂贵的手机,这样的行为就必须经过其监护人的追认。

关于无民事行为能力人,《民法典》第二十条规定:"不满八周岁的未成年人为无民事行为能力人,由其法定代理人代理实施民事法律行为"。第一百四十四条规定:"无民事行为能力人实施的民事法律行为无效。"考虑到不满八周岁的未成年人在年龄、认知、社会经验、人生阅历等方面还存在一定不足,所以将不满八周岁的未成年人规定为无民事行为能力人,其实施民事法律行为无效,必须由其法定代理人代理。也就是说,与上述有关限制民事行为能力人不同的是,即便是纯获利益的民事行为也必须由其法定代理人代理,其本人实施的民事法律行为不具有法律效力。

(2)为什么说处理与未成年人有关的民事案件必须首先了解其具体年龄?

民事行为能力是决定未成年人在民事活动中能够享有哪些权利、需要承担哪些义务的重要因素,而年龄是判断未成年人是否具有民事行为能力的重要标准。根据上述法条的规定,以年龄作为划分标准,未成年人的民事行为能力可以分为三种:一是视同完全民事行为能力人,即已满十六周岁,以自己的劳动收入作为主要生活来源的未成年人;二是限制民事行为能力人,即年满八周岁的未成年人;三是无民事行为能力人,即不满八周岁的未成年人。

只有了解未成年人的具体年龄,才能判断其民事行为能力,正确认定其行为的法律效力。近年来,我国网络支付技术和网络娱乐服务业发展迅猛,未成年人沉迷网络游戏现象广受关注,也出现了未成年人为网络游戏或网络直播平台支付较大金额用于充值、"打赏"而形成的纠纷。最高人民法院新出台的《关于依法妥善审理涉新冠肺炎疫情民事案件若干问题的指导意见(二)》,对这些纠纷的法律解释进行了明确。该意见明确,限制民事行为能力人(八周岁以上的未成年人)未经其监护人同意,参与网络付费游戏或者网络直播平台"打赏"等方式支出与其年龄、智力不相适应的款项,监护人请求网络服务提供者返还该款项的,人民法院应予支持。最高法有关负责人介绍,不满八周岁的未成年人是无民事行为能力人,因此其参与网络游戏所花费的支出,一律应该退还。这是依法所能得出的当然结论,所以指导意见没有专门规定。

(3)民法典关于未成年人年龄的规定对国家未成年人保护工作有着怎样的重大意义?

未成年人正处于生长发育的阶段,虽然由于个体的差异,同龄的未成年人高矮胖瘦各不相同,但是某个年龄段的未成年人都具有相似的认知能力和智力特点,因此民法典基于未成年人的这些特征而对年龄进行了特别的规定,利用年龄来划分未成年人的民事行为能力,在司法实践中简单便捷。

不同年龄的未成年人对应着不同程度的民事行为能力。无民事行为能力人和限制民事行为能力人因为智力发育、事实认知等原因,缺少独立判断的能力,因此国家为了使这类人群的合法权益能够得到有效的保护,在民事立法中对无民事行为能力人和限制民事行为能力人的权益规定了特殊的保护性条款。

民法典关于未成年人年龄的规定,一方面,可以使从事未成年人保护工作的人员通过年龄来判断未成年人有无民事行为能力,从而推定未成年人所实施的民事行为是否具有法律效力,确保其合法权益不受侵害;另一方面,与完全民事行为能力人相比,无民事行为能力人和限制民事行为能力人不能独立承担民事责任,不确定未成年人的年龄,就无法判断其能否承担相应的民事后果。根据《民法典》第一千一百六十九条第二款:"教唆、帮助无民事行为能力人、限制民事行为能力人实施侵权行为的,应当承担侵权责任;该无民事行为能力人、限制民事行为能力人的监护人未尽到监护职责的,应当承担相应的责任"。第一千一百八十八条规定:"无民事行为能力人、限制民事行为能力人造成他人损害的,由监护人承担侵权责任……"

因此,民法典关于未成年人年龄的规定,有利于国家和社会保障未成年人的合法权益,方便民事主体辨别未成年人是否应当承担民事责任。

3 对成年人民事行为能力的限制

民事行为能力制度针对成年人分为完全民事行为能力、限制民事行为能力和无民事行为能力三种,与未成年人一样,成年人中除了完全民事行为能力人外,其他种类的民事行为能力人只能从事对与自己能力相适的民事行为,并对此负责。

(1) 民法典关于成年人民事行为能力有着怎样的规定?

绝大多数成年人是完全民事行为能力人。《民法典》第十八条第一款规定,"成年人为完全民事行为能力人,可以独立实施民事法律行为"。本条规定的是关于成年人民事行为能力的一般情况,也就是说年满18周岁就是成年人了,如果没有特殊情况,自然人一旦成年,即拥有完全民事行为能力,可以独立实施民事法律行为。但是有一些人因为生理、心理等机能问题不具备完全民事行为能力。

关于限制民事行为能力人,《民法典》第二十二条规定:"不能完全辨认自己行为的成年人为限制民事行为能力人,实施民事法律行为由其法定代理人代理或者经其法定代理人同意、追认;但是,可以独立实施纯获利益的民事法律行为或者与其智力、精神健康状况相适应的民事法律行为"。不能完全辨认自己行为的成年人,是指那些虽然已满十八周岁,但是不具有持续地、稳定地认识判断能力,不能够完全认识到自己行为后果的人。例如一些间歇性精神类疾病患者和一些轻度智力发育迟滞的成年人。作为限制民事行为能力人,他们实施的民事法律行为可能有效也可能无效,当他们实施的民事法律行为是使自己纯获利益时,或者是行为本身与自身的智力发育、精神状况相匹配时,该行为是有效的,反之即是无效的。

关于无民事行为能力人,《民法典》第二十一条规定,"不能辨认自己行为的成年人为无民事行为能力人,由其法定代理人代理实施民事法律行为"。不能辨认自己行为的成年人,是指那些虽然已经年满十八周岁,但是因为其智力、精神健康等因素,而不具有正常的、理性的思维,不能够正确地认识和判断自己行为后果的人。例如,一些因为患有严重精神类疾病或者因严重的智力发育迟滞而不具有认识判断能力的人。与八周岁以下的未成年人一样,无民事行为能力的成年人无法独立承担民事法律责任,因此一般情况下,他们独立实施的民事法律行为是无效的,必须由其法定代理人代为实施方为有效。

(2) 民事行为能力制度对处理老年人和精神病人相关社会问题有着怎样的特殊意义?

"老吾老以及人之老",尊老爱老是我国的传统美德,而"恤残扶病",也是社会主义道德的应有之义。老年人和精神病人因为生理机能退化或精神健康存在问题等原因,可能不具有完全民事行为能力,他们需要社会的关怀,更需要法律的特殊保护。对于他们的保护不仅关系到其个人合法权益的维护,也关系到家庭关系的和睦、社会秩序的稳定和市场交易活动的安全。国家高度重视老年人和精神病人的法律保护。1996 年,第八届全国人民代表大会常务委员会第二十一次会议通过了《老年人权益保障法》,规定了老年人的家庭赡养、社会保障、法律责任等内容。2012 年,全国人民代表大会常务委员会第二十九次会议通过了《中华人民共和国精神卫生法》,对精神障碍患者的治疗、保障措施和法律责任等内容进行了详细规定。但这些法律都需要以民法典关于成年人民事行为能力的相关规定为基础才能够正确实施。

民法典对老年人和精神病人的民事行为能力进行法律规定,必然有利于对他们进行有效保护。民事行为能力是民事主体参与民事活动的基础,自然人在年老或患有精神类疾病时,难免出现辨识能力下降的情况,而没有相应的认识判断能力,就很可能会作出错误的决定,损害自身的权益。因此,国家需要通过法律限制他们的行为效力,由法定代理人代理他们实施民事法律行为,从而保护其合法权益不受侵害。

比如,当老年人患有阿尔兹海默综合征时,其监护人、利害关系人或者有关组织可以向法院申请认定其为无民事行为能力人,法院依法作出判决后,法定代理人就可以代理老人实施民事法律行为、帮助老人管理财产、照顾老人的日常生活,从而使老人的权益得到保护。

再比如,患有间歇性精神障碍的病人,其利害关系人或者有关组织可以向法院申请认定其为限制民事行为能力人,当病人处于发病状态时,其法定代理人可以代理其实施民事法律行为,从而保护病人的权益不受损害。

而且,成年人的民事行为能力并不是一成不变的,当其精神健康恢复到一定程度时,本人、利害关系人或者有关组织都可以向法院申请,认定恢复其为限制民事行为能力人或者完全民事行为能力人,行为能力恢复后,成年人即可独立实施与其智力、精神健康状况相适应的民事法律行为。因此,民法典对于成年人行为能力的规定对于维护老年人和精神病人的合法权益具有重要意义。

（3）为什么说民法典关于成年人民事行为能力的规定对国家开展老年人和精神病人工作有重大影响?

现实中,老年人占全国总人口的比重在逐年增加,而对精神病人的管理也逐渐成为一个社会问题。据国家统计局 2018 年的数据,我国 65 岁以上人口,占总人口比重已经达到了 11.9%,而根据国家卫健委的统计数据,截至 2017 年底,我国在册的严重精神障碍患者人数已达 581 万。这些数据说明,老龄社会和精神病人管理问题给国家治理带来越来越严峻的考验,而如何有针对性地解决与老年人和精神病人有关的社会问题,考验着各级党员干部的能力和水平。

民法典关于成年人民事行为能力的规定,对国家开展老年人和精神病人的工作有两个方面的重大影响。一是明确规定了老年人和精神病人的民事行为能力必须由人民法院认定,从立法的角度避免了国家机关管理职责的混乱,使国家机关工作人员在处理相关问题时有法可依,有章可循,树立法律的权威性;二是明确了无民事行为能力、限制民事行为能力的老年人和精神病人所实施的民事行为的效力,使国家机关工作人员在执法和司法中有了明确的效力判断依据。因此,党员干部要做好老年人和精神病人的相关工作,首先需要更好地理解和掌握民法典关于成年人民事行为能力的规定。

4 未成年人的家庭监护制度

从最有利于未成年人成长的角度来说,最好的监护是来自于家庭,父母应当积极履行监护职责。《民法典》第二十六条第一款规定:"父母对未成年子女负有抚养、教育和保护的义务"。民法典从保护未成年人的角度出发,建立了较为清晰的未成年人家庭监护制度,为监护未成年人提供了法律依据和评判标准。

（1）民法典关于父母对未成年子女的监护制度有着怎样的具体规定？

在民法典的语境中，监护是指对无民事行为能力人和限制民事行为能力人的人身、财产及其他合法民事权益进行保护的法律制度。履行监护职责的人称为监护人，无民事行为能力人或者限制民事行为能力人是被监护人。根据民法典的规定，未成年人的监护制度包括家庭监护、指定监护、撤销监护人资格和国家监护等，这里我们只对家庭监护相关规定进行分析，国家监护和撤销监护人资格制度将在下文中分别阐述。

《民法典》第二十七条规定："父母是未成年子女的监护人。未成年人的父母已经死亡或者没有监护能力的，由下列有监护能力的人按顺序担任监护人：（一）祖父母、外祖父母；（二）兄、姐；（三）其他愿意担任监护人的个人或者组织，但是须经未成年人住所地的居民委员会、村民委员会或者民政部门同意"。根据这个条款我们可以看出，对未成年人的监护分为父母的法定监护和其他人监护几个不同层面。

第一，父母的法定监护。基于血缘关系，父母是未成年人的法定监护人。也就是说，在孩子出生后，父母就当然是他们的监护人，父母履行监护职责是他们的法定义务。由此可以看出，担任监护人是父母的法定义务，无论其是否愿意都不得推卸，我们把这种制度称之为法定监护制度。

第二，近亲属的监护。根据民法典规定，同样是基于血缘关系，如果未成年人的父母已经死亡或者没有监护能力的，那么未成年人具有监护能力的祖父母、外祖父母以及兄、姐，可以担任未成年人的监护人。在这里，其他近亲属通常是指具有监护能力的未成年人的祖父母、外祖父母以及兄、姐这个层面。

第三，其他人的监护。除了父母、祖父母、外祖父母以及兄、姐以外的其他个人或者组织，也可以成为未成年人的监护人。在实践中，这里的"其他个人"通常是其他关系密切的亲属、朋友。但不管是个人或者其他组织，都需要是在自愿前提下来担任监护人，而且须经未成年人住所地的居民委员会、村民委员会或者民政部门同意。

关于如何确定谁来担任未成年人的监护人，我国民法典规定了三种方式：

一是父母通过遗嘱指定。《民法典》第二十九条规定，"被监护人的父母担任监护人的，可以通过遗嘱指定监护人"。根据该条规定，父母在生前通过遗嘱指定监护人的具有法律效力，被指定的监护人应当履行监护职责。

二是协议确定监护人。《民法典》第三十条规定，"依法具有监护资格的人之间可以协议确定监护人。协议确定监护人应当尊重被监护人的真实意愿"。如果未成年人的父母已经死亡或者没有监护能力的，在未成年人的祖父母、外祖父母以及兄、姐之间有多个具有监护资格和监护能力的，那么，他们可以通过协商来确定监护人。但是在协商确定时，必须尊重被监护人的真实意愿，如果该未成年人愿意跟随某一个具有监护资格的人生活，那么其他人在协议确定时，就要优先考虑该未成年人的意见。

三是指定监护。《民法典》第三十一条第一款规定,"对监护人的确定有争议的,由被监护人住所地的居民委员会、村民委员会或者民政部门指定监护人,有关当事人对指定不服的,可以向人民法院申请指定监护人;有关当事人也可以直接向人民法院申请指定监护人"。在这里,有权指定监护的主体可以是未成年人住所地的居民委员会、村民委员会、民政部门以及人民法院。需要特别强调的是,根据民法典的上述规定,居民委员会、村民委员会或者民政部门的指定不再是向人民法院申请指定的必经前置程序,有关当事人可以直接向法院申请指定监护人,这样就提高了指定监护的效率,有利于保护未成年人的合法权益。

当然,根据《民法典》第三十一条第二款规定,"居民委员会、村民委员会、民政部门或者人民法院应当尊重被监护人的真实意愿,按照最有利于被监护人的原则在依法具有监护资格的人中指定监护人",无论是居民委员会、村民委员会,还是民政部门或者人民法院来指定监护人,都应当尊重未成年人本人的真实意愿,而且要按照最有利于未成年人的原则进行指定。此外,《民法典》第三十一条第四款规定,"监护人被指定后,不得擅自变更;擅自变更的,不免除被指定的监护人的责任"。因为指定监护具有一定程度的公权力性质,所以被指定监护人不得擅自变更,必须积极履行监护职责。

(2) 监护制度在整个国家的未成年人保护体系中发挥着怎样的作用?

未成年人因其年龄和智力发育的限制,还不具备独立参与民事活动、独立作出民事法律行为的能力,因此在他们不具备完全民事行为能力前,就需要设立监护制度,一方面是对未成年人的人身、财产和其他合法权益进行保护;另一方面是使未成年人正常参与民事活动,以维护社会和经济秩序。为此,我国民法典明确规定了监护人职责,并对监护人的行为进行了规制,这对维护未成年人的合法权益具有重要意义。

一是明确了监护人的职责。《民法典》第三十四条第一款规定,"监护人的职责是代理被监护人实施民事法律行为,保护被监护人的人身权利、财产权利以及其他合法权益等"。因为未成年人是无民事行为能力人或者限制民事行为能力人,所以监护人的职责就是代理未成年人从事民事活动、实施民事法律行为,而且要保护未成年人的人身权利、财产权利以及其他合法权益不受到非法侵犯。

二是监护人的监护行为具有法律效力。《民法典》第三十四条第二款和第三款规定,"监护人依法履行监护职责产生的权利,受法律保护。监护人不履行监护职责或者侵害被监护人合法权益的,应当承担法律责任"。根据上述规定,一方面监护人依法享有的权利受法律保护;另一方面如果监护人不履行监护职责或者侵害未成年人合法权益的,还要承担相关法律责任。

三是监护职责受到一定限制。《民法典》第三十五条规定,"监护人应当按照最有利于被监护人的原则履行监护职责。监护人除为维护被监护人利益外,不得处分被监护人的财产。未成年人的监护人履行监护职责,在作出与被监护人利益有关的决定时,应当根据被监护人的年龄和智力状况,尊重被监护人的真实意愿"。也就是说,监护人在履行监护职责时,必须按照最有利于未成年人的原则开展民事活动,而且还要尊重未成年人的真实意愿,尤其不能轻易处分未成年人的财产。

四是遇到突发事件等紧急情况时,要给未成年人安排临时生活照料。《民法典》第三十四条第四款规定,"因发生突发事件等紧急情况,监护人暂时无法履行监护职责,被监护人的生活处于无人照料状态的,被监护人住所地的居民委员会、村民委员会或者民政部门应当为被监护人安排必要的临时生活照料措施"。这个条款体现了国家对未成年人的关爱保护,即使遇到突发事件等紧急情况,也要保证未成年人得到有效监护,未成年人所在地的居民委员会、村民委员会或者民政部门应当安排必要的临时生活照料措施。

(3) 从事未成年人相关工作为什么必须了解监护制度?

未成年人的保护工作不是某一个国家机关或某一个职能部门能够独立完成的,它需要集合各种力量共同实现,其中家庭的作用尤其不能忽视。民法典规定的我国监护制度是以家庭监护为基础、国家监护为兜底的监护制度体系。党员干部了解未成年人监护制度有诸多好处和作用。

首先,党员干部作为社会人也会有家庭和孩子,作为父母或孩子的近亲属,全面了解未成年人监护制度,知法而懂法,理解和掌握自己监护孩子的相关法律责任,对本人自觉模范履行监护人义务有着法律上的指导意义,也为其他人树立了正确良好的榜样。

其次,党员干部了解了未成年人监护制度,能够准确评判其他家庭的家长是否对监护人监护责任履行到位,为平息邻里纠纷、解决群众内部矛盾奠定法律理论基础。

最后,党员干部了解了未成年人监护制度,可以准确掌握未成年人监护主体的责任,知道哪些是父母和家庭应该承担的责任,哪些是居民委员会、村民委员会和民政部门以及人民法院需要介入的职责,让责任主体及时承担起监护责任,防止因行政不作为、滥作为而被追究法律责任。

5 撤销监护人资格制度

父母有抚养教育未成年子女的法定义务。但是在现实生活中,父母或者其他监护人有时却成为侵害未成年人合法权益的主体,如父母或者其他监护人对未成年人实施性侵害、出卖、遗弃、虐待、暴力伤害,教唆、利用未成年人实施违法犯罪行为,胁迫、诱骗、利用未成年人乞讨,以及不履行监护职责严重危害未成年人身心健康等监护侵害行为。我国在 1986 年通过的《民法通则》以及后来制定的《未成年人保护法》中都规定了撤销监护人资格制度,但在实践中却很少被适用,该制度曾经被称为"沉睡的制度",一直到 2014 年最高人民法院、最高人民检察院、公安部和民政部四部门联合发布的《关于依法处理监护人侵害未成年人权益行为若干问题的意见》实施后,这一制度才被逐步唤醒。此次民法典又进一步作出规定,使撤销监护人资格制度更加具体、明确。

(1) 什么情况下可以撤销监护人资格?

关于撤销监护人资格,《民法典》第三十六条规定:"监护人有下列情形之一的,人民法院根据有关个人或者组织的申请,撤销其监护人资格,安排必要的临时监护措施,并按照最有利于被监护人的原则依法指定监护人:(一)实施严重损害被监护人身心健康的行为;(二)怠于履行监护职责,或者无法履行监护职责且拒绝将监护职责部分或者全部委托给他人,导致被监护人处于危困状态;(三)实施严重侵害被监护人合法权益的其他行为"。本条列举了三种情况可以撤销监护人的监护资格。

第一,监护人实施了严重损害被监护人身心健康的行为,具体包括性侵害、出卖、遗弃、虐待、暴力伤害未成年人等严重损害未成年人身心健康的行为。

第二,监护人怠于履行监护职责,或者无法履行监护职责且拒绝将监护职责部分或者全部委托给他人,导致被监护人处于危困状态。具体包括将未成年人置于无人监管和照看的状态,拒不履行监护职责长达六个月以上,有吸毒、赌博、长期酗酒等恶习无法正确履行监护职责或者因服刑等原因无法履行监护职责但又拒绝将监护职责部分或者全部委托给他人等情形,致使未成年人处于危困状态的,等等。

第三,实施严重侵害被监护人合法权益的其他行为。这是一个兜底性条款,主要是指除上面两类情形之外的监护侵害行为,如:胁迫、诱骗、利用未成年人乞讨,教唆、利用未成年人实施违法犯罪行为,等等。

另外,2014 年底最高人民法院、最高人民检察院、公安部、民政部发布的《关于依法处理监护人侵害未成年人权益行为若干问题的意见》第三十五条规定了七种可以撤销监护人资格的情形,其内容更为具体。

值得注意的是,为了防止一些监护人借着国家监护制度将未成年人"甩锅"给民政部门,《民法典》第三十七条规定:"依法负担被监护人抚养费、赡养费、扶养费的父母、子女、配偶等,被人民法院撤销监护人资格后,应当继续履行负担的义务"。也就是说,即使监护人被撤销资格,原监护人也应当负担被监护人抚养费、赡养费和扶养费,这些义务不能因撤销监护人资格而被免除。

除了规定撤销监护人资格的制度以外,民法典也规定了可以恢复监护人资格的情形。《民法典》第三十八条规定:"被监护人的父母或者子女被人民法院撤销监护人资格后,除对被监护人实施故意犯罪的外,确有悔改表现的,经其申请,人民法院可以在尊重被监护人真实意愿的前提下,视情况恢复其监护人资格,人民法院指定的监护人与被监护人的监护关系同时终止"。根据该条规定,在符合以下条件时,可以恢复监护人资格:一是被撤销监护人资格的监护人确有悔改表现,认识到了自身的错误;二是要尊重被监护人的真实意愿,经过被监护人的同意以后才可以恢复,否则将不能恢复;三是要到人民法院提出申请,由人民法院视情况来裁定是否恢复监护人资格。

为了避免未成年人再次受到伤害,民法典对恢复监护人资格规定了一个绝对禁止的情况,即监护人对被监护人实施故意犯罪的,不能申请恢复监护人资格,这些犯罪可能包括与性侵害有关的罪名以及虐待、遗弃、故意伤害等罪。

(2) 撤销监护人资格对父母子女关系带来了哪些根本的变化?

我国在民法典中设置了撤销监护人资格制度,最根本的目的在于维护未成年人的合法权益。现实生活中,一些监护人不履行监护职责,或者客观上无法履行监护职责,又或者继续由监护人履行监护职责会对被监护人的权益造成损害时,国家就会撤销其监护人资格,由民政部门作为其监护人,以保护被监护人的利益。

被监护人的监护资格被撤销后,人民法院将按照最有利于被监护人的原则指定监护人。如果被监护人已经没有其他具备资格的法定监护人时,民政部门即代表国家负担起被监护人的监护职责。如前文所述,虽然原监护人被撤销了监护资格,但如果其原本应该负担被监护人的抚养费、赡养费等费用的,在被撤销监护资格后,仍然应当负担这些费用。

中国经济网 2020 年 6 月《禽兽父亲性侵未成年失智女儿,还不让她告诉家人,益阳一法院:撤销监护人资格》报道了一起撤销监护人资格的案例:"刘某(化名)系被害人刘某某(化名)的父亲。2019 年 7 月的一天,被告人刘某在明知其女儿刘某某(未成年)系三级智力残疾且无性防卫能力的情况下,在租住的房屋卧室内与被害人刘某某发生性关系,并威胁其不准告诉家人。刘某某的外婆在接刘某某时察觉不对劲,询问刘某某是否遭受父亲的侵犯,刘某某称刘某将其生殖器官放入自己的裤子内,刘某某的外婆随即向公安机关报警。南县人民法院经审理认为,被告人刘某明知被害人系精神发育迟滞的未成年人,无性防卫能力的情况下,与其发生性关系,其行为已构成强奸罪。因刘某某的外婆李某向南县法院起诉要求撤销刘某的监护人资格。该院经审理认为,被监护人刘某某为未成年人,其监护人刘某实施严重损害刘某某身心健康的行为,应当撤销其监护人资格。为保障刘某某的人身权利、财产权利以及其他合法权益,经有关当事人申请,应当为其指定监护人。被监护人刘某某一直随外祖母李某生活,故指定李某为其监护人较为适宜。据此判决:一、撤销刘某为刘某某的监护人的资格;二、指定李某为刘某某的监护人"。

(3) 发展和完善撤销监护人资格对司法机关和政府相关部门的工作提出了哪些特殊的要求?

撤销监护人资格并不是一项简单的工作,除了要考虑未成年人的生理和心理接受能力,还要考虑撤销父母监护人资格后如何安置未成年人才能更有利其成长,因此,完善和发展这一制度,对司法机关和政府相关部门的工作提出了更高的要求。

司法机关是撤销监护人资格的决定机关,人民法院根据有关个人或组织的申请,作出撤销监护人资格的决定,因此,司法机关必须依法查清案件事实,按照最有利于被监护人的原则依法作出判断,这对于司法机关的业务能力和业务水平提出了更高的要求。

民政部门是申请撤销监护人资格的兜底部门。民政部门在被监护人权益受到侵害后,应当迅速介入,对监护人的侵害行为加以制止,并进行批评教育,如果监护人屡教不改的,民政部门应当依法申请撤销其监护人资格。《民法典》第三十六条第二款和第三款的规定:"本条规定的有关个人、组织包括:其他依法具有监护资格的人,居民委员会、村民委员会、学校、医疗机构、妇女联合会、残疾人联合会、未成年人保护组织、依法设立的老年人组织、民政部门等。前款规定的个人和民政部门以外的组织未及时向人民法院申请撤销监护人资格的,民政部门应当向人民法院申请"。

根据上述规定,在有关个人和组织未及时向人民法院申请撤销监护人资格时,民政部门就应当向法院申请,这对于民政部门发现案件和处理案件的能力提出了更高的要求。

6 国家监护制度

未成年人不仅是家庭的,更是社会的、国家的。所以,保护未成年人是国家机关、武装力量、政党、人民团体、企业事业组织、城乡基层群众性自治组织、未成年人的监护人和其他成年公民的共同责任,需要各方共同努力。而且,当未成年人因受到父母或者其他监护人的侵害等情况失去监护时,国家应当对他们进行保护,不让这些孩子流离失所,失去生活的希望。

随着经济发展水平的提高和思想观念的改变,一些地方的领导干部开始逐步认识到未成年人保护工作的重要性。深圳市福田区进行了有益探索,为开展未成年人保护工作打下了坚实基础。福田区在全面依法治区委员会下设未成年人保护协调小组,区委副书记任协调小组组长,区检察院检察长、区司法局局长、区教育局局长、区民政局局长任副组长,将未成年人保护工作纳入党的领导和依法治区整体部署中,协调推进未成年人保护体制机制创新,这在全国尚属首创,具有积极的示范引领作用。

国家监护是一项非常重要的监护制度,如果其他地区没有建立类似福田区这样的党委领导下的未成年人保护机制,就应当按照民法典的规定,为当地失去监护制度人的未成年人提供最基本的国家监护,不让未成年人因没有监护而陷入绝望。

（1） 什么是国家监护制度？

国家监护制度主要是指由国家出资并代表国家设立监护机构的监护制度。根据民法典的规定，国家监护分为两种情形，一种是临时性的国家监护，另一种是长期性的国家监护。

临时性的国家监护，就是在未确定监护人以前，由国家有关部门作为临时监护人，保护被监护人的人身权利、财产权利和其他合法权益，待确定了监护人以后，再将监护权移交给监护人的制度。《民法典》第三十一条第三款规定："依据本条第一款规定指定监护人前，被监护人的人身权利、财产权利以及其他合法权益处于无人保护状态的，由被监护人住所地的居民委员会、村民委员会、法律规定的有关组织或者民政部门担任临时监护人"。当未成年人暂时没有监护人时，不能让这部分未成年人流离失所，也要避免其人身权利、财产权利及其他合法权益出现无人保护的状态，所以本款规定了临时监护制度。这里的"临时监护人"，既有未成年人住所地的居民委员会、村民委员会等群众性自治组织以及法律规定的有关组织，又有民政部门代表国家进行临时监护。

长期性的国家监护，就是在被监护人已经没有法定监护人，也没有其他愿意担任监护人的个人或组织的情况下，由国家进行兜底监护，具体是由民政部门代表国家担任未成年人的监护人。《民法典》第三十二条规定："没有依法具有监护资格的人的，监护人由民政部门担任，也可以由具备履行监护职责条件的被监护人住所地的居民委员会、村民委员会担任"。家庭环境最有利于未成年人成长，国家监护制度是对家庭监护制度的补位和兜底，因此，为了保障未成年人健康快乐成长，对未成年人还是应该以家庭监护为主，在被监护人仍有家庭监护的可能性时，国家监护制度不宜轻易介入。

民法典沿用了原《民法通则》的部分规定，除了规定由民政部门代表国家进行监护外，还规定了未成年人住所地的居民委员会、村民委员会也可以进行监护。但是要看到，未成年人住所地的居民委员会、村民委员会以及有关组织都不属于由国家出资并代表国家设立的监护机构，它们与民政部门代表国家监护存在明显区别。而且从实践中来看，居民委员会和村民委员会缺乏专门人员，其专业性也不够，而且通常难以设立专门的监护机构，所以其监护的效果不如国家监护。因此，我们建议，在没有依法具有监护资格的人时，还是优先选择由民政部门进行监护比较好。

（2） 建立和完善我国的国家监护制度对政府以及相关部门的工作提出了哪些特殊的要求？

从促进未成年人身心健康的角度来讲，在未成年人失去家庭监护陷入困境之后，国家应当积极履行监护职责。当然，这对政府及相关部门的工作提出了特殊要求。

首先，政府要加大对国家监护的投入力度，不断加强相关基础设施建设，健全和完善未成年人救助保护机构以及儿童福利机构设置和服务管理,加强专业人员技能培训,以满足未成年人的基本生活、医疗、教育等需要。

其次,民政部门及未成年人救助保护机构要加大对社区儿童主任、街道儿童督导员等人员的政策指导和技术支持,增强他们对未成年人的保护意识。一旦发现未成年人处于监护缺失状态,以及受到或者可能受到监护侵害时,要指导社区及时进行干预。

再次,加强行政部门与司法部门的有效衔接。必要时,应依法启动撤销监护人资格,由民政部门代表国家进行兜底监护,并对拒不履行监护义务的监护人进行法律惩戒。

最后,国家监护机构是公共服务机构,对于符合条件的未成年人应该无条件接收,不能厚此薄彼,这也是法律面前人人平等的基本要求。

(3) 为什么说国家监护制度对完善我国社会主义法治体系有着重大的意义?

未成年人是国家的未来,是未来社会发展的基石,所以未成年人保护不仅仅是家庭的责任,也是国家的责任。在未成年人失去了家庭监护和其他监护时,国家必须承担起监护义务。国家监护制度对完善我国社会主义法治体系有着重要的意义。

一是国家监护制度的设立有利于规范未成年人监护。建立起家庭监护为基础、国家监护为兜底的法律制度体系,实现了从家庭、社会再到国家的全方位、立体性的未成年人监护,形成了完备的法律规范体系。

二是国家监护制度的设立有利于方便未成年人监护的实施。通过明确未成年人的父母和家庭应该承担的责任,以及居民委员会、村民委员会、民政部门、人民法院的职责,形成了监护未成年人健康成长的高效的法治实施体系。

三是国家监护制度的设立有利于保障未成年人在监护下健康成长。国家监护弥补了家庭监护的缺失,在监护人暂时无法履行监护职责或不宜担任监护人时,国家将代行监护职责,确保未成年人得到有效监护,形成了有力的法治保障体系。

四是国家监护制度的设立有利于提升人民的爱国主义情怀。在未成年人陷入无人过问的困难中由国家进行监护和关爱,让未成年人感受到来自党和政府的关爱,让未成年人健康成长,提升一个国家的凝聚力、向心力。

7 宣告失踪制度

为消除因自然人长期下落不明而对当事人和相对人造成的不利影响,民法典通过设立宣告失踪制度,通过宣告下落不明人为失踪人,并为其设立财产代管人,由代管人管理失踪人财产,以保护失踪人与相对人的合法权益。

（1） 什么是宣告失踪？

宣告失踪是指经利害关系人申请,由人民法院对下落不明满一定期间的人宣告为失踪人的制度。我国民法典总则编对宣告失踪的制度作出了明确规定,第四十条规定:"自然人下落不明满二年的,利害关系人可以向人民法院申请宣告该自然人为失踪人"。第四十一条规定:"自然人下落不明的时间自其失去音讯之日起计算。战争期间下落不明的,下落不明的时间自战争结束之日或者有关机关确定的下落不明之日起计算"。

民法典规定宣告失踪需要满足两个条件:一是经利害关系人向人民法院申请,二是下落不明满两年。另外,条文对下落不明的计算时间也作出了规定:一般情况下,下落不明的原因从自然人失去音讯之日起计算;在战争期间下落不明的,自战争结束之日起或者有关机关确定的下落不明之日起计算。

（2） 宣告失踪制度对当事人的权利有哪些具体的影响？

在现实生活中,战争、自然灾害或者从事一些具有危险性的航海、登山、探险等情况容易导致自然人下落不明。而自然人失踪之后,会使与失踪人有关的法律关系陷入不确定状态,其权利无人行使,义务也无法履行,因此就需要宣告失踪制度来解决这样的问题。

建立宣告失踪制度主要的目的在于,确定财产代管人,帮助失踪人管理财产。根据《民法典》第四十二条规定:"失踪人的财产由其配偶、成年子女、父母或者其他愿意担任财产代管人的人代管。代管有争议,没有前款规定的人,或者前款规定的人无代管能力的,由人民法院指定的人代管。"因此,一旦确定了财产代管人,失踪人的财产便由财产代管人管理。财产代管人必须妥善管理失踪人的财产,维护其财产权益。那么失踪人如果重新出现怎么办呢？根据《民法典》第四十五条规定:"失踪人重新出现,经本人或者利害关系人申请,人民法院应当撤销失踪宣告。失踪人重新出现,有权请求财产代管人及时移交有关财产并报告财产代管情况。"所以自然人失踪,并不会丧失其财产所有权。

宣告失踪制度也能保护一些利害关系人的其他权益。

（3） 为什么说建立宣告失踪制度对于社会主义法治具有重要意义？

宣告失踪制度是民法典一项重要的法律制度,它解决了失踪人的财产管理和处分问题,为其他权利人解决与失踪人财产关系和债权债务关系提供了法律依据。

第一,宣告失踪制度的设立有利于保护失踪人和利害关系人的财产利益。由于失踪人下落不明,导致他的财产无人管理,宣告失踪制度可以为失踪人指定财产代管人,有利于保护财产所有人、财产管理人和利害关系人的利益。

第二,宣告失踪制度的设立有利于保障利害关系人的正常生活。宣告失踪制度是完善社会主义法治的重要一环,是维护失踪人利益和利害关系人利益的重要保障,防止因失踪人长期失踪,而导致利益关系人陷入困境。让利益关系人能够恢复到正常的生活中去。

第三,宣告失踪制度的设立有利于解决债权债务等民事纠纷。建立宣告失踪制度可以明确失踪人的债权、债务等权利义务关系,促使相关权利人行使权利、履行义务,使失踪人失踪期间的相关事项不至于久拖不决,促进社会的稳定。

8 宣告死亡制度

宣告死亡制度同宣告失踪制度一样都是民法典的一项重要制度,宣告死亡制度是民法典在法定条件下推定自然人死亡,并对其人身财产关系进行处理的制度。

(1) 什么是宣告死亡?

宣告死亡是指自然人离开住所,下落不明达到法定期限,经利害关系人申请,由人民法院宣告其死亡的法律制度。宣告死亡不是对死亡事实的确认,是对下落不明的人的死亡推定。如果能证明自然人确已死亡的,则不能适用这一制度。《民法典》第四十六条规定:"自然人有下列情形之一的,利害关系人可以向人民法院申请宣告该自然人死亡:(一)下落不明满四年;(二)因意外事件,下落不明满二年。因意外事件下落不明,经有关机关证明该自然人不可能生存的,申请宣告死亡不受二年时间的限制。"根据本条的规定,自然人下落不明满四年,或者因为意外事件下落不明满两年的,利害关系人可以向人民法院申请宣告自然人死亡,但是经有关机关证明自然人不可能生存的,可以不受下落不明满两年的限制。比如在空难事故中失踪的自然人,如果被有关机关证明不可能生存的,失踪人的利害关系人就可以直接向法院申请宣告失踪人死亡。

关于宣告死亡的申请,自然人失踪后,如果既满足宣告失踪的条件,也满足宣告死亡的条件的,那么利害关系人可以向人民法院选择申请宣告失踪或者宣告死亡。但如果有的利害关系人申请宣告失踪,有的利害关系人申请宣告死亡的,人民法院应当宣告死亡。《民法典》第四十七条规定:"对同一自然人,有的利害关系人申请宣告死亡,有的利害关系人申请宣告失踪,符合本法规定的宣告死亡条件的,人民法院应当宣告死亡。"

宣告死亡的日期分为两种情况,一般情况下,以人民法院宣告死亡判决作出之日为死亡日期;因意外事件导致下落不明而宣告死亡的,以意外事件发生之日为死亡日期。《民法典》第四十八条规定:"被宣告死亡的人,人民法院宣告死亡的判决作出之日视为其死亡的日期;因意外事件下落不明宣告死亡的,意外事件发生之日视为其死亡的日期。"

（2）宣告死亡制度对当事人的权利有哪些具体影响？

与宣告失踪制度的设计目的相比，宣告死亡主要解决的是失踪人的整个民事法律关系的状态问题，而宣告失踪则主要解决失踪人的财产管理问题。

宣告死亡与自然死亡不同，自然死亡的人生理机能已经停止工作，不可能死而复生，但是宣告死亡却存在有这样的可能性。如果自然人被宣告死亡但实际却没有死亡的，那么他在被宣告死亡期间所实施的民事法律行为效力是不受影响的，也就是说，如果自然人在没有被宣告死亡时所实施的民事法律行为有效，那么他在被宣告死亡期间所实施的民事法律行为也有效；如果自然人在没有被宣告死亡时所实施的民事法律行为无效，那么他在被宣告死亡期间所实施的民事法律行为也无效。《民法典》第四十九条规定："自然人被宣告死亡但是并未死亡的，不影响该自然人在被宣告死亡期间实施的民事法律行为的效力"。

自然人被宣告死亡后又重新出现的，可以向人民法院申请撤销死亡宣告。《民法典》第五十条规定："被宣告死亡的人重新出现，经本人或者利害关系人申请，人民法院应当撤销死亡宣告。"

自然人被宣告死亡的，婚姻关系自宣告死亡之日起消除。死亡宣告被撤销的，原则上婚姻关系自行恢复，除非配偶已经再婚或者书面声明不愿意恢复婚姻关系。《民法典》第五十一条规定："被宣告死亡的人的婚姻关系，自死亡宣告之日起消除。死亡宣告被撤销的，婚姻关系自撤销死亡宣告之日起自行恢复。但是，其配偶再婚或者向婚姻登记机关书面声明不愿意恢复的除外。"

被宣告死亡的自然人，在被宣告死亡期间子女被他人依法收养的，收养行为继续有效。《民法典》第五十二条规定："被宣告死亡的人在被宣告死亡期间，其子女被他人依法收养的，在死亡宣告被撤销后，不得以未经本人同意为由主张收养行为无效"。

被宣告死亡的自然人财产，已经被合法继承的，可以要求返还，无法返还的，继承人应当给予适当补偿。如果利害关系人隐瞒真实情况，致使他人被宣告死亡并取得其财产的，除了应当返还取得的全部财产外，还必须对被宣告死亡人由此造成的损失承担赔偿责任。《民法典》第五十三条规定："被撤销死亡宣告的人有权请求依照本法第六编取得其财产的民事主体返还财产；无法返还的，应当给予适当补偿。利害关系人隐瞒真实情况，致使他人被宣告死亡而取得其财产的，除应当返还财产外，还应当对由此造成的损失承担赔偿责任。"

中国经济网 2019 年 11 月《死而复生？长沙一名研究员被宣告死亡，27 年后"亡者归来"……》一文报道："家住长沙市芙蓉区的朱文峰，曾是湖南省农业科学研究院植保所的一名研究员。1991 年 6 月的一天，朱文峰离开单位之后，就像人间蒸发了一样杳无音信。妻子杨亚梅多番寻找无果。无奈之下，杨亚梅向法院宣告丈夫朱文峰死亡，并注销了其户口。因失踪多年，朱文峰于 2011 年被宣告死亡。2017 年 9 月，被宣告死亡的朱文峰在广州流浪时,被一名老乡碰见。这一消息很快传到了朱文峰家里。随后,朱文峰的家人前往广州,与朱文峰相认。经亲子鉴定结果显示,确定系'朱文峰'本人,随后,家人将朱文峰带回家中。朱文峰表示,只是依稀记得,当初从单位离开是因为出差,但是不知什么原因就找不到回来的路了。朱文峰被找回来后,2017 年芙蓉区人民法院审理了朱文峰这一起民事案件,作出了撤销宣告死亡决定。虽然法院对朱文峰作出撤销宣告死亡的决定,户口问题得到了解决,但在 2011 年杨亚梅向法院申请宣告死亡后,湖南省农科院植保所曾与杨亚梅签过一份协议,一次性补助杨亚梅十万元,因此现在不可能再恢复他的工作关系。同时,因为朱文峰的年龄已经超过了 60 岁,所以也无法再购买社保,只能通过社区帮其办理社会救助。目前,双方仍就朱文峰今后的生活保障问题进行协商"。

（3）宣告死亡对相关国家机关的工作提出了哪些具体的要求？

宣告死亡制度关系到被宣告死亡者的财产关系和人身关系等诸多利益问题,因此对相关国家机关处理该项工作提出了很严格的要求,需要相关国家机关谨慎对待。

首先,人民法院在受理利害关系人的申请时,应当严格审查利害关系人的申请材料,确保材料真实、有效,对于手续不完备或不真实的,应当驳回申请。防止利害关系人弄虚作假,侵害被宣告死亡者的合法利益。

其次,人民法院在确认申请材料真实有效的前提下,还应当核实被宣告死亡者失踪的时间要件是否满足。之后根据《民事诉讼法》的相关规定,通过法定途径向社会发出寻找失踪人的公告,公告期间为一年,期满后方可宣告死亡。

再次,在寻找失踪人公告期间,人民法院可以根据申请人的请求,指定审理期间的财产管理人,清理下落不明人的财产,为下一步遗产继承和消失债权债务关系做好准备。

最后,民政部门应当妥善处理被宣告死亡人重新出现后的各类情况,防止因宣告死亡造成被宣告死亡人生活陷入困境。

9 个体工商户

个体工商户是以家庭或户为单位从事市场经营活动的市场主体,是我国社会主义市场经济中的市场主体之一。个体工商户吸纳了大量的就业人口,也为我国社会主义市场经济发展贡献了重要的力量。

（1）什么是个体工商户？

个体工商户,指公民在法律允许的范围内,依法经核准登记,从事工商业经营的家庭或户。改革开放以后,我国开始出现个体工商户这一商事主体,1982年宪法第十一条规定:"在法律规定范围内的城乡劳动者个体经济,是社会主义公有制经济的补充。国家保护个体经济的合法的权利和利益。国家通过行政管理,指导、帮助和监督个体经济"。这是宪法首次明确个体工商户的地位,个体工商户进入高速发展的时代。此后历届的宪法修正案都在逐步提高个体工商户的地位。2018年宪法第十一条规定:"在法律规定范围内的个体经济、私营经济等非公有制经济,是社会主义市场经济的重要组成部分。国家保护个体经济、私营经济等非公有制经济的合法的权利和利益。国家鼓励、支持和引导非公有制经济的发展,并对非公有制经济依法实行监督和管理"。

个体工商户是改革开放的产物,个体工商户的蓬勃发展也见证了改革开放的成功。上观新闻2020年7月《40年过去,中国个体工商户第一人章华妹,有了以自己名字命名的市场》一文报道:今年5月,以章华妹的名字命名的温州华妹服装面辅料市场一期正式开业,她的公司最近也将迁入其中。按照时下流行的说法,"章华妹"这三个字本身已是中国民营经济领域的一个"大IP"。这个IP的价值在于,改革开放初期,以家庭自营经济为基础,以家庭工业和联户工业为支柱,以专业市场为依托,以农民供销员为骨干的经济格局——"温州模式"悄然诞生。1980年,时年19岁的章华妹从温州市工商行政管理局领到了一张编号为"工商证字第10101号"的营业执照,由此成为公认的中国个体工商户第一人。"10101号"执照的颁发距今已是整整40年前的事情,40年里,章华妹始终做着她口中的"小生意",不知不觉中,竟也遍历了温州模式从无到有,及至此后不断自我更新与丰富的全过程。

（2）民法典关于个体工商户有着怎样具体的规定？

民法典关于个体工商户的规定共有两个条款。《民法典》第五十四条规定:"自然人从事工商业经营,经依法登记,为个体工商户。个体工商户可以起字号"。该法条虽然字数较少,但明确了个体工商户的三个主要特征:一是个体工商户是从事工商业经营的自然人;二是从事个体工商业必须经过依法登记;三是个体工商户可以起字号。

关于债务承担,《民法典》第五十六条第一款规定:"个体工商户的债务,个人经营的,以个人财产承担;家庭经营的,以家庭财产承担;无法区分的,以家庭财产承担"。本条也明确了个体工商户不仅可以是个人经营,也可以以家庭为单位进行经营。

（3）个体工商户的发展和完善对我国社会主义市场经济有着怎样的重大意义？

个体工商户是我国社会主义市场经济的重要组成部分,它的发展和完善经历了一系列的过程。1978年12月召开的党的十一届三中全会,中国开始实行对内改革、对外开放的政策,个体工商户就出现于改革开放初期,在当时的环境下,个体工商户的出现有利于解决了我国大量的人口就业问题。1986 年 4 月 12 日公布的《民法通则》中首次确认了个体工商户的主体资格,有力地推动了个体工商户的发展。1987 年 8 月 5 日,国务院发布《城乡个体工商户管理暂行条例》,对个体工商户的经营范围、民事责任承担等问题作出规定。经过多年的发展,原有的规定显然已经跟不上时代的脚步,2011 年 4 月 16 日,国务院公布了《个体工商户条例》,废止了 1987 年《城乡个体工商户管理暂行条例》。2017 年 3 月 15 日,《民法总则》对个体工商户的条款进行了一定的修改,明确了个体工商户的经营主体是自然人。最新公布的民法典完全继承了《民法总则》的规定,至此,个体工商户完成了自己的发展演变过程。

个体工商户制度的发展和完善对我国社会主义市场经济意义重大。根据国家市场监督管理总局发布的数据显示,1978 年全国个体经营者只有 14 万人,截至 2019 年底,全国的个体工商户登记数量已经达到 8261 万户,足足增长了近 600 倍,这些个体工商户为我国的经济发展和社会稳定发挥了重要作用。个体工商户创造了大量的社会财富,促进了国家的经济发展,同时为国家贡献了大量的税收。个体工商户制度还为国家解决了一部分就业问题,使大量的无业人员和弱势群体能够自主就业、自给自足,对社会稳定起到了积极的促进作用。可以说,个体工商户的发展和完善对我国社会主义市场经济的快速发展发挥了巨大的作用。

19 农村承包经营户

农村承包经营户,是我国农村集体经济的重要主体,也是我国公有制经济的主体之一。由于农村承包经营户必须是农村集体经济组织的成员,具有一定的特殊性。

(1) 民法典关于农村承包经营户有着怎样具体的规定?

农村承包经营户,是指农村集体经济组织的成员在法律允许的范围内,按照承包合同的规定从事商品经营,以户的形式独立作出民事法律行为的一种特殊民事主体。《民法典》第五十五条规定:"农村集体经济组织的成员,依法取得农村土地承包经营权,从事家庭承包经营的,为农村承包经营户"。

农村承包经营户经营者的范围受到限制,必须是农村集体经济组织的成员才有资格成为农村承包经营户,而且要成为农村承包经营户,还需要依法取得农村土地承包经营权。农村土地承包经营权自签订农业承包合同时产生,至合同履行完毕时消灭,因此农村承包经营户不需要进行登记,其主体资格依据农村承包合同来确定。

关于债务承担,《民法典》第五十六条第二款规定:"农村承包经营户的债务,以从事农村土地承包经营的农户财产承担;事实上由农户部分成员经营的,以该部分成员的财产承担"。与个体工商户类似,农村承包经营户的债务承担方式也是分为两种情况:以户为单位进行承包经营的,由该户财产对外承担债务,以户中个人经营的,由个人对外承担债务。

（2） 为什么说农村承包经营户是我国社会主义市场经济的重要组成部分？

农村承包经营户是随着我国联产承包责任制的出现而产生的一种特殊民事主体。土地承包在改革开放前还属于非法行为,1978 年底,安徽凤阳小岗村 18 户农民秘密签订契约,决定将集体耕地承包到户,搞"大包干",这是农村土地承包的雏形。1980 年 5 月,邓小平公开肯定了小岗村"大包干"的做法,农村土地承包从此不用再"偷偷摸摸"地进行。1982 年 1 月 1 日,中共中央批转《全国农村工作会议纪要》,明确指出包产到户、包干到户都是社会主义集体经济的生产责任制,这一事件从制度上肯定了农村土地承包的合法性。1983 年中央下发文件,指出联产承包制是在党的领导下我国农民的伟大创造,是马克思主义农业合作化理论在我国实践中的新发展,这份文件确立了联产承包制的地位,鼓励农村的土地承包行为。1984 年 1 月 1 日,中共中央发出《关于 1984 年农村工作的通知》,提出延长土地承包期一般应在 15 年以上,进一步明确了土地承包的期限。从 1978 年至1984 年,这 6 年里 9 亿中国人通过家庭联产承包责任制释放出的农业生产力基本解决了温饱问题。

农村承包经营户纳入法治管理,也经历了一个过程。1986 年 4 月 12 日,第六届全国人民代表大会第四次会议通过了《民法通则》,其中第二十七条规定:"农村集体经济组织的成员,在法律允许的范围内,按照承包合同规定从事商品经营的,为农村承包经营户"。这是我国首次将农村承包经营户的概念纳入基本法。2002 年 8 月 29 日,我国公布了《农村土地承包法》,将农村承包经营户分为了家庭承包和其他方式的承包,细化了承包的原则、主体、范围和各方的权利义务等内容,使土地承包更加具有可操作性。2017 年 3 月 15日表决通过的《民法总则》对农村承包经营户的概念作出了部分修改,将"在法律允许的范围内,按照承包合同规定从事商品经营的"修改为"依法取得农村土地承包经营权,从事家庭承包经营",使法条的表述更加合理。而民法典继承了《民法总则》的相关规定。

农村承包经营户制度具有积极的意义和作用。它赋予了农民长期承包土地并经营的权利,维护了当事人的利益,为进一步发展农村经济、加快农业现代化建设提供了法律和制度基础,有利于逐步缩小城乡差距,实现社会主义经济的共同进步。因此,农村承包经营户是我国社会主义市场经济的重要组成部分。

（3） 农村承包经营户制度对我国政府相关工作提出了哪些具体要求？

农村承包经营户制度历经 40 余年的发展,到如今已经日趋成熟,它解决了许多农村经济的实际问题,制度本身也一直在逐步地发展和完善,但不可否认的是,法律对于农村承包经营户制度仍有一些问题规定得不甚明确,这就给我们的政府相关工作提出了更高的要求。

首先,党员干部必须掌握关于农村承包经营户的相关法律法规,尤其是从事农业农村工作的党员干部,除了民法典这样的原则性规定以外,还需要熟练运用《农村土地承包法》等相关法律及其司法解释,地方政府的工作人员还必须对当地的政策、法规深入研究,才能将这一制度的功效发挥出来。

其次,党员干部在处理常规的土地承包问题时,应当严格遵守法律法规的规定,在不损害国家利益和集体利益的基础上,切实地维护农村承包经营户的利益。在处理非常规的土地承包问题时,应当遵循公平、公正、合理的原则,谨慎处理各方的权利义务关系,做到不偏不倚、合理合法。

最后,从事农业农村工作的党员干部应当秉承为人民服务的宗旨,尊重农民的想法,倾听农民的心声,汇总各方面的意见和建议,不断改进自己的工作方式和方法,将维护农村承包经营户合法权益的工作落到实处。

11 / 法定代表人

法定代表人制度,是具有中国特色的法人代理制度,法定代表人与法人之间实质上是一种代理关系,法定代表人能够对外代表法人从事民商事活动,并由法人承担相关民事法律后果。

(1)法定代表人与法人有什么区别?

法人并不是真正的人,而是专门从事民商事活动的组织。为了确保这类组织能够像自然人一样正常开展民商事活动,民法典将它们拟制为"人",民法典规定,法人与自然人一样也具有民事权利能力和民事行为能力,能够依法独立享有民事权利、承担民事义务。《民法典》第五十七条规定:"法人是具有民事权利能力和民事行为能力,依法独立享有民事权利和承担民事义务的组织"。

法定代表人是自然人,不是民法典规定的民事主体,而是依照法律和法人章程的规定代表法人从事民事活动的负责人。虽然法定代表人可以以法人的名义从事民事活动,但是其法律后果是由法人来承担的,而不是法定代表人自己承担。《民法典》第六十一条规定:"依照法律或者法人章程的规定,代表法人从事民事活动的负责人,为法人的法定代表人。法定代表人以法人名义从事的民事活动,其法律后果由法人承受"。因此,法定代表人实质上是代表法人参与民事活动的代理人。

根据上文描述,我们可以看出法人和法定代表人之间是存在本质上的区别的:法人是一个组织,它是民法典中的民事主体,是法律拟制的"人",而法定代表人是自然人,不是民事主体,而是代替法人参与民事活动的人;法人可以独立享有民事权利、承担民事责任,法定代表人则是被法律和法人章程赋予了代替法人行使民事权利的人,其不能代替法人承担民事法律后果。

(2) 法定代表人有哪些具体权利和责任?

法定代表人作为法人组织的负责人或者代理人,享有相应的权利,同时也承担相应的责任。《民法典》第六十一条第二款规定:"法定代表人以法人名义从事的民事活动,其法律后果由法人承受"。本款规定了法定代表人有权以法人的名义从事民事活动,这意味着法定代表人的权利来源于法律的规定,而不是其他任何组织或个人的授权,但这并不是说法人没有权利对法定代表人的代表权加以限制,根据《民法典》第六十一条第三款的规定:"法人章程或者法人权力机构对法定代表人代表权的限制,不得对抗善意相对人"。法人可以通过章程的规定或者权力机构的决议对法定代表人的权利作出限制。一般来说,法定代表人从事的民事活动如果超过了这种限制,那么法人可以主张其行为无效。但是如果在民事活动中,相对人并不知道法人作出过这样的限制,并且也没有知道的可能性时,善意相对人可以主张该行为有效。

通常情况下,法定代表人本身不需要对外承担民事责任,其行为所造成的法律后果应该由法人来承担,其因履行职务而给他人造成损害的,也应该由法人来承担相应的民事责任。但是,根据《民法典》第六十二条:"法定代表人因执行职务造成他人损害的,由法人承担民事责任。法人承担民事责任后,依照法律或者法人章程的规定,可以向有过错的法定代表人追偿"。也就是说,如果法定代表人在履行职务的过程中存在过错而给他人造成伤害时,法人在承担相应民事责任以后,有权向法定代表人追偿。

(3) 为什么说国有企事业单位法人"新官"上任必须要理"旧账"?

过去,在国有企事业单位的负责人更替过程中,一直存在新官不理旧账的现象,这种现象从常理上来说,符合人性趋利避害的心理特征。新上任的企事业单位负责人,刚接手工作就要处理原负责人领导时期的"糊涂账",这似乎不太公平,而且多数新任负责人也会有这样的担心:旧账"剪不断、理还乱",处理好了是前任的功劳,如果处理不好,不仅上级领导不满意、员工不满意,社会影响也不好,这种吃力不讨好的事情,索性就不管了吧。但是"新官不理旧账"这种思想在法律层面上存在很大问题。

首先,新官不理旧账会损害企事业单位自身的利益。党员干部一定要清晰地认识到,糊涂账也是账,不及时处理的话糊涂账就会成为呆账、坏账,使单位的利益和声誉受到损害。如果党员干部都抱有这样的观念,那么企业如何才能得到长足的发展?只有积极处理旧账,处理好旧账,才能使企业焕发生机。

其次,新官不理旧账会降低人民群众对企事业单位的信任度。国有企事业单位具有特殊的公信力和社会责任,企业负责人积极处理旧账也代表着对企事业单位积极作为的态度。如果新官上任后,任由旧账"烂在地里"不闻不问,甚至隐瞒实情,企图蒙混过关,那么公民对他们的信任将被严重摧毁,他们的公信力就无从谈起了。

最后,新官不理旧账是违规违纪的行为。党员干部受国家指派担任国有企事业单位的负责人,如果为了规避个人的风险,不理该理的旧账,就是违反党规党纪的行为。新官不理旧账从本质上来说就是党员干部的观念出现了偏差,是以自我为中心、将个人利益摆在了人民的利益之上的表现,既违背了党全心全意为人民服务的宗旨,也辜负了党和国家的信任。

因此,党员干部必须要明确,无论是新账还是旧账,都必须全面接收,新官上任不仅要理旧账,更要理好旧账,旧账不理,问题会越来越严重。党员干部作为国家选任的企事业单位负责人,必须牢记党的使命,担负起应负的职责。

12 营利法人

营利法人,是我国社会主义市场经济的重要主体,也是我国市场经济的主要参与者和重要推动者,是我国财富的主要创造者,是推动我国经济发展的重要力量,具有重要的作用。

(1)什么是营利法人?

营利法人,顾名思义是指为赚取利润而设立的法人,根据《民法典》第七十六条规定:"以取得利润并分配给股东等出资人为目的成立的法人,为营利法人。营利法人包括有限责任公司、股份有限公司和其他企业法人等"。有限责任公司和股份有限公司是营利法人最常见的两种类型,而营利法人的治理结构包括权力机构、执行机构和监督机构。

权力机构,是营利法人的决策机构,一般由营利法人的出资人共同组成,实务中最常见的是有限责任公司的股东会。权力机构的职权来源于法律的直接规定,根据《民法典》第八十条规定:"营利法人应当设权力机构。权力机构行使修改法人章程,选举或者更换执行机构、监督机构成员,以及法人章程规定的其他职权"。可以看出,民法典中规定营利法人的权力机构有三项职权:一是修改法人章程,二是选举或更换执行机构和监督机构的成员,三是行使法人章程规定的其他职权。

执行机构,就是营利法人中负责具体执行权力机关所作决策的机构,成员由权力机关选举产生,例如有限责任公司的董事会就是典型的执行机构。执行机构的职权包括召集权力机构会议、决定经营计划和投资方案、决定法人内部管理机构的设置,以及法人章程规定的其他职权。《民法典》第八十一条第一款、第二款规定:"营利法人应当设执行机构。执行机构行使召集权力机构会议,决定法人的经营计划和投资方案,决定法人内部管理机构的设置,以及法人章程规定的其他职权"。另外,法律规定执行机构的负责人一般由法定代表人担任,《民法典》第八十一条第三款规定:"执行机构为董事会或者执行董事的,董事长、执行董事或者经理按照法人章程的规定担任法定代表人;未设董事会或者执行董事的,法人章程规定的主要负责人为其执行机构和法定代表人"。

监督机构,是在营利法人中行使监督职责的机构,也是由权力机构选举而来的,在人数较多的营利法人中,监督机构通常以监事会的形态存在,而在人数较少的营利法人中,也可以只设置一位监事。《民法典》第八十二条规定:"营利法人设监事会或者监事等监督机构的,监督机构依法行使检查法人财务,监督执行机构成员、高级管理人员执行法人职务的行为,以及法人章程规定的其他职权"。监督机构有三项主要职权:一是监查法人财务状况,二是监督机构成员的职务行为,三是法人章程规定的其他职权。

(2) 民法典关于营利法人的出资人有哪些具体规定?

出资人的权利包括自益权和共益权两类。自益权,是出资人按出资比例分配利润、增资优先认购、转让出资、优先购买其他股东的转让出资、企业解散后按比例分配剩余资产等权利。共益权,是出资人对企业重大决策的表决、查询企业财务状况等权利。

出资人的权利对营利法人的决策、管理和经营等方面都有很大的影响,因此,民法典对出资人行使权利进行了限制,第八十三条第一款规定:"营利法人的出资人不得滥用出资人权利损害法人或者其他出资人的利益;滥用出资人权利造成法人或者其他出资人损失的,应当依法承担民事责任"。在有限责任公司中,股东有转让出资的权利,其他股东有优先购买的权利,股东转让出资前应当以合理的方式通知其他股东,如果转让出资的股东在未合理通知其他股东的情况下,擅自将出资转让的,就可以认为其滥用出资人权利,其他股东有权要求滥用权利的出资人承担相应的民事责任。

民法典还规定了出资人对滥用法人独立地位和出资人有限责任损害法人债权人利益的情形。《民法典》第八十三条第二款规定:"营利法人的出资人不得滥用法人独立地位和出资人有限责任损害法人债权人的利益;滥用法人独立地位和出资人有限责任,逃避债务,严重损害法人债权人的利益的,应当对法人债务承担连带责任"。法人的独立地位,指的是法人可以独立地行使权利、独立地承担责任,法人的人格与出资人是分开的,不会因为法人的行为而让出资人承担责任。出资人有限责任,是指出资人对法人承担的责任是有限的,以其出资额为限,对法人承担责任。滥用法人独立地位和出资人有限责任,有可能给法人的债权人造成利益上的损害,所以民法典对损害责任进行了规定。

(3) 民法典对营利法人的规定对我国市场经济的发展有着怎样的重大意义?

社会主义市场经济体现了我国市场经济的根本性质,即在国家的宏观调控下,市场通过供求、价格、竞争等机制对社会资源配置起决定作用。营利法人是社会主义市场经济中最重要的主体,通过市场机制和趋势满足市场需求,获取经济利益的最大化。民法典对营利法人的规定对我国市场经济的发展有着重要意义。

首先,民法典规定了营利法人的设立要求,提出了经济主体参与经营活动的基本准入门槛,确立了营利法人的主体地位。《民法典》第七十七条规定:"营利法人经依法登记成立"。第七十八条规定:"依法设立的营利法人,由登记机关发给营利法人营业执照。营业执照签发日期为营利法人的成立日期"。确立营利法人的主体地位,是营利法人参与社会主义市场经济的基础和保障,没有合格的主体地位,营利法人参与经营活动就没有法律上的依据。

其次,民法典规定了营利法人的基本治理结构,也对出资人的权利行使作出了原则性规定,促使营利法人合法合规地参与市场活动,从而维护了社会主义市场经济的正常秩序。

最后,民法典规定了营利法人参与经营活动的基本要求。《民法典》第八十六条规定:"营利法人从事经营活动,应当遵守商业道德,维护交易安全,接受政府和社会的监督,承担社会责任"。这样的规定可以使营利法人明确了解法律的底线,有利于促进社会主义市场经济的发展。

13 非营利法人

非营利法人,也是我国经济社会发展的重要参与者,虽然非营利法人不直接参与营利活动,但是在我国充分发挥着支持公益、服务社会的作用,维护和促进我国经济社会有序稳定发展。

(1) 什么是非营利法人?

非营利法人的概念是相对于营利法人来说的,营利法人是以营利为目的成立的,而非营利法人不以营利为目的。根据《民法典》第八十七条第一款规定:"为公益目的或者其他非营利目的成立,不向出资人、设立人或者会员分配所取得利润的法人,为非营利法人"。根据法律条文的规定,非营利法人一般分为两大类:一类是出于公益目的而成立的法人,另一类是为其他非营利目的而成立的法人。非营利法人虽然不以营利为目的,但并不是说非营利法人不能从事营利性活动,而是强调所得利润不得向出资人、设立人或者会员分配。例如,一个公益基金会将接受捐赠的物品进行拍卖,这个拍卖行为本身属于营利性活动,但是基金会不会把拍卖所得的款项向设立人分配,而是将这些款项全部用于公益项目。不以营利为目的是非营利法人和营利法人最本质的区别。

(2) 非营利法人都有哪些具体形式?

非营利法人一般包括事业单位、社会团体、基金会和社会服务机构。《民法典》第八十七条第二款规定:"非营利法人包括事业单位、社会团体、基金会、社会服务机构等"。

事业单位,是指由国家行政机关举办,受国家行政机关领导,没有生产收入,所需经费由公共财政支出、不实行经济核算,主要提供教育、科技、文化、卫生等活动非物质生产和劳务服务的社会公共组织。《民法典》第八十八条规定:"具备法人条件,为适应经济社会发展需要,提供公益服务设立的事业单位,经依法登记成立,取得事业单位法人资格;依法不需要办理法人登记的,从成立之日起,具有事业单位法人资格"。事业单位接受政府的领导,但其本身并不属于政府机构。

社会团体,是指中国公民自愿组成,为实现会员共同意愿,按照其章程开展活动的非营利性社会组织。《民法典》第九十条规定:"具备法人条件,基于会员共同意愿,为公益目的或者会员共同利益等非营利目的设立的社会团体,经依法登记成立,取得社会团体法人资格;依法不需要办理法人登记的,从成立之日起,具有社会团体法人资格。"

基金会,是指利用自然人、法人或者其他组织捐赠的财产,以从事公益事业为目的,按照本条例的规定成立的非营利性法人。根据《民法典》第九十二条第一款规定:"具备法人条件,为公益目的以捐助财产设立的基金会、社会服务机构等,经依法登记成立,取得捐助法人资格"。

社会服务机构,实际上就是过去的民办非企业单位,2016年《慈善法》通过后,社会服务机构这个名称才开始被广泛使用。社会服务机构通常是以"助人自助"为宗旨,由受过专门训练的社会工作者,作为职业的服务人员和志愿者组成,为特定的有需要的服务对象提供专业服务的人群组织。

依法成立的基金会、社会服务机构和宗教活动场所可以取得捐助法人资格。捐助法人是2017年的《民法总则》中提出的概念,是指设立资本依靠捐助人无偿、自愿的捐助,捐助人在法人成立后或者捐助行为完成后即与法人脱离了关系的公益性非营利法人。

(3) 非营利法人有何治理结构?

非营利法人的治理结构与营利法人大体相同,也分为决策机构、执行机构和监督机构,但根据非营利法人的具体形式不同,法律对这些机构的设置要求也存在差异。

民法典规定,事业单位应当设置决策机构,除法律另有规定外,事业单位的决策机构应当是理事会。关于执行机构和监督机构是否必需的设置,民法典并没有做具体的要求。《民法典》第八十九条规定:"事业单位法人设理事会的,除法律另有规定外,理事会为其决策机构。事业单位法人的法定代表人依照法律、行政法规或者法人章程的规定产生"。

基金会和社会服务机构等捐助法人应当设立决策机构、执行机构和监事机构。捐助法人的决策机构是理事会或民主管理组织。《民法典》第九十三条规定:"设立捐助法人应当依法制定法人章程。捐助法人应当设理事会、民主管理组织等决策机构,并设执行机构。理事长等负责人按照法人章程的规定担任法定代表人。捐助法人应当设监事会等监督机构。"

社会团体应当设立会员大会或者会员代表大会等决策机构,也应当设立理事会等执行机构。根据《民法典》第九十一条规定:"设立社会团体法人应当依法制定法人章程。社会团体法人应当设会员大会或者会员代表大会等权力机构。社会团体法人应当设理事会等执行机构。理事长或者会长等负责人按照法人章程的规定担任法定代表人"。从法律条文中可以看出,社会团体与事业单位、基金会、社会服务机构不同,其决策机构是会员大会或者会员代表大会,而执行机构是理事会。

(4) 民法典关于非营利法人的规定对我国慈善事业的发展有着怎样的重大意义?

前文已经提到,非营利法人是为公益目的或者其他非营利目的成立的,不向出资人、设立人或者会员分配所得利润的法人组织。其中,那些为公益目的成立的非营利法人是我国慈善事业的重要组成部分。在我国,慈善事业是一种有益于社会与人群的,建立在社会捐赠基础上的社会公益事业,是社会保障体系的一种必要的补充。我国现代慈善事业起步较晚,改革开放之后我国的慈善事业才逐渐发展起来。1981 年中国成立了第一家基金会——中国儿童少年基金会,1994 年中国成立了中华慈善总会,此后民间的慈善机构开始纷纷建立,我国的慈善事业迎来了发展期。

非营利法人是中国发展慈善事业的中坚力量,民法典关于非营利法人的规定,对我国慈善事业的发展具有重大意义。首先,民法典规定了非营利法人的非政府性,其工作人员普遍来自于基层,这就意味着非营利法人具有贴近群众的特点,他们更了解弱势群体的需求,对弱势群体充满热情,而且对于救助弱势群体专业尽心。其次,非营利法人有多种组织形式、多种救助方式,业务范围涵盖了社会事业的方方面面,能够满足多样化的社会需求。再次,非营利法人能够凝聚社会力量,整合资源,为群众参与慈善事业提供了平台和渠道。最后,非营利法人是政府主导的社会保障体系的有力补充,能够帮助政府提高工作效率和工作质量。所以说,民法典关于非营利法人的规定,对我国慈善事业的发展具有重大意义。

14 特别法人

特别法人,是区别于一般营利法人、非营利法人以外的一类特殊的法人。在民事法律关系中,特别法人一般与其他民事主体处于平等关系,但在国家征收和国家征用等法定条件下,会有一些特殊的主体地位。

(1) 什么是特别法人?

关于特别法人,《民法典》第九十六条规定:"本节规定的机关法人、农村集体经济组织法人、城镇农村的合作经济组织法人、基层群众性自治组织法人,为特别法人"。特别法人的概念是在 2017 年《民法总则》中提出的,民法典延续了这项规定。民法典确认特别法人的地位,是为了便于其更好地参与民事活动,也有利于保护其成员和与其进行民事活动相对人的合法权益。民法典列举了机关法人、农村集体经济组织法人、城镇农村的合作经济组织法人和基层群众性自治组织法人四种特别法人类型。

机关法人,是指依法行使国家权力,并因行使国家权力的需要而享有相应的民事权利能力和民事行为能力的国家机关。国家机关在进行民事活动时,以法人的身份出现,与其他参与民事活动的自然人和法人一样是平等的民事主体,而不是行政主体。

农村集体经济组织法人,是指为实行社会主义公有制改造,在自然乡村范围内,由农民自愿联合,将其各自所有的生产资料(土地、较大型农具、耕畜)投入集体所有,由集体组织农业生产经营,农民进行集体劳动,各尽所能,按劳分配的农业社会主义经济组织。

城镇农村的合作经济组织法人,是指依法取得法人资格的城镇与农村合作进行生产经营的经济组织。

基层群众性自治组织法人,是指在城市和农村按居民的居住地区建立起来的居民委员会或者村民委员会组织。

(2) 机关法人的法人资格何时开始何时终止?

机关法人自成立之日起具有法人资格,至法人资格被撤销时终止。《民法典》第九十七条规定:"有独立经费的机关和承担行政职能的法定机构从成立之日起,具有机关法人资格,可以从事为履行职能所需要的民事活动"。第九十八条规定:"机关法人被撤销的,法人终止,其民事权利和义务由继任的机关法人享有和承担;没有继任的机关法人的,由作出撤销决定的机关法人享有和承担"。

机关法人的设立与否取决于宪法和法律的规定,因此机关法人不像营利法人和非营利法人那样需要向登记机关申请设立,其设立方式为国家特许设立。机关法人自设立之日起即具有法人资格,但其能够从事的民事活动范围是受到限制的,机关法人只能从事履行职能所需要的民事活动,而且,机关法人的经费是由国家预算拨付的,因此其职能是行政管理,而不能从事经营性活动。机关法人没有具体的经营期限,在其职能已被取代或没有存在的必要时,机关法人会被撤销,被撤销的机关法人即丧失了法人资格。

（3）民法典规定居民委员会、村民委员会为特别法人有怎样的重大意义？

民法典赋予基层群众性自治组织以特别法人的资格具有重大的现实意义。《城市居民委员会组织法》规定,居民委员会是居民自我管理、自我教育、自我服务的基层群众性自治组织。《村民委员会组织法》规定:村民委员会是村民自我管理、自我教育、自我服务的基层群众性自治组织。在《民法总则》通过前,他们却没有明确的民事主体地位,这就导致村民委员会和居民委员会从事民事活动时受到严重的制约。

村民委员会和居民委员会作为基层群众自治性组织,往往需要代表村集体或社区居民参与到民事活动中来,例如签订一些合同,建设基础设施,购买公共服务用品等,如果不赋予其法人地位,将严重制约其发挥职能,也不利于维护与其进行民事活动的相对人的权益。因此,赋予村民委员会和居民委员会特别法人资格是十分必要的,不仅促使基层群众性自治组织更好地履行职能,也完善了我国社会主义法治体系。

15 非法人组织

非法人组织,也是一种组织形式,而且在世界各国广泛存在。非法人组织既不是自然人,也不是法人,介于自然人和法人之间,是没有经过法人登记的社会组织。非法人组织在经济社会中也具有重要的作用。

（1）什么是非法人组织？

《民法典》第一百零二条规定:"非法人组织是不具有法人资格,但是能够依法以自己的名义从事民事活动的组织。非法人组织包括个人独资企业、合伙企业、不具有法人资格的专业服务机构等"。非法人组织虽然不具有法人资格,但是其本身是法律允许设立的具有民事主体资格的组织。非法人组织必须履行法定的登记手续,经有关机关批准后才能依法成立。成立后即具有民事权利能力和民事行为能力。需要注意的是,非法人组织不具有独立承担民事责任的能力。非法人组织包括三种类型:个人独资企业、合伙企业和不具有法人资格的专业服务机构。

　　个人独资企业,是指个人出资经营、归个人所有和控制、由个人承担经营风险和享有全部经营收益的企业。

　　合伙企业,是指由各合伙人订立合伙协议,共同出资,共同经营,共享收益,共担风险,并对企业债务承担无限连带责任的营利性组织。合伙企业分为普通合伙企业和有限合伙企业。有限合伙企业是由普通合伙人和有限合伙人组成的,其中普通合伙人对合伙企业的债务承担无限连带责任,而有限合伙人以其出资额为限对合伙企业债务承担有限责任。

　　不具有法人资格的专业服务机构,是指应用某方面的专业知识和专门知识,按照服务对象的需要和要求,在相应专业知识领域内提供服务的社会组织,但是该组织不能依据法人的设立条件登记为法人。

（2）非法人组织的投资人或者设立人有哪些特殊责任?

　　关于非法人组织的投资人或者设立人,《民法典》第一百零四条规定:"非法人组织的财产不足以清偿债务的,其出资人或者设立人承担无限责任。法律另有规定的,依照其规定"。一般情况下,非法人组织的投资人或设立人对组织的债务承担无限责任,即如果非法人组织的财产不足以清偿债务的,其出资人或设立人要以自己的个人财产进行偿还。

　　但是出资人或设立人并不是绝对的承担无限责任,实务中也有例外。例如上文说到的有限合伙企业,根据《合伙企业法》的规定:"有限合伙企业由普通合伙人和有限合伙人组成,普通合伙人对合伙企业债务承担无限连带责任,有限合伙人以其认缴的出资额为限对合伙企业债务承担责任"。此处的有限合伙人便不用对非法人组织承担无限责任。

（3）非法人组织在什么情况下可以解散?

　　非法人组织解散的情形规定在《民法典》第一百零六条:"有下列情形之一的,非法人组织解散:(一)章程规定的存续期间届满或者章程规定的其他解散事由出现;(二)出资人或者设立人决定解散;(三)法律规定的其他情形"。本条是非法人组织解散的原则性规定,根据非法人组织的具体类型的不同,其解散情形也不尽相同。

　　根据《个人独资企业法》的规定,个人独资企业的解散情形包括:(一)投资人决定解散;(二)投资人死亡或者被宣告死亡,无继承人或者继承人决定放弃继承;(三)被依法吊销营业执照;(四)法律、行政法规规定的其他情形。

　　根据《合伙企业法》的规定,合伙企业解散的情形包括:(一)合伙期限届满,合伙人决定不再经营;(二)合伙协议约定的解散事由出现;(三)全体合伙人决定解散;(四)合伙人已不具备法定人数满三十天;(五)合伙协议约定的合伙目的已经实现或者无法实现;(六)依法被吊销营业执照、责令关闭或者被撤销;(七)法律、行政法规规定的其他原因。

　　不具有法人资格的专业服务机构种类较多,各自都规定了不同的解散情形。例如律师事务所的解散情形包括:(一)不能保持法定设立条件,经限期整改仍不符合条件的;

（二）执业许可证被依法吊销的；（三）自行决定解散的；（四）法律、行政法规规定应当终止的其他情形。会计师事务所的解散情形包括：（一）合伙协议或者章程规定的解散事由出现，自愿解散；（二）全体合伙人或者股东会决议解散；（三）因合并或者分立解散；（四）被依法宣告破产；（五）被依法注销、撤销或者吊销营业执照；（六）被依法撤销或者撤回会计师事务所执业证书；（七）法律、行政法规规定的其他终止情形。

16 自然人的民事权利

自然人的民事权利，是自然人赖以生存和发展的最基本的权利，是民法典以法律形式赋予自然人享有的合法利益，以及要求他人必须实施一定行为或不能实施一定行为，以实现自然人某种利益的权利。

（1）自然人有哪些民事权利？

民事权利是民事主体依法享有并受法律保护的利益，是与民事主体日常生活联系最为密切的一类权利。自然人的民事权利可以分为人身权、财产权及知识产权三个类别。

关于人身权，它是与人身密不可分、不直接具有财产内容的权利，主要包括人格权和身份权。其中，人格权又包括生命权、健康权、身体权、人身自由权、婚姻自主权、姓名权、肖像权、名誉权、荣誉权、隐私权等，身份权又包括配偶权、亲权、亲属权等。

关于财产权，它是以财产利益为内容的权利，主要包括物权、债权和继承权。其中物权又分为所有权、用益物权、担保物权，债权又分为合同之债、侵权之债、无因管理之债和不当得利之债。

关于知识产权，它是民事主体根据本人创作的智力劳动成果所享有的权利，包括商标权、专利权、著作权。

（2）党员干部应当重点了解哪些民事权利？

人身权、财产权和知识产权三大民事权利的概念过于笼统，在它们之下还有一些细分的权利。党员干部应当对社会生活中常见的身体权、名誉权和荣誉权、身份权、物权等着重进行了解。

身体权，是指自然人保持身体组织完整，并支配其肢体、器官和其他身体组织，保护自己的身体不受违法侵犯的权利。《民法典》第一千零三条规定："自然人享有身体权。自然人的身体完整和行动自由受法律保护。任何组织或者个人不得侵害他人的身体权"。身体作为自然人生命权的载体，其重要性不言而喻。无论是宪法、民法典，还是刑法等法律法规都明确规定自然人的身体权不受侵犯,侵权者将承担民事、行政甚至是刑事责任。比如《宪法》第三十七条第三款规定,"禁止非法搜查公民的身体",《民法典》第一千零二条、第一千零三条、第一百一十条第一款也规定,自然人享有生命权、身体权;刑法分则第四章的故意杀人罪、故意伤害罪、组织出卖人体器官罪等也都是关于侵害身体权利的犯罪,刑罚最高可判处死刑。

名誉是社会对自然人品德、声望、才能、信用等方面的评价,而荣誉是因自然人的突出贡献或特殊劳动成果而获得的光荣称号。《民法典》第一千零二十四条第一款规定:"民事主体享有名誉权。任何组织或者个人不得以侮辱、诽谤等方式侵害他人的名誉权"。第一千零三十一条第一款规定:"民事主体享有荣誉权。任何组织或者个人不得非法剥夺他人的荣誉称号,不得诋毁、贬损他人的荣誉"。名誉权和荣誉权不仅与个人的正面道德评价密切联系,而且还与他的合法经济利益息息相关。为此,民法典明确规定自然人享有名誉权、荣誉权,并不容侵犯。一般来说,侵犯名誉权的行为主要是侮辱、诽谤,而侵犯荣誉权的行为主要是非法剥夺、侵占他人所获荣誉及严重诋毁他人荣誉等。对于侵害他人名誉权、荣誉权,构成犯罪的将受到刑法的严厉处罚;尚不构成犯罪的,受害人有权要求加害人停止侵害、恢复名誉,消除影响,赔礼道歉,并可以要求赔偿损失。需要注意的是,为了平衡公共利益和个人利益,民法典对名誉权做了一些限制,民法典第一千零二十五条规定:为公共利益实施新闻报道、舆论监督等行为,在未捏造、歪曲事实、未使用侮辱性言辞贬损他人的情况下,影响他人名誉的,不承担民事责任。

关于身份权,《民法典》一千零一条规定:"对自然人因婚姻家庭关系等产生的身份权利的保护,适用本法第一编、第五编和其他法律的相关规定;没有规定的,可以根据其性质参照适用本编人格权保护的有关规定"。自然人的身份权是基于一定行为或关系产生的民事权利,比如基于婚姻关系产生的夫妻一方请求对方陪伴、钟爱和帮助的配偶权,再比如基于父母子女关系产生的父母对子女抚养教育的亲权等。

物权,是指民事主体对他所有的动产、不动产享有支配、占有、使用、处分等权利。《民法典》第一百一十四条规定:"民事主体依法享有物权。物权是权利人依法对特定的物享有直接支配和排他的权利,包括所有权、用益物权和担保物权"。物权中的用益物权是指权利人对他人所有的动产、不动产享有的占有、使用、收益的权利,如土地承包经营权、建设用地使用权、宅基地使用权等。我们会在民法典物权编进行详细介绍。

(3) 民法典明确规定自然人的民事权利对我国社会主义法治建设具有怎样的重要意义?

民法典规定了自然人的各项民事权利,为自然人行使各项权益提供了法律依据,为落实我国社会主义法治建设基本原则、实现社会主义法治建设提供了法律保障,在建设法治国家、法治政府、法治社会过程中具有重要的导向和指引意义。

第一,是党和国家坚持人民主体地位的重要法律保障。2018 年 8 月 24 日,中央全面依法治国委员会第一次会议强调要在建设社会主义法治体系中坚持人民主体地位。民法典明确规定自然人的民事权利,坚持了人民主体地位,使得人民群众的利益能够得到法律保护,人民的愿望、福祉能够得到依法落实。

第二,是落实我国社会主义法治建设基本原则的重要法律保障。社会主义法治的基本原则是尊重和保障人权,2004 年 3 月,十届全国人大二次会议通过的宪法修正案,将"国家尊重和保障人权"正式载入国家的根本大法。2007 年,党的十七大将"尊重和保障人权"写入《中国共产党章程》。2012 年,党的十八大明确将"人权得到切实尊重和保障"作为全面建成小康社会的重要指标。民法典根据宪法和党中央对"尊重和保障人权"的规定和要求,明确规定了自然人的民事权利,对推动公民基本人权保障具有重要意义,是落实"尊重和保障人权"社会主义法治基本原则的重要体现。

第三,是实现我国社会主义法治建设重要目标的重要法律保障。中国法治建设的最高目标是建设中国特色社会主义法治体系,建设社会主义法治国家。而民法典规定了自然人的民事权利,明确了国家保护人民根本利益的范围,确定了保障私权、限制公权的法治要求,为建设中国特色社会主义法治体系打下了牢固的根基,为党和国家带领人民群众建设社会主义法治国家奠定了坚实的基础。

17 民事法律行为的效力

民事法律行为是民事主体通过意思表示而设立、变更、终止民法典规定的权利义务关系的行为,比如自然人订立遗嘱处分个人财产,与他人签订合同等,都属于民事法律行为的范畴。

(1) 民事法律行为有哪些生效要件?

不是所有的民事法律行为一经成立就具有法律效力,民事法律行为生效需要符合民法典的规定和要求。《民法典》第一百四十三条规定:"具备下列条件的民事法律行为有效:(一)行为人具有相应的民事行为能力;(二)意思表示真实;(三)不违反法律、行政法规的强制性规定,不违背公序良俗"。

关于行为人具有相应的民事行为能力,我们在上文中对民事行为能力和民事权利能力都进行了具体说明。完全民事行为能力人可以独立实施民事法律行为。限制民事行为能力人实施民事法律行为应由其法定代理人代理或经法定代理人同意、追认,但可以独立实施纯获利益的民事法律行为或与其智力、精神健康状况相适应的民事法律行为。无民事行为能力人只能由法定代理人代理实施民事法律行为,否则无效。

（2）什么是意思表示真实?

意思表示是民事主体在作出民事法律行为时的意愿。民事主体作出的意思表示,必须是自己的真实意愿,而不能受到胁迫和欺骗。另外,法律并不要求意思表示必须以明示的方式作出。《民法典》第一百四十条规定:"行为人可以明示或者默示作出意思表示。沉默只有在有法律规定、当事人约定或者符合当事人之间的交易习惯时,才可以视为意思表示"。举例来说,甲经营餐厅,每日从乙处购买蔬菜,乙每天晚上通过微信向甲发送第二天准备配送的蔬菜照片,甲虽然收到图片,但是并不回应。第二天乙按照前一天晚上的照片配送蔬菜,甲正常接收。在乙向甲发送准备配送的蔬菜照片后,甲虽然没有回应,但根据双方的交易习惯,可以推断出甲以默示方式作出了接收蔬菜配送的真实意思表示。

（3）民事法律行为为什么不能违背公序良俗?

民事法律行为受民法典调整的同时,也不能违反刑法、行政法等其他法律以及行政法规的强制性规定,违法的民事法律行为无效,这个好理解。但是,民法典也要求民事法律行为不能违背公序良俗。公序良俗是一个社会的基本道德要求,民事活动在社会发展过程中不断丰富和发展,法律不可能将所有法律行为都包括在内。因此,在没有明文法律规定的情况下,以具有普适性的良好秩序和基本道德为标准来对当事人进行约束,能够解决民事纠纷、平息邻里矛盾具有重要的指引作用,也能够突出以德治国与依法治国相结合的社会主义法治建设的要求。

违背公序良俗的民事法律行为是无效的。《潇湘晨报》2020 年 7 月《打赌赢得 5 万元"权利"男子向法院起诉主张,法院判决:对赌违反公序良俗,无效》一文报道:"两男子对车辆归属发生争执,一个怀疑这经过改装的货车是自己早前被偷的那辆,一方则坚称自己这车手续齐全。为此,两人打赌并签下协议:把车拿去鉴定,谁输了,谁给对方 5 万元损失费。鉴定终究是没有做,拿回车子的一方带着协议诉至法院,要求另一方履约。案件经过一、二审,法院认为约定具有对赌性质,违反公序良俗,被判无效"。

18 可撤销的民事法律行为

民法典对一些欠缺真实意思表示的民事法律行为,赋予了民事主体相应的撤销权,让已经成立的民事法律行为不发生法律效力,以保障民事主体的合法权益。

（1）什么是可撤销的民事法律行为？

可撤销的民事法律行为是指法律行为已经成立并生效，但因为该法律行为存在某种瑕疵，导致一方意思表示不真实，法律授予该方撤销权加以救济的民事法律行为。常见的可撤销的民事法律行为有重大误解、欺诈、胁迫、乘人之危、显失公平等情形。

关于基于重大误解实施的民事法律行为。《民法典》第一百四十七条规定："基于重大误解实施的民事法律行为，行为人有权请求人民法院或者仲裁机构予以撤销"。重大误解，是指行为人对于与民事法律行为有关的重大事项所作的错误性认识，进而导致行为与自己的真实意思相悖的情形。例如，双方订立买卖合同时，一方对合同标的物的种类、质量、数量等产生了错误认识，并造成较大损失，一般可以认定为重大误解。

中国江苏网 2018 年 8 月《法院撤销"私约"重大误解合同可变更》一文报道："市民张某驾驶汽车与朋友陈某外出办事。由于疲劳，车子撞上了道路护栏，导致坐在副驾驶位置上的陈某腰部受伤。经交警部门认定，张某负事故的全部责任，陈某无责任。张某主动与陈某签订了一份赔偿协议，约定陈某因本起事故产生的所有医药费用全部由他垫付，保险公司赔付的医药费亦归陈某所有。另外，张某一次性赔付陈某后续治疗费、误工费、护理费、交通费等合计 15000 元，该事故从此了断。协议签订后，张某按约赔付。一年后，陈某伤愈后觉得自己太亏，向法院提起诉讼，经司法鉴定为八级伤残。陈某请求法院撤销双方之间自行签订的赔偿协议，重新计算赔偿数额。法院审理后，判决撤销张某与陈某之间自行签订的赔偿协议；扣除张某已先行赔付的 15000 元后，判决张某赔偿陈某交通事故各项损失合计 10 万余元"。

关于一方以欺诈手段使对方违背真实意思情况下实施的民事法律行为。《民法典》第一百四十八条规定："一方以欺诈手段，使对方在违背真实意思的情况下实施的民事法律行为，受欺诈方有权请求人民法院或者仲裁机构予以撤销"。欺诈，是指一方故意向对方提供虚假信息，或者负有说明义务时故意隐瞒事实。例如，甲乙双方准备签订二手车买卖协议，甲作为车主本应当向乙如实说明该车曾发生重大事故，但为促成合同成立，甲故意隐瞒这一事实并与乙签署了买卖协议。乙便有权请求法院或仲裁机构撤销该二手车买卖协议。

对于第三人实施欺诈行为如何处置，《民法典》第一百四十九条规定："第三人实施欺诈行为，使一方在违背真实意思的情况下实施的民事法律行为，对方知道或者应当知道该欺诈行为的，受欺诈方有权请求人民法院或者仲裁机构予以撤销"。因此，如果是第三人实施欺诈行为，但民事法律行为另一方明知或者应当知道该情形的，受欺诈方也有权请求撤销该行为。

关于一方或者第三人以胁迫手段，使对方在违背真实意思的情况下实施的民事法律行为。《民法典》第一百五十条规定，"一方或者第三人以胁迫手段，使对方在违背真实意思的情况下实施的民事法律行为,受胁迫方有权请求人民法院或者仲裁机构予以撤销"。胁迫手段,是指告知对方准备采取非法性加害行为而使对方产生心理上的恐惧。这里所说的非法性加害行为可以是违法的加害手段,比如告知对方不签订合同将遭毒打;也可以是利用合法手段谋求非法的目的,比如告知对方不签订协议将举报对方的贪污行为,也属于胁迫范畴。

关于一方利用对方处于危困状态、缺乏判断能力等致使民事法律行为显失公平的。《民法典》第一百五十一条规定:"一方利用对方处于危困状态、缺乏判断能力等情形,致使民事法律行为成立时显失公平的,受损害方有权请求人民法院或者仲裁机构予以撤销"。关于构成"显失公平",《最高人民法院关于贯彻执行〈民法通则〉若干问题的意见(试行)》第七十二条规定:"一方当事人利用优势或者利用对方没有经验,致使双方的权利与义务明显违反公平、等价有偿原则的,可以认定为显失公平"。

(2) 如何行使撤销权?

当事人行使撤销权,需依法向人民法院或仲裁机构提出请求。《民法典》第一百四十六条至一百五十一条规定,受害一方行使撤销权的,应当向人民法院或仲裁机构请求予以撤销,而不能仅凭一方的通知便撤销该法律行为。民法典之所以这么规定,一方面,为了鼓励民事交易活动的开展,不轻易撤销民事法律行为。另一方面,撤销权的撤销事由无论是重大误解、显失公平,还是欺诈、胁迫等都需要相应的证据证明受害方的主张,不能仅由受害人一方自行判断,而需要裁判机关介入。

另外,可撤销民事法律行为被法院或仲裁机构撤销后,该法律行为视为自始不具有法律效力。因该法律行为取得财产的一方,应当予以返还或折价补偿,有过错一方应当赔偿受害一方由此造成的损失。双方都存在过错的,各自承担相应的法律责任。

(3) 哪些情况下撤销权会消灭?

如果当事人超过民法典规定的期限不及时行使或者主动放弃撤销权,撤销权将消灭。《民法典》第一百五十二条规定:"有下列情形之一的,撤销权消灭:(一)当事人自知道或者应当知道撤销事由之日起一年内、重大误解的当事人自知道或者应当知道撤销事由之日起九十日内没有行使撤销权;(二)当事人受胁迫,自胁迫行为终止之日起一年内没有行使撤销权;(三)当事人知道撤销事由后明确表示或者以自己的行为表明放弃撤销权。当事人自民事法律行为发生之日起五年内没有行使撤销权的,撤销权消灭"。撤销权是有时效性的,当事人应当及时行使,而且民法典也给了处于不利地位一方当事人放弃撤销权的自主权。

(4) 民法典规定可撤销的民事法律行为有什么重大意义?

民法典对法定的可撤销民事法律行为,给予当事人撤销权,对于维护正常的市场交易,提高市场效率,保护当事人合法权益有着积极而重大的意义。

一是有利于维护正常的交易秩序。虽然民事主体在法律地位上一律平等,但受限于市场地位、人脉关系、信息来源、个人因素等影响,并不是每个民事法律关系主体在实施民事法律行为时都掌握同等的话语权,以至于出现一方利用对方困难状态,甚至通过欺诈、胁迫等方式促成民事法律行为等情形。这类行为严重背离了民法典中的自愿、公平、诚实信用原则,扰乱了市场交易秩序。因此,通过撤销这些民事法律行为,对于维护市场公平和正常的交易秩序具有积极的促进作用。

二是有利于维护当事人合法权利。在可撤销民事法律行为中,无论一方主体是通过欺诈、胁迫,还是基于重大误解、利用对方的危困状态,本质都使处于不利地位的一方当事人实施了违背真实意思的法律行为,进而使得该当事人大多数情况下都无法通过该法律行为获得真实意思状态下的期待利益,还可能损害到他们的现有利益。民法典赋予受害方相应的撤销权,正是维护受害方的合法权利的具体体现。

三是有利于保障当事人意思自治。民法典允许重大误解当事人、受欺诈方、受胁迫方、显失公平受损害方等市场主体放弃撤销权,可以让这些市场主体在基于自己利益考虑后,作出继续履行民事法律行为的意思表示。这是对市场主体意思自治的充分尊重和保障,促使原有的民事法律行为继续履行下去,从而提高市场效率。

19 无效的民事法律行为

无效的民事法律行为,在日常生活中时有发生。无效的民事法律行为是双方当事人已经约定,并且成立的民事法律行为,但是因为违反法律规定等原因,而使得这个民事法律行为自始地、绝对地不能发生法律效力。民法典明确无效民事法律行为,对于民事主体尊法守法、维护法律权威有着重要的作用。

(1) 什么是无效的民事法律行为?

无效民事法律行为是指对于已经成立的民事法律行为,由于欠缺民事法律行为的生效要件,因而自始、绝对不按照行为人的意思表示发生预期效力的民事法律行为,无效的民事法律行为自始不具有法律约束力。首先,无效民事法律行为是已经成立的民事法律行为,也就是当事人的民事行为符合了民事法律构成要素;其次,无效民事法律行为缺少民事法律行为的生效要件,可能是违反法律规定,可能是违背公序良俗,具体会在下文中具体说明;最后,无效民事法律行为自开始起就绝对地没有法律效力。

无效的民事法律行为可分为全部无效和部分无效两种情形。《民法典》第一百五十六条规定:"民事法律行为部分无效,不影响其他部分效力的,其他部分仍然有效。"现实中存在民事法律行为可以区分开部分无效、部分有效的情况,如果核心重要的内容是有效的,只要对无效部分进行切割即可,没必要对有效的部分进行全盘否定,而且这与无效民事法律行为自开始起就绝对地没有法律效力也不矛盾。

(2)无效民事法律行为都有哪些情况?

无效的民事法律行为,以欠缺民事法律行为的生效要件来进行划分,主要分为六种情形。

一是无民事行为能力人实施的民事法律行为无效。由于无民事行为能力人缺乏理解和认知能力,为了保护他们的权利,法律规定无民事行为能力人实施的民事法律行为无效,必须由法定代理人代理实施民事法律行为。

二是行为人与相对人以虚假的意思表示实施的民事法律行为无效。民事法律行为要求当事人必须意思表示真实。但是如果隐藏其中的基于双方真实意思而实施的民事法律行为却并不一定是无效的。《民法典》第一百四十六条第二款规定:"以虚假的意思表示隐藏的民事法律行为的效力,依照有关法律规定处理。"比如说,甲乙丙三人均为好友,甲想将自己所有的一辆汽车赠与乙,但是害怕丙知道了不高兴,便与乙签署了一份买卖协议,约定甲以 10 万元的价格将汽车卖给乙,实际上乙并未支付购车费用。在这一案例中,甲乙二人并不具有汽车买卖的真实意思,因而买卖行为是无效的。然而,汽车作为甲的个人财产,甲对汽车有赠与给乙的处置权,因而甲将汽车赠与乙的行为是有效的。

三是违反法律、行政法规强制性规定的民事法律行为无效。民事法律行为以不违法为前提,因此只要法律已经对某种法律行为作出明确规定,民事主体就应当在法律规定的范围内从事民事活动,否则将导致民事法律行为无效。

四是违背公序良俗的民事法律行为无效。正如上文中说明的,在没有法律规定的前提下,公序良俗是判断民事行为是否可行的重要标准,因此,民事法律行为也不能以违背公序良俗为前提。

五是行为人与相对人恶意串通,损害他人合法权益的民事法律行为无效。《民法典》第三条规定:"民事主体的人身权利、财产权利以及其他合法权益受法律保护,任何组织或者个人不得侵犯。"因此行为人与相对人恶意串通,损害他人合法权益,实质上是一种违法行为,因而无效。比如说,甲欠乙 100 万元,债务履行期即将届满,甲不想还债而与丙串通签署了一份赠与协议,约定将甲唯一的房产无偿赠与丙。甲丙双方的赠与协议使乙的债权无法得到清偿,损害了乙的合法权益,这赠与协议是无效的。

六是当事人预先放弃诉讼时效利益的内容无效。《民法典》第一百九十七条规定:"诉讼时效的期间、计算方法以及中止、中断的事由由法律规定,当事人约定无效。当事人对诉讼时效利益的预先放弃无效。"因为,法律规定诉讼时效不得由当事人约定,因此当事人如果对诉讼时效进行约定实质上也是一种违法行为,因此针对这个约定诉讼时效的民事法律行为是无效的。比如说,甲借给乙 10 万元,为确保将来债权得到保障,甲要求乙在借款协议中增加一项内容:"乙在此承诺自愿放弃诉讼时效抗辩权,甲债权的诉讼时效永久有效",关于诉讼时效的约定是无效的,但是乙欠甲 10 万元的债权债务关系依然有效。

需要注意的是,民法典还就合同中格式条款、免责条款的无效情形作了明确规定。《民法典》第四百九十七条规定:"有下列情形之一的,该格式条款无效:(一)具有本法第一编第六章第三节和本法第五百零六条规定的无效情形;(二)提供格式条款一方不合理地免除或者减轻其责任、加重对方责任、限制对方主要权利;(三)提供格式条款一方排除对方主要权利。"这些规定与民事主体合法权益息息相关,也应当掌握。

(3) 民法典规定无效民事法律行为有什么重大意义?

无效民事法律行为是民法典民事法律行为制度中的重要内容,对完善民事法律行为法律框架体系、促进国家依法治国、民事主体尊法守法都有着重要而积极的作用。

一是保护当事人的合法权益。民法典通过立法明确无民事行为能力人实施的民事法律行为、行为人相对人以虚假意思表示实施的民事法律行为、恶意串通损害他人合法权益的民事法律行为无效,有利于保障无民事行为能力人、善意第三人等当事人的合法权益。

二是促进民事主体尊法守法。民法典通过立法明确规定哪些民事法律行为是自始无效的,能够引起民事主体对可能引发缔约过失责任情形的重视,能够促使民事主体为了规避风险,而采取合法有效的方式实施民事法律行为,也有利于引导民事主体自觉遵守民事法律规范。

三是维护法律的绝对权威。民法典通过立法明确规定哪些行为自始的、当然的、绝对的无效,能够提高民事主体寻求不正当利益的违法成本,从而维护法律的权威性和严肃性。

29 委托代理制度

委托代理制度的设立能够允许被代理人让代理人代替自己行使相关民事法律行为,因不需要被代理人亲力亲为,方便被代理人同时开展多项民事法律行为,也使得从事民事法律行为的成本大大降低。委托代理是民法典中极为重要的一项法律制度。

(1) 什么是委托代理?

委托代理是指代理人根据被代理人的委托,以被代理人的名义实施民事法律行为,其效力直接归属于被代理人的一种行为。在委托代理关系中,委托他人代理实施民事法律行为的人称为被代理人,代理他人事务的人称为代理人。

委托代理可以采取书面形式,也可以采取口头形式。河南省社旗县政府社旗发布2020年4月《别大意!口头委托代理行为亦有效》一文报道:"徐某经销化肥,张某在乡镇成立一化肥经销点。徐某口头告知张某,李某是其业务员。此后,李某多次代表徐某与张某等其他化肥经销点洽谈化肥销售业务。2018年12月8日,张某给李某转款2万元预定2019年玉米肥。还欠3万元给李某出具欠条一份,李某将欠条交给徐某,但没有按期供货。事后徐某向张某请求支付3万元货款时,张某主张抵销2万元,仅支付1万元货款。徐某称李某因犯罪被羁押而被开除,并没有把钱交给自己,不同意抵销。一审法院经审理认为,李某因系徐某聘用的业务员,代理徐某经销化肥、代收货款的民事法律行为对徐某发生效力,李某没有按期供货的责任由徐某承担;徐某与张某互负的到期债务,该债务的标的物种类、品质相同,张某主张抵销符合法律规定,予以准许。遂判决张某支付徐某化肥款1万元。徐某不服并提出上诉。二审法院认为,李某作为徐某的业务员,虽被开除但构成表见代理,没有按时供货的责任应由徐某承担,遂维持一审判决。"

(2) 签署授权委托书应当注意哪些问题?

代理关系建立后,代理人将以被代理人的名义实施民事法律行为,并且法律后果由被代理人承担。因此,为确保代理协议的效力,规避相关法律风险,在签署授权委托书时,被代理人应当明确以下问题:

一是代理人与被代理人双方的基本信息要真实完备。代理人行使代理权时,第三人将通过核对委托书中代理人被代理人信息确认双方身份、核实相关信息,因此授权委托书中应当尽量完备地记载代理人与被代理人的基本身份信息以及其他代理活动所需要的信息。

二是要注明委托代理事项与权限。代理人的代理事项与权限可以分为三种:第一类是一次性委托,即代理人只能就被代理人委托的某一特定事务实施民事法律行为;第二类是特别委托,即代理人在委托期限内可以反复多次实施某一类型的民事法律行为;第三类是长期委托,即代理人在委托期限内可以办理与某一事务相关的多个民事法律行为。需要注意的是,授权委托书中也应当对委托代理事项表述明确具体。根据《民事诉讼法》第五十九条规定,如果是委托他人代为诉讼的,诉讼代理人代为承认、放弃、变更诉讼请求,进行和解,提起反诉或者上诉,需要有委托人的特别授权。

三是要注明委托代理期限。委托代理期限的约定一般有两种表达方式,一种是直接明确约定委托代理的具体起止时间,另一种是约定委托代理期限至完成委托事项之日止。

此外在签署授权委托书时,被代理人还应当注意两个问题,一是授权委托书应当由被代理人本人签名或盖章;二是被代理人应当避免向代理人出具空白授权委托书,以防止产生不必要的法律风险。

（3）代理人和被代理人在代理活动中有哪些需要特别注意的事项？

代理人在被代理人授权下，要根据被代理人的指示进行代理活动，并在代理过程中，为维护被代理人的利益，争取在对被代理人最为有利的情况下完成代理行为。同时代理人和代理中还应当特别注意以下六个方面的问题：

一是部分民事法律行为不适用代理制度。《民法典》第一百六十一条第二款规定："依照法律规定、当事人约定或者民事法律行为的性质，应当由本人亲自实施的民事法律行为，不得代理。"根据这一规定，一些具有人身性质的民事法律行为如结婚登记、离婚登记、设立遗嘱等民事法律行为不得代理。此外，双方当事人明确约定应当由本人亲自实施的法律行为也不得代理。

二是多名代理人代理同一事项的，应当共同行使代理权。《民法典》第一百六十六条规定："数人为同一代理事项的代理人的，应当共同行使代理权，但是当事人另有约定的除外。"也就是说，如果代理人被代理人之间没有关于多人代理的特别约定的，多名代理人应当共同行使代理权。

三是代理人有时需与被代理人承担连带法律责任。《民法典》第一百六十七条规定："代理人知道或者应当知道代理事项违法仍然实施代理行为，或者被代理人知道或者应当知道代理人的代理行为违法未作反对表示的，被代理人和代理人应当承担连带责任。"也就是说，在代理过程中，代理人与被代理人如果不反对违法代理事项，双方就将承担连带责任。

四是限制自己代理与双方代理。《民法典》第一百六十八条规定："代理人不得以被代理人的名义与自己实施民事法律行为，但是被代理人同意或者追认的除外。代理人不得以被代理人的名义与自己同时代理的其他人实施民事法律行为，但是被代理的双方同意或者追认的除外。"举个例子，甲委托乙购买一辆汽车，而乙自己就经销汽车，于是乙以甲的名义与自己签订了汽车买卖合同，这就是自己代理。再比如，甲委托乙购买一辆汽车，而丙委托乙销售汽车，如果乙以甲、丙的名义签订了汽车买卖合同，就属于双方代理。

法律之所以规定限制自己代理与双方代理，主要是因为这两种代理形式均不符合"维护被代理人利益"的原则。毕竟，在自我代理中，代理人难回避个人利益的计算，而在双方代理中，代理人又无法做到双方利益最大化。当然，被代理人同意或追认的自己代理和双方代理行为有效。

五是代理人私自转代理的，应当承担相应责任。《民法典》第一百六十九条第一款和第三款规定："代理人需要转委托第三人代理的，应当取得被代理人的同意或者追认"。"转委托代理未经被代理人同意或者追认的，代理人应当对转委托的第三人的行为承担责任；但是，在紧急情况下代理人为了维护被代理人的利益需要转委托第三人代理的除外。"根据这一规定，代理人如果因特殊情况无法继续实施代理活动的，应当在经被代理人同意的情况下才能将代理权转给其他人，或者需要被代理人在事后同意其转代理行为，否则代理人应当对其转委托产生的损害后果承担法律责任。但是由于疾病、通信中断等特殊原因，代理人无法自己办理代理事项，又无法及时与被代理人取得联系，如果不及时转托他人代理，会给被代理人的利益造成损失或者损失扩大的，代理人不对转委托产生的损害后果承担法律责任。

六是相对人有理由相信无权代理人有代理权限的，代理行为有效。根据《民法典》第一百七十二条规定："行为人没有代理权、超越代理权或者代理权终止后，仍然实施代理行为，相对人有理由相信行为人有代理权的，代理行为有效。"

（4）哪些情况下委托代理终止？

委托代理作为民事主体行为空间扩展延伸的一种方式，存续具有一定的时限。最常见的代理终止情形是代理期限届满和代理事务完成。根据《民法典》第一百七十三条的规定，委托代理的终止情形共包含五种形式：一是代理期限届满或代理事务完成；二是被代理人取消委托或代理人辞去委托；三是代理人丧失民事行为能力；四是代理人或者被代理人死亡；五是作为代理人或者被代理人的法人、非法人组织终止。需要说明的是，委托代理本质上是民事主体之间的一种合意行为，并不具有法律强制性，因此代理双方拥有相对宽松的解除权。但如果代理协议或者授权委托书中约定了关于一方解除代理关系的违约责任，该约定有效。

（5）委托代理制度对民事活动有哪些重要意义？

随着社会经济的不断发展，社会生活中的民商活动日益频繁，委托代理制度的设立对于民事活动具有重要意义。委托代理制度能够扩展民事主体的行为空间，让民事主体通过委托代理可以在同一时间、多个地点与多个民事主体同时建立民事法律关系，极大程度地提升了民事法律活动的实施效率。委托代理制度还能够通过代理人在当地直接处理相关事务，不用来回折腾，降低民事主体实施民事活动的成本、提升了民事活动的实施效率及民事主体从事经济活动的积极性，对于推动社会主义市场经济健康发展有着积极作用。

21 民事责任中的连带责任

民事责任，是指民事主体因不履行民事义务而应当承担的民法上的不利后果。民事责任包括按份责任和连带责任，按份责任是按照法律规定或约定按照份额承担相应的责任，而连带责任要求每一个责任人对债务承担全部的责任。连带责任对于维护权利人的合法权益,保障市场交易稳定具有重要的意义。

(1) 什么是连带责任?

连带责任,是指根据法律规定或者当事人有效约定,两个或两个以上的连带义务人都对不履行义务承担全部责任的一种责任承担形式。从责任的产生形式来看,连带责任可以分为法定的连带责任和约定的连带责任。法定连带责任基于法律强制性规定而产生,例如《民法典》第一千一百六十八条规定:"二人以上共同实施侵权行为,造成他人损害的,应当承担连带责任。"约定连带责任则源于民事主体间的有效约定,如《民法典》第六百八十八条规定:"当事人在保证合同中约定保证人和债务人对债务承担连带责任的,为连带责任保证。"

关于保证方式,民法典相对于《担保法》具有颠覆性的变化。原《担保法》第十九条规定:"当事人对保证方式没有约定或者约定不明确的,按照连带责任保证承担保证责任。"而《民法典》第六百八十六条第二款将对应内容修改为:"当事人在保证合同中对保证方式没有约定或者约定不明确的,按照一般保证承担保证责任。"一般保证的履行顺序则是,债权人必须先通过审判或仲裁,就债务人的财产依法申请强制执行以清偿自己的债权,否则不得要求保证人承担保证责任。看似仅几字之差,却对民法典实施后签订保证合同的民事主体产生巨大的影响,将有效提高债务人的履约责任、降低担保人的担保风险。

此外需要说明的是,由于连带责任加重了债务人的责任情形,故实践中当事人约定连带责任的情形较少,连带责任大多来源于法律的强制性规定,民法典中涉及连带责任的规定共 20 余项,其中与民事主体日常生活关系较为密切的主要包括以下内容:

一是营利法人出资人的连带责任。《民法典》第八十三条第二款规定,营利法人的出资人滥用法人独立地位和出资人有限责任,逃避债务,严重损害法人债权人的利益的,应当对法人债务承担连带责任。在我国营利法人出资人主要指的是有限责任公司的股东。

二是合伙企业合伙人的连带责任。《民法典》第九百七十三条:"合伙人对合伙债务承担连带责任。"而《合伙企业法》第二条规定:"合伙企业分为普通合伙企业和有限合伙企业,普通合伙企业的合伙人,有限合伙企业的普通合伙人对合伙企业的债务承担无限连带责任,有限合伙企业的有限合伙人仅以其认缴的出资额为限对合伙企业债务承担责任。"也就是说,普通合伙人对合伙企业承担的是连带责任,有限合伙人承担的是按份责任。

三是代理人、受托人的连带责任。《民法典》第一百六十四条、一百六十七条规定,代理人承担连带责任的情形有两种:一是代理人与相对人恶意串通损害被代理人合法权益的,代理人与相对人承担连带责任;二是代理人知道或应知代理事项违法仍然实施代理,或者被代理人知道或应知代理人的代理行为违法未表示反对的,代理人与被代理人承担连带责任。受托人的连带责任主要是根据《民法典》第九百三十二条的规定,两个以上受托人共同处理受托事务的,对委托人承担连带责任。

四是保证人的连带责任。《民法典》第六百八十八条规定:"当事人在保证合同中约定保证人和债务人对债务承担连带责任的,为连带责任保证。"在承担连带责任的保证中,债务人不履行到期债务或者发生当事人约定的情形时,债权人可以要求债务人履行债务,也可以直接要求连带责任保证人在保证范围内承担保证责任。

五是共同侵权人、教唆帮助人的连带责任。《民法典》第一千一百六十八条规定:"二人以上共同实施侵权行为,造成他人损害的,应当承担连带责任";第一千一百六十九条第一款规定:"教唆、帮助他人实施侵权行为的,应当与行为人承担连带责任。"当然,共同侵权行为并不单指故意侵权行为,也包括多人因共同过失而导致他人损害。除此之外,帮助他人实施侵权行为中的帮助既包括提供侵害工具这一物质上的帮助,为侵害人提供精神上的支持如鼓励实施侵害,也属于帮助实施侵害。

需要特别强调的是,近年来高空坠物案件频发,对公众的生命安全造成了极大的隐患。因此,《民法典》第一千二百五十四条专门规定,从建筑物中抛掷物品或者从建筑物上坠落的物品造成他人损害的,由侵权人依法承担侵权责任;经调查难以确定具体侵权人的,除能够证明自己不是侵权人的外,由可能加害的建筑物使用人给予补偿。可能加害的建筑物使用人补偿后,有权向侵权人追偿。虽然可能加害建筑物使用人给予补偿责任性质上并不属于连带责任,但该规定却要求所有可能加害人共同承担对受害人的补偿责任。关于高空抛物坠物,我们将在下文中详细说明。

(2) 承担连带责任的责任主体应当注意哪些事项?

由于连带责任实质上是一种加重责任,而这种加重责任多数是由法律规定的,也有部分是由民事主体约定的。因此,连带责任对民事责任主体提出了更高的审慎要求,让他们更加注意规避相应的法律风险。

关于公司股东应当注意的问题。公司股东为避免与公司承担连带责任,应当遵守法律规定和公司章程,依法行使股东权利,切实履行股东责任,不虚假出资或抽逃出资,不滥用股东权利损害公司或者其他股东的利益,不滥用公司法人独立地位和股东有限责任损害公司债权人的利益。

关于合伙人应当注意的问题。合伙的性质决定了合伙人必须承担连带责任。因此在选择合作伙伴时,合伙人应当格外慎重,在合伙协议中要明确合伙人出资份额、责任承担份额、议事规则、合伙人退出机制等事项,对合伙企业的重大决定和高额支出要尽到审查义务,保持企业账目信息清晰准确,切实维护合伙企业合法权益。

关于担保人应当注意的问题。作为担保人要全面了解担保协议内容如被担保债权种类和数额、债务人债务履行能力、债务人债务履行期限、担保范围、担保份额、担保期限、担保责任形式等,审慎接受承担连带责任担保形式。

（3）连带责任对民事活动有哪些重要意义？

民事责任中连带责任比按份责任加重了民事责任主体的责任负担,在民事活动中也经常出现,对民事活动有着重要意义。

一是连带责任增强了债务人的履约能力,通过要求保证人对债务人的债务承担连带责任,给债务人施加更大的压力,对于确保债务人合理使用资金及合理评估个人履约能力具有积极作用。

二是连带责任保障债权人的合法权益,增加债权人主张债权的机会,使得在债务人无法履行债务时,债权人可以向保证人主张债权,以保障自身合法权益。

三是连带责任保障受害人的权益。通过立法明确规定侵权行为连带责任,使得共同侵权行为的受害人可要求各侵权人承担全部侵权责任,对于保障受害人的合法权益,保障其所受侵害得到尽快补偿具有积极意义。

四是连带责任维护市场秩序。通过规定盈利法人、合伙企业出资人的连带责任,对于促进市场主体合法经营,维护市场交易安全,维护债权人合法权益具有重要意义。

22/ 承担民事责任的方式

有一句法律谚语:"无救济则无权利",如果没有对权利的保障,再多的权利也都是空中楼阁。民法典在赋予公民人身以及财产权利的同时,如果缺少对侵权行为的救济,即便民事权利规定得再细致、再完善,也无济于事。正因为如此,《民法典》第一百七十九条详细规定了承担民事责任的十一种方式,这对于保障民事主体的合法权益,维护民法典的权威具有重要的意义。

（1）承担民事责任的方式有哪些？

民事责任,是指民事主体因违反合同约定,不履行相关民事义务,或者因侵害国家、集体、他人合法权益所造成的法律后果,依法应当承担的民事法律责任,民事责任具有法律强制性。根据《民法典》第一百七十九条规定,民事责任主要有十一种承担方式:

一是停止侵害。停止侵害主要适用于侵权纠纷中。加害人正在实施侵害他人人身或者财产的行为时,受害人可以依法请求加害人停止侵害行为。一般来说,停止侵害由受害人本人主张,但为充分保障死者人身权及受害人及近亲属的合法权益,民法典对两项例外情形进行了明确规定,第九百九十四条规定:"死者的姓名、肖像、名誉、荣誉、隐私、遗体等受到侵害的,其配偶、子女、父母有权依法请求行为人承担民事责任;死者没有配偶、子女且父母已经死亡的,其他近亲属有权依法请求行为人承担民事责任。"第一千一百八十一条规定:"被侵权人死亡的,其近亲属有权请求侵权人承担侵权责任。被侵权人为组织,该组织分立、合并的,承继权利的组织有权请求侵权人承担侵权责任。"

二是排除妨碍。排除妨碍主要适用于持续存在的侵权行为。其是指权利人的合法权利受到不法阻碍或妨害时,有权请求加害人排除或者请求人民法院强制排除,以保障权利正常行使的措施。

三是消除危险。消除危险是指行为人的行为对他人的人身、财产安全造成潜在威胁时的一种民事责任承担方式。比如,业主大会或者业主委员会有权对违反规定饲养动物的行为要求行为人消除危险。

四是返还财产。返还财产主要适用于合同责任、侵权责任与不当得利返还责任。被侵权人有权要求侵权人或者请求法院强制返还被侵占财产,请求返还的财产既可以是货币财产,也可以是动产、不动产等。比如说,无权占有不动产或者动产的,权利人可以请求返还原物。

五是恢复原状。在物权中,被侵权人可以要求侵权人通过修理等方式使受到损坏的财产恢复到损坏以前状态;在债权中,没有责任的当事人可以在合同解除后要求将他的权利义务状态恢复到合同订立以前。

六是修理、重作、更换。修理、重作、更换主要是适用于物权受到侵害后。被侵权人在动产、不动产被损坏时,向侵权人请求对受到损害的原物进行修理、重作、更换,目的都是使被侵权人的财产恢复到损坏以前的状态。不过,三种责任方式适用情形有所区别,修理仅适用于通过现有技术修复可以使物品恢复至损坏以前的状态和价值的情形,而重作和更换则适用于被损坏物品已经丧失原有性质和价值的情形。除此之外,如果被损坏财产为特定的物无同种类物品可替代时,比如古玩名画等,则只能通过修理的方式进行恢复,如果该物客观上已无法修复,被侵权人的修理请求权则转换为金钱给付之债的债权或其他债权。

七是继续履行。继续履行一般适用于合同违约。一方当事人不履行合同义务或者履行不符合约定时,另一方可请求其按照约定继续履行合同义务。需要说明的是,继续履行并不适用于所有合同违约情形,根据《民法典》第五百八十条,以下三种情形不适用于继续履行:一是法律或事实上不能履行,比如说履行一方丧失履行义务的能力。二是债务的标的不适于强制履行或者履行费用过高,比如说演出合同等具有人身专属性的合同义务。三是债权人在合理期限内没有请求履行,比如说超出诉讼时效或者除斥期间。

八是赔偿损失。受害方可以请求侵权或违约方通过支付金钱的方式弥补因不当行为造成人身权、财产权以及知识产权等的损害。《民法典》第五百八十四条规定:"当事人一方不履行合同义务或者履行合同义务不符合约定,造成对方损失的,损失赔偿额应当相当于因违约所造成的损失,包括合同履行后可以获得的利益;但是,不得超过违约一方订立合同时预见到或者应当预见到的因违约可能造成的损失。"赔偿损失不仅包含守约方因违约行为造成的实际损失，还包括了合同履行后可获得的利益。

九是支付违约金。当事人约定或法律规定违约金，守约方可以向违约方要求支付违约金。违约金一般都是约定的，但也有法定的，如《工矿产品购销合同条例》第三十五条第一款："供方不能交货的，应向需方偿付违约金。通用产品的违约金为不能交货部分货款总值的百分之一至百分之五，专用产品的违约金为不能交货部分货款总值的百分之十到百分之三十，具体比例可由供需双方在订立合同时商定。"需要说明的是，实践中经常存在合同双方约定巨额违约金的情形，对此，《民法典》第五百八十五条第二款规定，约定的违约金过分高于造成的损失的，人民法院或者仲裁机构可以根据当事人的请求予以适当减少。可见，这种巨额违约金的约定一般情况下难以全部得到支持。

十是消除影响、恢复名誉。恢复名誉只适用于人格权益受到侵害的情形，但消除影响的适用范围更加广泛。受害方请求加害方在一定范围内采取适当措施消除对受害方名誉的不利影响，使其名誉得到恢复。

十一是赔礼道歉。赔礼道歉是指受害方请求加害方公开承认错误、表示歉意并保证不再侵害被害方合法权益的一种责任承担方式。根据《民法典》第九百五十五条、第一千条，赔礼道歉适用于侵害民事主体人格权的情形。

需要说明的是，停止侵害、排除妨碍、消除危险，以及不动产物权和登记的动产物权权利人请求返还财产四种请求权不适用诉讼时效的规定。而且，以上民事责任的承担方式，既可以单独适用，也可以合并适用。

（2）什么是惩罚性赔偿制度？

惩罚性赔偿，是指民事主体因违反民事法律规定，需要向受害方支付超过实际损失的金额的一种损害赔偿。相对于前述列举的十一种承担民事责任的方式，惩罚性赔偿的目的不仅是为了填补受害方的损失，也是通过对潜在的加害方施加一定的压力，使其在民事活动中避免侵害他人合法权益。此外，惩罚性赔偿制度也兼有惩罚和制裁加害方的严重过错行为的意义。《民法典》第一百七十九条规定，法律规定惩罚性赔偿的，依照其规定。

民法典中涉及惩罚性赔偿制度的条款共有三条，分别是故意侵害他人知识产权，情节严重的行为；生产、销售明知存在缺陷产品造成他人死亡或健康严重损害的行为；故意污染环境，破坏生态造成严重后果的行为。

一是故意严重侵害他人知识产权。《民法典》第一千一百八十五条规定："故意侵害他人知识产权，情节严重的，被侵权人有权请求相应的惩罚性赔偿。"2019 年 11 月 24 日，中共中央办公厅、国务院办公厅印发《关于强化知识产权保护的意见》。该意见强调，要全面贯彻党的十九大和十九届二中、三中、四中全会精神，牢固树立保护知识产权就是保护创新的理念,坚持严格保护、统筹协调、重点突破、同等保护,不断改革完善知识产权保护体系,综合运用法律、行政、经济、技术、社会治理手段强化保护,促进保护能力和水平整体提升。目前,我国正从重要知识产权消费国转变为重要知识产权生产国,然而近年来知识产权侵权案件却频繁发生。根据中国裁判文书网的数据,近五年来我国知识产权侵权案件近十万件,并且呈逐年递增形式,然而适用惩罚性赔偿的案件仅两千余件。

之所以如此,一方面,是因为在民法典问世以前,知识产权领域适用惩罚性赔偿原则的仅有《商标法》,《著作权法》《专利法》等均无惩罚性赔偿规定,导致惩罚性赔偿原则适用情形有限。另一方面,即便《商标法》中规定了惩罚性赔偿原则,但根据《商标法》第六十三条,惩罚性赔偿的情形仅适用于恶意侵犯商标专用权,情节严重的情形,而实践中,如何界定"恶意"又使得被侵权人举证难度增加,且目前知识产权估值手段方法有限,导致实际损失难以计算,使得案件中的侵权人侵权成本低。而就知识产权保护角度来说,知识产权的无形性导致侵权行为发生时难以确定实际损失,此外,知识产权一旦遭受侵害,恢复原状又存在极大困难。为此,民法典通过立法明确规定严重侵犯知识产权行为的惩罚性赔偿责任,且将情形限定在故意侵权,对于促进知识产权保护,推动我国知识产权生产,具有极为重要的意义。

二是生产、销售明知存在缺陷产品造成他人死亡或健康严重损害的行为。《民法典》第一千二百零七条规定:"明知产品存在缺陷仍然生产、销售,或者没有依据前条规定采取有效补救措施,造成他人死亡或者健康严重损害的,被侵权人有权请求相应的惩罚性赔偿。"

产品缺陷的惩罚性赔偿在《侵权责任法》第四十七条中已有明确规定,民法典仅将该规定整合进第七编侵权责任中的第四章,条款内容并无实质性改变。之所以通过立法确定产品缺陷的惩罚性赔偿原则,一是体现了法律对特定侵权行为和侵权行为人的强烈否定性评价;二是通过提高侵权成本倒逼产品生产者提升产品质量,促进产品销售者提升责任意识和服务意识;三是赋予消费者惩罚性赔偿请求权,对于提升消费者维权意愿和权利意识也具有积极意义。

三是故意污染环境,破坏生态造成严重后果的行为。《民法典》第一千二百三十二条规定,"侵权人违反法律规定故意污染环境、破坏生态造成严重后果的,被侵权人有权请求相应的惩罚性赔偿"。

2012年11月,党的十八大作出"大力推进生态文明建设"的战略决策。《民法典》第九条规定:"民事主体从事民事活动,应当有利于节约资源、保护生态环境。"这一规定通过立法形式将"绿色原则"正式确立为民事主体从事民事活动的基本原则,既是对党中央关于"大力推进生态文明建设"战略决策的法律保障,也是给民事主体设定了通过实际行动节约资源、保护生态环境的法律义务,对于推进我国生态文明建设,推动可持续发展,保持生态平衡具有历史性的意义。在民法典通过以前,《侵权责任法》虽有关于环境污染损害赔偿的相关规定,但尚未规定适用惩罚性赔偿。然而生态环境破坏不仅关乎个人利益,更与社会公共利益密切相关,因此在规定生态环境侵权责任时,不仅应当考虑对被侵害人进行补偿,还需考虑对加害行为进行惩戒、制裁,对类似的环境污染和生态破坏行为进行威慑、预防,从而保护社会公共利益。因而通过立法明确规定污染环境、破坏生态的惩罚性赔偿原则具有其必要性和现实意义。

需要说明的是,由于民法典调整的是平等民事主体间的权利义务关系,《民法典》第一千二百三十二条规定,有权请求侵权人承担惩罚性赔偿责任的主体仅限于被侵权人,这与我国现行的环境公益诉讼制度中以监察机关、环保部门、社会公益组织作为诉讼主体,为维护社会公共利益对侵害环境主体提起诉讼有所区别。

(3) 民事责任制度对民法典有什么特别重大的意义?

民事责任是民事主体违反法定或约定义务承担相应的责任,是对民事主体积极遵法守法、主动履约履责的保证,对于民法典整个法律体系来说,具有极为重要的意义。

一是维护了人民的根本利益。坚持以人民为中心的思想是党的根本宗旨,是国家保障人权的核心理念,通过立法明确规定侵权行为必须承担的法律责任,增强了民事主体的法律预期和权利意识,能够有效维护民事主体合法权益,实现好、维护好、发展好最广大人民的根本利益。

二是保障了民法典得以落实。"徒法不足以自行",仅有法律制度,缺乏可执行性和可操作性难以维护法律尊严、发挥法律的强制作用。民法典通过立法明确规定民事责任的承担方式,使得法律规定更具明确性和可操作性,使其得以真正融入民事主体的民事活动之中。

三是弘扬了社会主义道德。民法典通过立法明确不可抗力、正当防卫、紧急避险等行为的责任界限,见义勇为行为的权利保障,侵害英雄烈士人身权益、社会公共利益的民事责任范畴,对于维护社会公平正义,发扬中华民族传统美德,传承和弘扬英雄烈士精神、爱国主义精神,培育和践行社会主义核心价值观具有重要意义。

23 不可抗力制度

不可抗力是具有不可预见性、偶发性以及不可控制性的情况,不可抗力的发生,使得民事主体在客观上难以继续履行约定义务。在这种情况下,如果强制要求民事主体继续履行义务,就会明显违背公平原则。因此,民法典规定因为不可抗力导致民事主体无法履行民事义务的,不承担民事责任。

（1）什么是不可抗力？

不可抗力，是指不能预见、不能避免且不能克服的客观情况。《民法典》第一百八十条第一款规定："因不可抗力不能履行民事义务的，不承担民事责任。法律另有规定的，依照其规定。"从主观上来说，不可抗力应当是民事主体在实施民事活动时无法预见的事件；从客观上来说不可抗力事件的出现是民事主体不能避免、不能克服的情形。在司法实践中，不可抗力主要包括自然灾害和社会异常事件两种情形。

关于自然灾害，它是我国司法实践中认定最多的不可抗力情形，像地震、海啸、洪水、台风、火灾、疫情等自然灾害都属于不可抗力，在这些灾害面前，人类的力量还是渺小的，短时间内难以扭转或抗衡。

关于社会事件，包括战争、武装冲突、罢工、暴动等社会异常事件，虽然对于这些社会事件的策划者或发动者来说，是可以预见而且可以避免的，但对普通民事主体而言却是难以预见又无法避免，因此它们都属于不可抗力的范畴。

需要注意的是，不是所有的自然灾害或者社会事件都可以成为民事主体免责事由中的不可抗力，只有对民事主体履行义务造成了重大影响，才能构成不可抗力。

（2）新冠肺炎疫情是不可抗力情形吗？

2020年春节前后，突如其来的新冠肺炎疫情在全球迅速蔓延，对各国民事主体的生产经营都造成巨大影响，导致大量民事合同无法依约履行，给各方造成巨大经济损失。新冠肺炎疫情是不可抗力情形吗？答案是肯定的。

最早明确新冠肺炎疫情为不可抗力情形的机构，是中国国际贸易促进委员会。2020年2月2日，中国国际贸易促进委员会就已经向受疫情影响无法按时履约的浙江某汽配制造企业出具了全国首份新型冠状病毒感染肺炎疫情不可抗力事实性证明，帮助该企业减轻超过3000万元人民币损失。

不久，全国人大也明确了关于新冠肺炎疫情是不可抗力的意见。2020年2月10日，全国人大常委会法工委发言人就疫情防控有关法律问题答记者问时表示，当前我国发生新型冠状病毒感染肺炎疫情这一突发公共卫生事件。对于因此不能履行合同的当事人来说，属于不能预见、不能避免并不能克服的不可抗力。根据合同法的相关规定，因不可抗力不能履行合同的，根据不可抗力的影响，部分或者全部免除责任，但法律另有规定的除外。可以说，人大法工委的表态为正确处理因新冠肺炎疫情所引发的合同纠纷提供了重要指引，正式将新型冠状病毒感染肺炎疫情纳入了不可抗力的范畴。

之后，最高人民法院对适用新冠肺炎疫情是不可抗力情形出具了指导意见。2020年4月16日，最高人民法院印发《关于依法妥善审理涉新冠肺炎疫情民事案件若干问题的指导意见（一）》，根据该意见第二条，人民法院审理涉疫情民事案件，要准确适用不可抗力的具体规定,严格把握适用条件。对于受疫情或者疫情防控措施直接影响而产生的民事纠纷,符合不可抗力法定要件的,适用《中华人民共和国民法总则》第一百八十条、《中华人民共和国合同法》第一百一十七条和第一百一十八条等规定妥善处理;其他法律、行政法规另有规定的,依照其规定。

至此,将新型冠状病毒感染肺炎疫情认定为不可抗力无论是从法律实践层面,还是立法机关层面,都已不再具有争议。

(3) 在提出不可抗力的抗辩事由时需要特别注意哪些问题?

不可抗力规则的适用具有一定的限制条件。民事主体在提出不可抗力抗辩时应当特别注意以下问题:

一是及时通知合同相对方并提供证明。《民法典》第五百九十条规定,因不可抗力不能履行合同的,应当及时通知对方,以减轻可能给对方造成的损失,并应当在合理期限内提供证明。如果一方未及时履行通知义务的,将对不可抗力给对方造成的损失承担相应的赔偿责任。

二是当事人约定不得排除不可抗力的适用。不可抗力属于法定免责条款,即便当事人双方通过合同约定排除不可抗力的适用,当事人仍可以援引法律规定主张免责。

三是迟延履行义务后发生不可抗力不免责。《民法典》第五百九十条第二款:"当事人迟延履行后发生不可抗力的,不免除其违约责任。"因为迟延履行义务是一种违约行为,而这种违约行为只有发生在不可抗力之时才能被免责。

四是诉讼中遵循"谁主张谁举证"的原则。根据《最高人民法院关于依法妥善审理涉新冠肺炎疫情民事案件若干问题的指导意见(一)》第二条:"当事人主张适用不可抗力部分或者全部免责的,应当就不可抗力直接导致民事义务部分或者全部不能履行的事实承担举证责任。"因此,在发生不可抗力导致合同义务难以履行时,民事主体应当妥善保存相关证据,如政府发文延期复工开业通知文件、申请人申请复工的批复文件等,以备后续举证使用。

24 紧急避险制度

紧急避险,是一个跨部门法的概念。民法和刑法中都有所涉及,既相类似又有所区别。行为人在面对紧急危险的情况下,可以为了保护较大的权益而损害较小权益。对于紧急避险,民法典和刑法都赋予它正当性,而民法典对这种行为的民事责任进行了明确规定。

（1）什么是紧急避险？

紧急避险，是指为了保护公共利益、本人或他人的人身、财产及其他权利免受正在发生的危险，在迫不得已的情况下实施的以损害较小合法权益来保护较大合法权益的行为。由于紧急避险具有一定的社会损害性，民法典对这类行为进行了必要的限制。

一是必须具有正在发生的紧急危险。这种危险必须是正在发生且实际存在的，如果不及时采取措施将对社会公共利益、本人或者他人的合法权益造成现实的危险。

二是必须具有避险的行为。也就是说，行为人必须具有损害某一较小利益而保全另一较大利益的目的和行为，如果行为人损害某一利益的目的不是为保全另一较大利益，而是出于故意损害他人合法权利的目的，则属于侵权行为。

三是不可超过必要限度。紧急避险以损害他人利益为代价，为避免不应有的损害，要求避险人的措施适当，即损害的利益必须小于保全的利益。

（2）紧急避险对承担民事责任和刑事责任带来怎样的影响？

关于紧急避险的民事责任，《民法典》第一百八十二条规定："因紧急避险造成损害的，由引起险情发生的人承担民事责任。危险由自然原因引起的，紧急避险人不承担民事责任，可以给予适当补偿。紧急避险采取措施不当或者超过必要的限度，造成不应有的损害的，紧急避险人应当承担适当的民事责任。"根据该规定，紧急避险会对民事责任产生以下影响：

一是因他人行为如醉酒驾驶、故意伤害等引发险情的，由引发险情的人承担民事责任，紧急避险人无责。比如甲醉酒驾驶机动车在马路上横冲直撞，在即将撞向乙的时候，乙为避免伤害将丙停放在路边的电动自行车推倒，成功阻拦了甲，电动自行车被损坏。在该案例中，险情由甲引发，乙为保护自身安全不得已损坏丙的电动自行车，因此甲应当对丙的损失承担赔偿责任。当然，甲的行为还可能构成危险驾驶罪，此处不过多分析。

二是因为自然原因如洪水、地震、山地滑坡等引发的，紧急避险人不承担民事责任，可以给予适当补偿。比如某地突发洪水，甲为保护其饲养的羊群，将羊群紧急赶入乙的果园，最终甲的羊群得以保全，但果园中部分果苗被羊群损毁。在该案例中，险情由自然原因引发，甲为保护价值较大财产免受损失损害了乙的财产，甲虽对乙的损失不承担民事责任，但由于其行为客观上对乙造成了损失，故应当对乙进行适当补偿。

三是紧急避险采取措施不当或超过必要限度，造成不应有的损害的，紧急避险人应当承担适当的民事责任。上文中甲为躲避洪水将羊群赶入乙的果园，假设甲在将羊群赶入乙的果园后，没有对羊群及时管理，导致羊群在果园肆意践踏啃食，不仅导致果园中果苗损毁殆尽，而且造成乙大量鲜果损失。甲在将羊群赶入果园后，其财产已经得以保全，甲应当及时对羊群进行管理，以避免扩大乙的财产损失。而由于甲未能及时采取措施，导致对乙的财产造成了本不应该有的损失,因此甲应当对乙的额外损失承担适当民事责任。

刑法中也有紧急避险的相关规定。《刑法》第二十一条第一款规定:"为了使国家、公共利益、本人或者他人的人身、财产和其他权利免受正在发生的危险,不得已采取的紧急避险行为,造成损害的,不负刑事责任。紧急避险超过必要限度造成不应有的损害的,应当负刑事责任,但是应当减轻或者免除处罚。"根据该规定,紧急避险将对刑事责任产生以下影响:

一是因紧急避险行为造成损害的,不承担刑事责任,危险原因既可以是来自他人的违法行为,也可以是源于自然原因。如甲持刀驾驶摩托车追砍同样骑着摩托车的乙,乙为躲避追杀,驾车超速行驶以求逃离。逃离途中,乙不慎撞倒丙,致其重伤。检察机关以交通肇事罪提起公诉,法院经审理认为,乙的行为属于紧急避险,判决无罪。本案例中,乙为保护本人的人身安全免受危险,不得已驾车超速逃离,虽造成丙重伤的法律后果,但相较于乙的生命权,其损害在必要限度内,故依法不承担刑事责任。

二是紧急避险超过必要限度造成不应有的损害的,应当负刑事责任,但是应当减轻或者免除处罚。继续以甲持刀追砍乙为例。若乙在驾车逃离途中不慎撞倒丙,致其死亡。监察机关以交通肇事罪对乙提起公诉。法院经审理认为,乙驾车超速行驶,造成他人死亡的严重后果,依法构成过失致人死亡罪,应当承担刑事责任,但鉴于其行为属紧急避险,依法应减轻刑事处罚。乙保护的法益是自己的生命权,但却以侵害他人的生命权为代价,两法益相当,故认为乙的紧急避险行为超过必要限度,判决其承担刑事责任亦是符合法律规定。

关于公职人员适用紧急避险的情形,刑法有特殊的规定。《刑法》第二十一条第二款规定:"第一款中关于避免本人危险的规定,不适用于职务上、业务上负有特定责任的人。""职务上、业务上负有特定责任的人"不是指所有的公职人员,而是专指警察、消防员等公职人员。由于这类人员在职务、业务上负有特定责任,有同危险进行斗争的法律义务,保护公共利益和他人利益是其工作职责的要求,为此,刑法通过立法明确公职人员不适用避免本人危险的紧急避险行为,符合法理逻辑和人民利益最大化的基本原则。但是,这并不限制公职人员采取其他形式的紧急避险行为规避风险,如消防员为灭火,闯入他人住宅使用水管的紧急避险可以免责。

(3) 民法典规定紧急避险制度有怎样的重大意义?

紧急避险制度作为一种以损害他人较小的法益来维护社会公共利益、个人合法权益的行为,在民法典体系具有重要意义:

一是通过设立紧急避险制度,推动和促进民事主体在特定情形下放弃和牺牲个人较小的利益,维护集体的利益和他人的较大利益,能够发扬集体主义、爱国主义精神,也能够大力弘扬社会主义核心价值观和中华民族的传统美德。

二是通过设立紧急避险制度,达到使更多人的利益和更大利益能够得到充分保护的目的,这样做有利于有效维护社会公共利益,维护和保障国家秩序、社会秩序正常运转。

三是通过紧急避险制度,明确了民事主体人身权利优先于财产权利的原则,对社会风气和价值判断有着积极的引导作用,也是尊重和保障人权的基本体现。

25 诉讼时效制度

法律谚语有云:"法律不保护躺在权利上睡觉的人。"民法典设立诉讼时效制度,旨在鼓励民事主体在权益受到侵害时,在法律规定的诉讼时效内积极主张权利。如果超过法定时间内没有提出主张的,则民事主体丧失胜诉的权利。

(1) 什么是诉讼时效?

诉讼时效制度,是指民事权利受到侵害的权利人在法定的时效期间内不行使权利,当时效期间届满时,权利人丧失请求人民法院依诉讼程序强制义务人履行义务的权利,义务人获得诉讼时效抗辩权的一种制度。在法律规定的诉讼时效期间内,权利人提起诉讼的,人民法院将强制义务人履行义务,而权利人在超过诉讼时效后起诉的,人民法院仍应受理。但若义务人提出诉讼时效抗辩,人民法院应当判决驳回权利人的诉讼请求。

关于诉讼时效,《民法典》第一百八十八条规定,向人民法院请求保护民事权利的诉讼时效期间为三年,自权利人知道或者应当知道权利受到损害以及义务人之日起计算。法律另有规定的,依照其规定。这是对《民法总则》将原普通诉讼时效期间二年规定改为三年的继承和延续。

(2) 民法典对诉讼时效都作出了哪些特别的规定?

民法典关于诉讼时效的规定共12条,其中关于诉讼时效的特殊规定有以下五个方面内容:

一是特殊诉讼时效制度。民法典条款规定诉讼时效一般为三年,但也明确需要依照法律规定的其他特殊诉讼时效。比如,《民法典》第五百九十四条规定:"因国际货物买卖合同和技术进出口合同争议提起诉讼或者申请仲裁的时效期间为四年。"这也是民法典一以贯之的具体问题具体解决的体现。

二是无民事行为能力人、限制民事行为能力人诉讼时效起算时间的特殊规定。《民法典》第一百九十条规定:"无民事行为能力人或者限制民事行为能力人对其法定代理人的请求权的诉讼时效期间,自该法定代理终止之日起计算。"也就是一般自该无民事行为能力人、限制民事行为能力人满十八周岁时起算。第一百九十一条规定："未成年人遭受性侵害的损害赔偿请求权的诉讼时效期间,自受害人年满十八周岁之日起计算。"民法典这么规定,主要考虑到现实中一些遭受性侵害未成年人的家长受到传统思想的束缚往往不敢或不愿意寻求法律保护,长期隐瞒未成年人遭受性侵害的事实,甚至更有部分家长为索取经济利益与加害人和解,使加害人逃脱法律制裁,严重侵害了未成年人合法权益。为此,民法典专门给未成年人提供了诉讼时效上的特殊保护。

三是不适用诉讼时效的请求权。《民法典》第一百九十六条规定："下列请求权不适用诉讼时效的规定:(一)请求停止侵害、排除妨碍、消除危险;(二)不动产物权和登记的动产物权的权利人请求返还财产;(三)请求支付抚养费、赡养费或者扶养费;(四)依法不适用诉讼时效的其他请求权。"这些不适用诉讼时效的情形都是因为侵权行为一直在延续。

四是诉讼时效利益不得预先放弃。《民法典》第一百九十七条规定："诉讼时效的期间、计算方法以及中止、中断的事由由法律规定,当事人约定无效。"也就是说,诉讼时效是法定事由,不允许当事人自行约定。

五是诉讼时效最后六个月中止时效的情形。诉讼时效期间的最后六个月,如果存在法定事由使权利人不能行使请求权的,法定事由消除后,诉讼时效期间为自中止时效的原因消除之日起满六个月届满。适用诉讼时效中止有五种情形:其一,不可抗力;其二,无民事行为能力人或者限制民事行为能力人没有法定代理人,或者法定代理人死亡、丧失民事行为能力、丧失代理权;其三,继承开始后未确定继承人或者遗产管理人;其四,权利人被义务人或者其他人控制;其五,其他导致权利人不能行使请求权的障碍。

六是诉讼时效中断的情形。诉讼时效期间进行中,因发生法定事由,致使已经经过的时效期间统归无效,待时效中断的事由消除后,诉讼时效期间重新起算的制度。适用诉讼时效中断共有四种情形。其一,权利人向义务人提出履行请求;其二,义务人同意履行义务;其三,权利人提起诉讼或者申请仲裁;其四,与提起诉讼或者申请仲裁具有同等效力的其他情形。

(3) 诉讼时效对民事主体提出了哪些特别的要求?

民法典规定的诉讼时效制度,使得民事主体依法主张权利不能仅认为"有理就能走遍天下",应当注意在法定的诉讼时效期限内维护自身合法权益。诉讼时效制度对民事主体提出了一些具体要求。

一是要在诉讼时效内积极主动地提起诉讼。诉讼时效有限,民事主体合法权益受到侵害后,应当在诉讼时效期限内向人民法院请求保护权益,避免因诉讼时效过期导致对方提出时效抗辩。

二是要了解掌握特殊时效规则。《劳动争议仲裁调解法》等法律对诉讼时效有特殊规定,为了维护自身的合法权益,民事主体还应当掌握经济生活中的基本时效规则。

三是要养成权利意识和证据意识。诉讼时效不过是请求法院保护民事权利的基本条件,诉讼请求能否得到支持,合法权益能否得到保障取决于民事主体是否有充分的证据证明其主张,为此,民事主体还应当在经济生活中培养权利意识和证据意识,重视证据保存,以保证合法权利得到有效保障。

第二编 物 权

物权是民事主体享有的最重要的财产权益。物权法律制度调整因物的归属和利用而产生的民事关系，是最重要的民事基本制度之一。民法典物权编在原物权法基础上，按照党中央关于"健全归属清晰、权责明确、保护严格、流转顺畅的现代产权制度"的要求，结合社会发展和现实生活需要，进一步完善了物权法律制度。

26 物权的基本原则

物权的基本原则是民法典物权编的基础，是物权本质的集中体现，是构建物权制度体系的核心。了解物权的基本原则，对于了解和掌握民法典物权编立法、执法、司法、守法的根本要求有着重要的作用。

（1）什么是物权？

物权是民事主体依法享有的重要财产权。中国裁判文书网公布的案件统计数据显示，2019 年全国各地审判机关审理办结民事诉讼案件 13438351 件。其中物权纠纷达 344602 件，位列 8539816 件的合同纠纷、1547907 件的婚姻家庭与继承纠纷、1017794 件的侵权责任纠纷和 485659 件的劳动争议纠纷之后，排名第五位。《物权法》第二条第三款规定："本法所称物权，是指权利人依法对特定的物享有直接支配和排他的权利，包括所有权、用益物权和担保物权。"

（2）物权有哪些基本分类及规定？

关于物权有许多种分类，党员干部主要应该了解两种分类。一是按照对特定物直接支配和排他的功能进行分类，物权包括所有权、用益物权、担保物权。其中，所有权是物权的基础，而用益物权、担保物权都是在所有权的基础上衍生出来的；所有权又可分为国家所有权、集体所有权、私人所有权等类型。二是按照物的客体形态进行分类，物权包括不动产物权和动产物权。《民法典》第二百零八条规定："不动产物权的设立、变更、转让和消灭，应当依照法律规定登记。动产物权的设立和转让，应当依照法律规定交付。"

（3）民法典对物权做了哪些新规定？

民法典物权编分为 5 个分编、29 章、258 条，与《物权法》5 编、19 章、247 条相比，总体框架没有变化，核心内容有所增加。新增诸如"紧急情况下使用维修资金的特别程序""业主的相关行为应当符合节约资源、保护生态环境的要求""因疫情防控需要征用组织、个人的不动产或者动产""居住权"等相关内容。具体内容将在下文中详细介绍。

（4）物权如何保护？

关于物权的民事保护，民法典明确了多种救济途径。《民法典》第二百三十三条规定："物权受到侵害的，权利人可以通过和解、调解、仲裁、诉讼等途径解决。"

同时，民法典也明确了权利人享有物权确认请求权、物权请求权、占有保护请求权等权益，保护权利人的合法权益不受侵害。《民法典》第二百三十四条至第二百三十八条规定：因物权的归属、内容发生争议的，利害关系人可以请求确认权利。无权占有不动产或者动产的，权利人可以请求返还原物。妨害物权或者可能妨害物权的，权利人可以请求排除妨害或者消除危险。造成不动产或者动产毁损的，权利人可以依法请求修理、重作、更换或者恢复原状。侵害物权，造成权利人损害的，权利人可以依法请求损害赔偿，也可以依法请求承担其他民事责任。这为物权人保护自己的权利提供了多种有效的法律救济途径。

当然，保护物权不受侵害不仅是民法典的任务，也是我国各个法律部门的共同任务。我国宪法对于各种财产的保护作出了明确的规定，《宪法》第十二条规定"社会主义的公共财产神圣不可侵犯"，第十三条规定"公民的合法的私有财产不受侵犯"。这些规定由民法、经济法、行政法和刑法等多个法律部门来体现和维护，各个法律部门对物权的保护都作出了规定，并设立了不同的法律责任。

（5）民法典物权编对社会主义基本经济制度有着怎样的意义？

民法典物权编对维护社会主义市场经济制度作用积极而重大。

一是民法典物权编通过确认和体现社会主义市场经济制度，全面巩固了社会主义市场经济制度的合宪性、合法性。我国宪法明确了以公有制为主体、多种所有制经济共同发展的基本经济制度，同时规定国家实行社会主义市场经济。而《民法典》第二百零六条规定，"国家坚持和完善公有制为主体、多种所有制经济共同发展，按劳分配为主体、多种分配方式并存，社会主义市场经济体制等社会主义基本经济制度"，对这一基本制度加以贯彻和维护。

二是民法典物权编通过调整平等主体之间的财产归属和利用关系，全面维护了社会主义市场经济制度的稳定性、效率性。一方面,民法典物权编以明确财产的归属从而实现定分止争。民法典对国家所有权、集体所有权以列举的形式予以明确规定,还明确了物权确认请求权等确认物权归属的规定。另一方面,民法典物权编以平等保护各主体的合法财产从而实现物尽其用。《民法典》第二百零七条规定:"国家、集体、私人的物权和其他权利人的物权受法律平等保护,任何组织或者个人不得侵犯。"因而,民事主体能够按照法律规定和市场规律平等有序地开展民事活动,社会主义市场经济秩序能够得到有效维护。

三是民法典物权编通过增加解决当前人民群众反映突出问题矛盾的相关规定,全面保障了社会主义市场经济制度的时代性、发展性。随着经济社会的快速发展,与人民群众生活密切相关的城市商品住宅小区治理、租户居住权等问题凸显,相关的诉讼纠纷日益增多,有的还发展成社会事件,《物权法》略显滞后。民法典物权编坚持"以人民为中心"的立法理念,创新法律途径解决现实问题,推动社会主义市场经济制度适应新时代新发展新要求。

27 不动产登记制度

关于不动产登记,《民法典》第二百零九条规定:"不动产物权的设立、变更、转让和消灭,经依法登记,发生效力;未经登记,不发生效力,但是法律另有规定的除外。依法属于国家所有的自然资源,所有权可以不登记。"不动产,顾名思义就是不能移动的财产,也包括移动将严重损害其经济价值的有体物,《担保法》第九十二条规定:"本法所称不动产是指土地以及房屋、林木等地上附着物。"物权中的不动产主要包括土地、房屋、草原、林地、海域等,对于一般人而言,接触最多的不动产是房屋。

(1) 不动产为什么需要登记?

不动产登记,是指国家登记机构将不动产物权变动的事项记载于不动产登记簿并予以公示的法律制度。近年来,我国不动产登记制度得到了巩固和提高。世界银行发布的2019年营商环境评价报告显示,我国登记财产指标在全球190个经济体中的排名,由41位提升至27位。房屋等不动产占登记财产的大部分。2019年3月25日,自然资源部举行《关于压缩不动产登记办理时间的通知》政策吹风会并通报:2017年年底,自然资源部全面实现了不动产登记机构、登记簿册、登记依据和信息平台"四统一"的改革目标,建立和实施了不动产统一登记制度。截至2018年年底,全国3014个大厅、40068个窗口、8万多名窗口工作人员,每天为40多万企业和群众及时提供登记和查询服务。

不动产物权的设立、变更、转让和消灭,如果要生效必须通过在国家登记机构进行登记,这是一个原则性的规定。当然,有原则就有例外,例外的情形有两种:第一种是依法属于国家所有的自然资源所有权可以不用登记。第二种是法律另有规定不动产无须登记就可生效的情形,主要依据的是法律事件、事实行为等非法律行为发生物权变动的情形,《民法典》第二百二十九条至第二百三十一条规定:因人民法院、仲裁机构的法律文书或者人民政府的征收决定等,导致物权设立、变更、转让或者消灭的,自法律文书或者征收决定等生效时发生效力。因继承取得物权的,自继承开始时发生效力。因合法建造、拆除房屋等事实行为设立或者消灭物权的,自事实行为成就时发生效力。这也体现了民法典兼有原则性和灵活性的立法特点。

(2) 不动产登记机关有哪些职责和禁止性义务?

民法典最重要的作用就是保护私权、限制公权。因此,民法典对不动产登记机构应当履行的职责以及禁止性义务进行了明确规定。比如,《民法典》第二百一十二条规定:"登记机构应当履行下列职责:(一)查验申请人提供的权属证明和其他必要材料;(二)就有关登记事项询问申请人;(三)如实、及时登记有关事项;(四)法律、行政法规规定的其他职责。申请登记的不动产的有关情况需要进一步证明的,登记机构可以要求申请人补充材料,必要时可以实地查看。"同时,《民法典》第二百一十三条规定,"登记机构不得有下列行为:(一)要求对不动产进行评估;(二)以年检等名义进行重复登记;(三)超出登记职责范围的其他行为"。这也为不动产登记机关履职尽责提供了法律依据。

当事人之间订立的有关设立、变更、转让和消灭不动产物权的合同,是当事人相互约定的由当事人实施不动产物权变动行为的债权债务关系。合同是对当事人的法律约束,而不是对物权的约束。如果双方当事人都履行了相关行为,不动产物权发生了变动,合同的权利义务终止。当事人未履行相关行为前,合同依然有效,此时当事人需要继续履行相关行为,或者需要承担违约责任或者其他责任。民法典对此也进行了明确规定,第二百一十五条规定:"当事人之间订立有关设立、变更、转让和消灭不动产物权的合同,除法律另有规定或者当事人另有约定外,自合同成立时生效;未办理物权登记的,不影响合同效力。"

(3) 什么是更正登记、异议登记、预告登记、虚假登记、瑕疵登记?

学习和了解不动产登记制度,还要了解什么是不动产的更正登记、异议登记、预告登记、虚假登记、瑕疵登记。

更正登记,是指权利人或者利害关系人认为不动产登记簿记载的事项有错误时,主动向登记机构进行申请,经过权利人书面同意更正,或者有证据证明登记确有错误的,登记机构对错误事项进行更正的登记。《民法典》第二百二十条第一款对更正登记进行了规定:"权利人、利害关系人认为不动产登记簿记载的事项错误的,可以申请更正登记。不动产登记簿记载的权利人书面同意更正或者有证据证明登记确有错误的,登记机构应当予以更正。"

异议登记,是指利害关系人对不动产登记簿记载的物权归属等事项有异议的,可以通过异议登记以保护其权利。异议登记其实是为今后提起物权确认请求权而做准备的登记,也就是为了提起登记无效或撤销的请求权。利害关系人设立异议登记,一方面,能够起到妨碍特定不动产市场流通的作用,买受人看到不动产上设立了异议登记,为了防控风险一般都不会去购买;另一方面,利害关系人在提起不动产物权确认之诉时,也能起到阻却登记公信力效力的作用。《民法典》第二百二十条第二款对异议登记进行了规定:"不动产登记簿记载的权利人不同意更正的,利害关系人可以申请异议登记。登记机构予以异议登记,申请人自异议登记之日起十五日内不提起诉讼的,异议登记失效。异议登记不当,造成权利人损害的,权利人可以向申请人请求损害赔偿。"

预告登记在我国已开始全面实施。中国经济网 2020 年 6 月《防止"一房二卖",我国将全面实施预告登记制度》一文报道:自然资源部、国家税务总局、中国银保监会近日联合出台《关于协同推进"互联网+不动产登记"方便企业和群众办事的意见》(简称《意见》),明确提出我国将加紧全面实施预告登记制度。《意见》明确,要率先实现网上办理,积极向房地产开发企业、房屋经纪机构延伸登记端口,便民利企。不动产登记机构主动将预告登记结果推送银行业金融机构和税务部门,银行业金融机构依据预告登记结果审批贷款,税务部门运用预告登记结果开展税款征收相关工作。切实维护购房人合法权益,防止"一房二卖",防范交易风险。《民法典》第二百二十一条规定,"当事人签订买卖房屋的协议或者签订其他不动产物权的协议,为保障将来实现物权,按照约定可以向登记机构申请预告登记。预告登记后,未经预告登记的权利人同意,处分该不动产的,不发生物权效力"。预告登记后,债权消灭或者自能够进行不动产登记之日起九十日内未申请登记的,预告登记失效。

虚假登记,是指当事人在申请登记的时候,以故意伪造或者篡改等方式向登记机构提供虚假的证明材料,并申请到不动产物权登记。在当事人提供虚假的权属证书等证明材料申请登记时,只要造成了损害,无论登记机构是否存在审查过错,真正权利人都有权请求登记申请人承担责任。与此同时,如果登记机构没有尽到审查义务,也要承担相应的责任。登记机构赔偿后,可以向造成登记错误的人追偿。《深圳晚报》2013 年 12 月《虚假材料骗取房产登记被罚 40 余万元》一文报道了一起虚假登记案例:"今年(2013 年)3 月 22 日,卖方江某通过代理人陈某与买方方某共同向深圳市房地产权登记中心提交《转移登记申请书》、身份证明、(2012)深罗证字第 13916 号《公证书》等材料,申请办理某广场某房的转移登记。工作人员在审核的过程中,发现委托公证书(委托人为卖方江某,受托人为陈某)存在疑点,立即向广东省深圳市罗湖公证处去函核实。罗湖公证处证实该委托公证书是伪造的。随后,深圳市规划土地监察局按照处理流程开展工作,并最终作出《行政处罚决定书》,决定对当事人江某按房地产登记价格的 5% 处以人民币 400544.95 元的罚款。"

瑕疵登记,是指不动产登记机构因其自身或工作人员的过错,登记行为存在瑕疵。瑕疵登记一般有四种情形:第一种情形是当事人提供虚假的权属证书等证明材料申请登记,给他人造成损害,而登记机构没有尽到审查职责;第二种情形是因登记机构应当实地查看而实际未去查看造成了登记错误;第三种情形是登记簿与权属证不一致,登记机构对权属证书拒不更正;第四种情形是在办理了异议登记之后,登记权利人将其不动产转让给他人,而登记机构仍然为其办理过户登记。第一种与虚假登记是紧密联系的,后三种纯粹是登记机构的责任。

《民法典》第二百二十二条对虚假登记和瑕疵登记规定了当事人、登记机构需要承担相应的责任:"当事人提供虚假材料申请登记,造成他人损害的,应当承担赔偿责任。因登记错误,造成他人损害的,登记机构应当承担赔偿责任。登记机构赔偿后,可以向造成登记错误的人追偿。"

(4) 不动产登记制度有哪些重要的作用?

不动产登记制度是我国社会主义市场经济制度中的又一项重要制度,在我国社会主义市场经济发展中起着基础性的保障作用。

第一,不动产物权登记有利于维护不动产市场稳定有序。不动产物权经登记后,不动产权利人的合法财产权能够得到更好地保护,正常的市场交易秩序能够得到加强和维护。

第二,不动产物权登记有利用于提高市场要素高效流通。不动产作为市场要素之一,不动产物权交易者在交易过程中,因有国家机关登记作为背书,更容易快速建立信任,不动产交易安全也有保障,加速了不动产要素在市场中的流动。

第三,不动产物权登记有利于提高政府治理能力和治理水平。不动产市场流动性的增加,促动政府部门统一登记方式,简化登记流程,提高政府的公信力,也方便了人民群众。

28 动产交付制度

动产,是相对于不动产而言的。人民群众在生活中接触更多的是动产,大到轮船、飞机、汽车,小到手表、戒指、茶杯,生产中各种机器物资、生活中各种吃穿行用的物品,绝大多数都是民法意义上的动产。

（1）动产为什么要交付？

动产物权设立和转让的生效条件,与不动产有很大的区别。不动产以登记作为物权生效原则,因为登记有诸多的好处:能够非常清楚明确地界定特定物的归属、因有国家登记机构的背书而具有极大的可信度。

而动产是以交付作为物权生效要件的。《民法典》第二百二十四条规定:"动产物权的设立和转让,自交付时发生效力,但是法律另有规定的除外。"如果通过登记作为物权设立和转让的生效条件,对于绝大部分动产而言是不现实的,因为登记需要一定的程序和办理时间。试想一下,如果买根针都要登记的话,市场效率将会何其低下。因此,动产以交付作为物权生效的原则。也就是说,一旦当事人达成合意后实现交付,动产物权即刻发生转移。

交付是以占有的转移为具体表现的。在现实生活中,由于交付过程不一定能被其他人所知晓,因此这种交付主要体现在对物的占有的转移上。也就是说,在一般情况下,动产占有转移了就等于交付了,也视为物权转移了。

（2）为什么有的动产还需要登记？

众所周知,在购置或过户机动车时需要到公安机关车辆管理部门去办理登记手续。此外,船舶和航空器在购置和过户时也需要到相关部门办理登记。《民法典》第二百二十五条规定:"船舶、航空器和机动车等的物权的设立、变更、转让和消灭,未经登记,不得对抗善意第三人。"

船舶、航空器和机动车作为动产,它们的物权变动也是需要通过交付来实现的,那么为什么还要登记呢? 通过交付来确定动产物权变动的方法效率很高,便于动产商品在市场上的快速流通。可是在船舶、航空器和机动车等动产上会引发一些问题:船舶、航空器和机动车等是生活中常见的交通工具,由于它们价值较大,不是所有人都能买得起,因而租用、借用它们的情况比较多。这样一来,光从交付或者转移占有来判定这些交通工具所有权转移显然是不够的,这会使得陌生当事人因无从判断它们的所有权而不敢与占有人进行交易。为解决这样的问题,民法典规定由国家机关对这些动产进行登记,登记后权属人就能够对抗其他申索所有权的人,从而让受让人在转移所有权时能安心交易,维护交易的安全性和稳定性。

对船舶、航空器和机动车等动产采取登记来明确权属,作用是显而易见的,能够促进相关市场的稳定和繁荣。中国民航总局统计,2019 年全行业新增 613 架航空器国籍登记。其中,新注册运输航空器 220 架,通用航空器 393 架,新注册通用航空器连续四年超过 300 架。公安部统计,2019 年全国新注册登记机动车 3214 万辆,机动车保有量达 3.48 亿辆,其中新注册登记汽车 2578 万辆,汽车保有量达 2.6 亿辆,其中私家车保有量首次突破 2 亿辆。虽然公开信息没有查询到全国船舶登记的整体数据,但是一些地方海事部门公布的数据显示,登记量上升的居多。如南宁海事局 2019 年上半年办理船舶登记 1709 件,同比增长 27.8%,连续两年保持近 30% 的高增长态势;2019 年,常州海事局共开展船舶登记相关工作 67 项,同比增长 294%。

(3) 如何处理动产物权的特殊变动?

在现实生活中还存在一些特殊的情况:交易时动产不在出让人手中,或者交易后出让人还想继续占有动产。对于这些问题,《民法典》第二百二十六条至第二百二十八条规定:动产物权设立和转让前,权利人已经占有该动产的,物权自民事法律行为生效时发生效力。动产物权设立和转让前,第三人占有该动产的,负有交付义务的人可以通过转让请求第三人返还原物的权利代替交付。动产物权转让时,当事人又约定由出让人继续占有该动产的,物权自该约定生效时发生效力。

也就是说,如果动产在交付前就已经在受让人手里,或者如果出让人还想继续占有这个动产,那么只要出让人和受让人达成合意,动产物权变动就立即生效。这个合意按照动产的不同,有的需要订立书面合同才行,有的只要口头约定即可。另外,如果动产在出让人和受让人之外的第三方手里,则第三方将动产交付到受让人手里,动产物权变动就立即生效。

29 国家征收、国家征用和耕地保护制度

国家征收和国家征用都是国家基于公共利益需要而对非国家财产物权进行限制的行为。二者有相同之处但是也有很大区别。

(1) 什么是国家征收?

国家征收,是宪法规定的一项重要内容。我国《宪法》第十条第三款规定:"国家为了公共利益的需要,可以依照法律规定对土地实行征收或者征用并给予补偿。"民法典对此也进行了规定,将征收的对象明确为集体所有的土地以及组织或个人的房屋或其他不动产。之所以这么规定,因为在市场经济条件下,动产完全可以通过购买来取得;而不动产关乎人民群众生产生活中的重大利益,通过普通赎买一般很难取得。国家征收后,原不动产归国家所有。

国家征收不是无偿的,要给予相对人相应的补偿。如湖北省十堰市茅箭区人民政府于 2020 年 5 月 21 日发布《十堰市茅箭区人民政府征用土地公告》[2020]第 5 号(十堰市

茅箭区 2019 年度第 13 批次（增减挂钩）城市建设用地），征收茅箭区东城经济开发区西坪村，征地总面积为 4.3449 公顷（合 65.1735 亩），同时发布征收土地补偿安置方案公告，公布了征收类别、补偿标准和数额支付方式等内容。

为保护村民、农民的合法利益，民法典规定国家征用集体所有的土地，除了要补偿与土地有关的土地补偿费、安置补助费以及农村村民住宅、其他地上附着物和青苗等费用之外，还要给被征地农民纳入社会保险，保障他们的生活。另外，在征收组织、个人的房屋以及其他不动产时，除了要补偿被征收人相关的费用外，征收个人住宅的，还要为被征收人在拆迁后安置前提供廉租房或者租金、回迁安置等必要条件。而且补偿费用必须专款专用，不得被贪污、挪用、私分、截留、拖欠。这些规定，再一次体现了贯穿于民法典始终的保护私权、限制公权的特质。

（2）什么是国家征用？

国家征用，也是宪法和民法典规定的一项制度。它是为了应对抢险救灾、疫情防控等特殊情况下的紧急需要，基于公共利益而对组织和私人的财产进行征用的行为。民法典将疫情防控也纳入了国家征用的范围，这是民法典为适应全球性新冠肺炎疫情防控而作出的与时俱进的规定。国家征用的对象比国家征收的范围要广，既包括不动产，又包括动产。这主要是因为通过购买的手段获取动产会出现讨价还价、浪费时间等问题而不能及时满足紧急情况的需要；而通过国家征用的强制手段收集各种急需物资，时效性更强，更有利于国家对抢险救灾、疫情防控等特殊情况进行快速高效处置。在 2020 年新冠肺炎疫情防控过程中，武汉市政府通过"征用"的方式，临时性地对大型场馆、公共性场所和其他物资进行紧急调配和处置，为防控疫情、打赢武汉保卫战提供了强大的物资保证。

当然，民法典也规定了国家征用必须给被征用人以补偿。另外，被国家征用的不动产和动产，不发生所有权转移，所以使用之后如果没有毁损、灭失，应当返还被征用人。《民法典》第二百四十五条规定，被征用的不动产或者动产使用后，应当返还被征用人。组织、个人的不动产或者动产被征用或者征用后毁损、灭失的，应当给予补偿。

（3）为什么要对耕地进行特殊保护？

耕地保护制度是我国的一项基本制度。我国是世界上人口最多的国家。"民以食为天"，满足 14 亿人口的吃饭问题不是一件容易的事，粮食安全始终是关系我国国民经济发展、社会稳定和国家自立的全局性重大战略问题。而耕地是粮食生产的基础，国家必须要保留一定数量的耕地来保障国家的粮食安全。为了实现粮食的自给自足，2006 年国家就明确提出 18 亿亩耕地是不可逾越的一道红线。这一要求反复出现在历年的党中央一号文件和国务院关于农业发展和粮食生产的相关文件中。2018 年自然资源部进一步明确：在确保 18 亿亩耕地的基础上，到 2020 年全国永久基本农田保护面积不少于 15.46 亿亩。2020 年新冠肺炎疫情在全球蔓延期间，许多粮食出口国纷纷禁止本国粮食出口，而我国粮食价格并未受到冲击，整体保持稳定，人民生活未受到影响，就是得益于我国耕地保护政策制度的有效落实。

作为保护人民根本权利的民法典，必然要对耕地保护这一关系民生的内容进行规定。《民法典》第二百四十四条规定："国家对耕地实行特殊保护，严格限制农用地转为建设用地，控制建设用地总量。不得违反法律规定的权限和程序征收集体所有的土地。"

30 国家所有权、集体所有权、私人所有权和法人所有权制度

国家所有权、集体所有权、私人所有权是以主体进行划分的三种所有权，而法人所有权是上述三类主体通过以出资的形式，将财产所有权转让给法人而形成的。这几种所有权有着很明显的区别。

（1）什么是国家所有权？

国家所有权，是国家对国家所有的财产享有的所有权。《民法典》第二百四十七条至第二百五十四条列举了国有财产的种类，包括矿藏、水流、海域、无居民海岛、城市土地、无线电频谱资源、国防资产等。这其中，"无居民海岛"首次被纳入国家所有权的范围。根据民法典的规定，国家所有权具有三个主要特征：一是国有财产的所有权是由作为中央政府的国务院代表国家行使的，而不是地方政府。二是国家机关和国家举办的事业单位对其直接支配的财产只享有占有权、使用权和处分权，并且处分权受到法律和国务院的严格限制。三是国家出资设立的企业，对其占有的国有财产依法享有除所有权以外的占有、使用、收益和处分等权利。

2019 年 10 月公布的《国务院关于 2018 年度国有资产管理情况的综合报告》显示，2018 年，全国国有企业（不含金融业）资产总额 210.4 万亿元，负债总额 135.0 万亿元，国有资本权益总额 58.7 万亿元。全国国有金融企业资产总额 264.3 万亿元，负债总额 237.8 万亿元，形成国有资产 17.2 万亿元。全国行政事业性国有资产总额 33.5 万亿元，负债总额 9.9 万亿元，净资产 23.6 万亿元。全国国有土地总面积 50552.7 万公顷，国有森林面积 8436.6 万公顷，全国水资源总量 27462.5 亿立方米，内水和领海面积 38 万平方公里。

（2）什么是集体所有权？

集体所有权，是集体对所属财产享有的所有权。集体是我国民法中的特殊概念，它是

公有制主体之一,包括城镇集体和农村集体。集体既可以是组织,也可以是集体成员,但不同于合伙组织和社团组织。集体都有属于自己的土地,除土地之外,集体的财产还包括集体所有的企业商店、农场、林场、牧场、渔场、建筑物、水库、农田、水利设施、文化教育设施等各类动产和不动产。除了依法应属于国家专有的财产以外,一般的生产资料和生活资料都可以成为集体所有权的客体。

另外,集体所有权是集体所有制的基础,也是公有制的基础。一直以来,党中央多次强调"集体要坚持公有制性质",2019 年党中央一号文件再次要求"坚持农村土地集体所有,不搞私有化"。

(3) 什么是私人所有权?

私人所有权,是相对于国家所有权、集体所有权以外的自然人的所有权。除了民法典列举的国有财产、集体财产之外,都属于私人的财产。对私人所有权的平等保护,是民法典保障私权的再次体现。但是民法典保护的是私人的合法财产,对于因偷税、漏税、赌博、盗窃、诈骗等非法得来的财产,民法典不予保护。

国家统计局数据显示:2019 年,全国居民人均可支配收入 30733 元,比上年名义增长 8.9%,扣除价格因素,实际增长 5.8%。其中,城镇居民人均可支配收入 42359 元,增长(以下如无特别说明,均为同比名义增长)7.9%,扣除价格因素,实际增长 5.0%;农村居民人均可支配收入 16021 元,增长 9.6%,扣除价格因素,实际增长 6.2%。

另外,建立在私人所有权基础上的私有制经济,是社会主义市场经济的重要组成部分,为繁荣和发展经济、保障民生、提供就业作出了积极的贡献。

(4) 什么是法人所有权?

法人所有权,是由国家、集体或者自然人出资成立的法人对属于其自身的财产享有的所有权。出资人出资后只享有股东权,除国有资产外,出资的财产归法人所有。民法典总则编把法人分为营利法人和非营利法人,这两种法人的所有权也有所不同。营利法人依照法律、行政法规以及章程享有占有、使用、收益和处分的权利。非营利法人对其不动产和动产的权利,适用有关法律、行政法规以及章程的规定。

2019 年 11 月 20 日国新办发布第四次全国经济普查结果,显示:2018 年末,全国第二产业和第三产业法人单位资产总计 914.2 万亿元。其中,第二产业法人单位资产总计占比为 19%,第三产业法人单位资产总计占比为 81.0%。法人单位负债合计 624.0 万亿元。其中,第二产业法人单位负债合计占比为 16.1%,第三产业法人单位负债合计占比为 83.9%。全国第二产业和第三产业企业法人单位实现营业收入 294.6 万亿元。其中,第二产业营业收入占比 48.8%,第三产业营业收入占比 51.2%。

（5）确定国家所有权、集体所有权、私人所有权和法人所有权有何意义？

民法典对国家所有权、集体所有权、私人所有权和法人所有权的规定，是巩固和发展社会主义市场经济基础的重要支撑和保障。一方面，民法典明确了社会主义市场经济公有制主体地位的法定性。《宪法》第六条规定："中华人民共和国的社会主义经济制度的基础是生产资料的社会主义公有制，即全民所有制和劳动群众集体所有制。"社会主义公有制或者说全民所有制（国家所有制）和劳动群众集体所有制，正是建立在国家所有权和集体所有权基础之上的。而社会主义市场经济是公有制为主体的，这体现了我国经济制度的社会主义性质。另一方面，民法典也明确了社会主义市场经济所有制形式的多样性。私人所有权基础上的非公有制经济虽然不占主体地位，却是社会主义市场经济的重要组成部分，它与公有制经济共同构建了社会主义市场经济大厦，并赋予社会主义市场经济强大的生命力和凝聚力。

31 业主的建筑物区分所有权制度

业主的建筑物区分所有权，是一种综合性的物权，是对建筑物不动产进行区分后，业主享有的专有部分所有权、共有部分共有权和共同管理权等权利的统称。

（1）为什么要对建筑物区分所有权？

由于现如今建筑物的市场价值越来越大，建筑物内部单元也越来越多，单个自然人业主很难买下整个建筑物。在这种情况下，如果只简单地将建筑物的所有权认定为共有，难以区分单个业主的权利；如果将建筑物的所有权都分给各个业主单独控制，又会造成部分业主使用楼梯等公共部分有所不便。因此，《民法典》第二百七十一条规定："业主对建筑物内的住宅、经营性用房等专有部分享有所有权，对专有部分以外的共有部分享有共有和共同管理的权利。"通过对建筑物的各个部分进行区分，让业主对专有部分享有所有权；对共有部分享有共有权和共同管理权。这样的制度安排很好地解决了建筑物共有的问题。

第一，业主对其建筑物专有部分享有占有、使用、收益和处分的权利。这个是建筑物区分所有权的基础。有专有部分所有权才有共有权和共同管理权，而且专有部分所有权转移时候，共有权和共同管理权一并转移。另外，专有部分所有权的行使不是无限制的，业主行使权利不得危及建筑物的安全，不得损害其他业主的合法权益。

第二，业主对建筑物专有部分以外的共有部分享有共有权，这个权利的行使需要业主达到一定比例要求,这个比例的要求,既包括占业主总人数的比例要求,也包括占专有部分面积的比例要求。

第三,业主对建筑物专有部分以外的共有部分享有共同管理权,这既是业主的权利又是义务。业主不得以放弃权利为由,而不履行义务。

(2) 民法典对业主的建筑物区分所有权增加了哪些新的规定?

2007 年出台的物权法对业主的建筑物区分所有权出了规定,为维护业主的权利提供了法律基础。中国裁判文书网显示 2019 年全国建筑物区分所有权纠纷裁判案件仅 2147 件,远远低于其他民事纠纷案件数量。但是在现实中还存在公共维修基金申请门槛过高、成立业主大会和业主委员会难等物业问题困扰着业主。民法典与时俱进,关注民生,对人民群众最关心最直接最现实的问题进行了回应。

针对公共维修基金申请门槛过高的问题,民法典将公共维修资金使用的表决程序由应当经参与表决的业主专有部分面积和人数占比"双过四分之三"同意,修改为"双过半"同意,提高了启动公共维修基金的效率。民法典还增加了规定紧急情况下使用维修资金的特别程序、建筑物及其附属设施的维修资金的筹集、使用情况应当定期公布等规定,方便了维修基金的使用。

针对成立业主大会和业主委员会难的问题,民法典明确地方政府有关部门、居民委员会应当对设立业主大会和选举业主委员会给予指导和协助。

针对新冠肺炎疫情防控的问题,民法典规定了物业服务企业或者其他管理人应当执行政府依法实施的应急处置措施和其他管理措施,积极配合开展相关工作,业主应当依法予以配合。

另外,一些地市也在通过制定地方性法规,探索解决人民群众关注的一些物业问题。北京市于 2020 年 3 月 28 日出台、同年 5 月 1 日实施的《北京市物业管理条例》,为解决北京市成立业主大会和业主委员会难、业主委员会不作为难作为、物业费收缴难提供了地方性法规保障。

(3) 业主的建筑物区分所有权制度对我国社会主义市场经济有着怎样的重大意义?

业主的建筑物区分所有权制度,奠定了我国建筑物所有和管理的民事法律基础,在推动社会主义市场经济发展中发挥着重要的作用。

一是进一步强化了对业主权利的保护。通过确定业主专有部分所有权、共有权和共同管理权,为人民群众的基本财产权和居住权提供了充分的保护。

二是进一步强化了对业主自治的保护。更加突出了业主共同管理权的重要性,并为业主行使共同管理权提供法律保障,与"人民当家作主"以及"自治、共治、法治、德治"的社区治理要求相契合。

三是进一步兼顾了更多人的利益。业主在行使共同管理权的决定权时,一方面业主的专有部分面积要达到总专有部分面积的一定比例,照顾了出资多的人的利益;另一方面业主人数也要达到总人数的一定比例,照顾了大部分人的利益,兼顾了更多人的利益。

32 相邻关系和地役权制度

在民法典中相邻关系与地役权是一对既相类似又相区别的制度。这两个制度在社会主义市场经济中都有着重要的作用。

(1) 什么是相邻关系?

相邻关系,是民法典用来处理生产生活中的邻里之间物权纠纷的法律规定。两个以上相邻不动产的所有人或使用人,在行使不动产的所有权或使用权时,相邻各方应当给予便利和接受限制而发生的权利义务关系。《民法典》第二百八十九条规定:"法律、法规对处理相邻关系有规定的,依照其规定;法律、法规没有规定的,可以按照当地习惯。"另外,《民法典》第二百九十条至第二百九十六条规定了用水、排水、通行、通风、采光、挖掘土地、建造、修缮建筑物以及铺设管线、保护环境等相邻关系的种类。

相邻关系本身并不是物权,只是对物权的法律限制,以给相邻者必要的生产生活所需。为什么要用相邻关系来限制物权呢? 物权是一种绝对的排他权,未经权利人同意,他人不能使用、占有属于权利人的特定物,但是如果权利人一味地强调自己的权利而不在乎他人,很可能会影响到他人的权利,尤其是朝夕相处的邻里之间,如果不相互体谅、相互包容,更会发生纠纷。现实生活中的邻里纠纷很多情况都是因为相邻关系没有处理好。中国裁判文书网显示,自 2017 年以来全国各地审结相邻关系纠纷案件一直维持 4000 件以上,2019 年达 4759 件。

民法典规定允许相邻关系意思自治。相邻关系虽然是法定的,但民法典允许当事人通过相互协商、相互约定来处理相邻关系,搬家不容易,邻居也不是随意就能更换的。因此民法典通过允许当事人在行使不动产权利中享有一定的自治空间,让社会各类资源更加有效地被利用起来。另外,《民法典》第二百八十八条规定,不动产的相邻权利人应当按照有利生产、方便生活、团结互助、公平合理的原则。这项原则既为正确处理相邻关系提供了正确指引和法律保障,也充分彰显了社会主义核心价值观在民法典中的具体体现。

（2）相邻关系有哪些重要的作用？

相邻关系制度对促进人民生产生活、社会和谐稳定有着积极的作用。

第一，它能够保障个人基本生存利益。人们必须享有基本的通风、采光、通行等最基本的生存权利，才能健康舒适地生活，这些利益在法律价值中处于最高的位阶，不能因为他人行使物权而被肆意剥夺。相邻关系制度的建立正是为了对个人基本生存利益进行保护。

第二，它能够保障生产生活资料物尽其用。在邻里生产生活中，大家按照有利生产、方便生活、团结互助、公平合理的原则，共同利用不动产，减少不必要的损失和浪费，稳定社会经济秩序。

第三，它能够维护社会和谐稳定。通过法律规定邻里双方互相给予便利和接受限制，来平衡邻里之间的权利义务，以达到化解邻里纠纷的目的，从而维护了邻里的和睦相处，促进了社会的和谐与稳定。

现实当中，司法机关也经常利用相邻关系来调节邻里纠纷，促进社会和谐。

（3）什么是地役权？

地役权，是经双方约定的用他人不动产为自己不动产提供便利的权利。《民法典》第三百七十二条规定，地役权人有权按照合同约定，利用他人的不动产，以提高自己的不动产的效益。地役权虽然是依合同订立的，仍然是一种物权。地役权包括用水、排水、通行、眺望、采光、墙壁支撑、放牧、建造附属设施或安设临时附着物、排污等种类，与相邻关系的种类类似，但是比它的权利范围更广。

地役权与相邻关系的区别有很多。比如前者属于物权、后者不是，前者需役地和供役地无须相邻、后者必须相邻等。但是最大的区别在于两者的目的不同：前者是为了提高不动产的效益，属于"锦上添花"；后者是为了保障基本生存，属于"雪中送炭"。

（4）地役权有哪些重要的作用？

地役权的作用也是显而易见的。一是可以调整不动产的功能。地役权双方当事人可以在合法的前提下，通过合同自由设定地役权，比如说能够眺望远方、能够享受更多阳光等，让不动产拥有更多的功能。二是可以提升不动产的价值。需役地的权利人通过对供役地设立地役权，使得需役地或者需役地上的房屋有了更高的使用价值，从而提升了需役地及其附属不动产的价值。三是可以体现意思自治。地役权是双方当事人通过谈判达到合意，充分体现了当事人的意思自治，给当事人更多的自由权。

国家也可以通过地役权来实现生态平衡、绿色发展的目标和要求，以兼顾国家和集体或个人的利益。《中国自然资源报》2020 年 4 月《浙江首次为集体林地颁发地役权证》一文报道："近日，浙江省龙泉市在官埔垟村给百山祖国家公园管理单位颁发了百山祖国家公园龙泉片区集体林地地役权证。这意味着,今后相应林地的所有权仍归村集体,其地役权则属于国家公园管理单位。这是浙江首次为集体林地发放地役权证。地役权改革是保护自然生态系统完整性和原真性的需要,是实现自然资源资产统一管理的有效途径。集体林地纳入国家公园统一管理后,片区林农每年可获得一定的补偿金,并通过林权抵押贷款获得创业资金,实现生态富民、绿色发展。国家公园管理单位可凭借地役权证行使管理权,实现依法、规范、长效管理。"

33 善意取得制度

善意取得制度,是对所有权制度的一种特殊规定,它打破了原所有人对所有物物权的直接支配权和排他权。设立善意取得制度对我国社会主义市场经济有着重要的作用。

(1) 什么是无权处分?

说到善意取得,就不得不说无权处分。无权处分,是指行为人没有处分权,却以自己的名义实施的对他人财产的法律上的处分行为。无处分权人将特定的不动产、动产转让给受让人后,会产生两个结果:一个是比较常见的结果,原物被权利人追回;另一个是特殊的结果,因符合民法典的特殊规定,原物的所有权转移给了受让人,权利人不能追回。这种特殊的结果,就是善意取得。

无权处分行为固然会伤害到他人的利益。因此,民法典给予原所有人和善意受让人以保护。对于原所有人的保护,《民法典》第三百一十一条第二款规定:"受让人依据前款规定取得不动产或者动产的所有权的,原所有权人有权向无处分权人请求损害赔偿。"第三百一十二条规定:"所有权人或者其他权利人有权追回遗失物。该遗失物通过转让被他人占有的,权利人有权向无处分权人请求损害赔偿,或者自知道或者应当知道受让人之日起二年内向受让人请求返还原物;但是,受让人通过拍卖或者向具有经营资格的经营者购得该遗失物的,权利人请求返还原物时应当支付受让人所付的费用。权利人向受让人支付所付费用后,有权向无处分权人追偿。"

而对于善意受让人,只要符合法定条件,即可以取得物权的所有权。如果没有取得所有权,无权处分也不影响合同的效力,善意受让人还可以让无处分权人承担违约责任。《西安日报》2018 年 7 月《二手房买卖毁约现象增多,法官:无权处分并不导致合同无效》一文就报道:"承办法官提醒广大市民……双方当事人均需遵守合同约定。如果合同中约定了违约责任,则购房者可以要求卖房者继续履行合同。如果合同已经实际的不能履行,购房者可以要求赔偿相应损失。针对一些特殊的情况,如卖方中共有人尚未意见一致,或者卖方系无权处分、无权代理,需在签订合同后取得追认或者授权的,应在合同中就该情况予以明确约定,如未进行约定的,则不利后果由卖方承担。"

(2) 什么是善意取得?

善意取得,是指无处分权人将其动产或不动产转让给受让人,如果受让人取得该财产时出于善意,则受让人将依法取得对该财产的所有权或其他物权。善意取得制度是为了保护交易安全、维护市场交易的正常秩序而设立的。

善意取得的"善意",跟"善良"的意思关系不大。这种善意是相当于恶意而言的,也就是说只要不是出于恶意,就是善意。善意受让人一旦符合法定条件取得了不动产或者不动产,相应的物权也就转移给了善意受让人,同时,原所有人丧失了该物的所有权。

善意取得的对象不仅可以是动产,也可以是不动产。《法制日报》就报道过不动产善意取得的案例,其 2018 年 5 月《伪造材料擅自过户善意取得受法保护》一文报道:"2017年 4 月,王国未经产权人王佑等 4 人同意,私自伪造《公证书》《授权委托书》等相关材料,将登记在王佑等 4 人名下的两栋别墅转让给海南省海口市琼山区凤翔街道办事处,并向海口市国土局申请将涉案房产办理变更登记至凤翔街道办事处名下。经审核,海口市国土局同意为海口市琼山区凤翔街道办事处颁发不动产权证。王佑等 4 人得知此事后认为,海口市国土局未经同意便将他们名下的房产办理转移登记给他人的行为违法,遂诉至法院请求撤销颁证行为。海南省海口市秀英区人民法院对此案审理后,当庭判决确认该行政行为违法,但第三人善意取得房屋所有权有效。"

(3) 善意受让人取得物权需要哪些条件?

善意取得是所有权制度的例外。因此,善意受让人取得物权需要法定的先决条件。《民法典》第三百一十一条第一款规定:"无处分权人将不动产或者动产转让给受让人的,所有权人有权追回;除法律另有规定外,符合下列情形的,受让人取得该不动产或者动产的所有权:(一)受让人受让该不动产或者动产时是善意;(二)以合理的价格转让;(三)转让的不动产或者动产依照法律规定应当登记的已经登记,不需要登记的已经交付给受让人。"

对于第一个条件,善意受让人的善意体现在他不知道该不动产或者动产不是无处分权人的,换句话说,无处分权人能够让善意受让人相信该物是无权处分人的即可。比如说,房产证上写的名字是无处分权人的,或者说机动车登记证的所有人是无处分权人的,那么受让人跟无处分权人进行交易就是一种善意,因为他信任国家登记制度的行为可以推定不是恶意。

对于第二个条件,转让时的价格一定是符合市场行情的;如果交易时偏离了市场行情的价格,也不能认定为善意。

对于第三个条件,该物必须已经实际发生了物权的变动,该登记的登记,该交付的交付。如果还没有发生实质性的物权变动,原所有人没有丧失该物的物权,依然可以向无处分权人或受让人索要原物。

善意取得的三个条件缺一不可,否则不构成善意取得。《检察日报》2012年9月《不动产善意取得须同时具备三要件》一文报道了一起不具备善意取得的案例:"2010年11月,崔某因与妻子李某感情出现裂痕,瞒着妻子私自与魏某达成口头卖房协议,约定将自己名下的一处房产以52万元卖给魏某。魏某于当月分两次支付了全部房款。崔某将房屋和产权证一并交付魏某,但没有协助魏某至登记机关办理过户登记手续。后魏某要求办理房屋过户手续时,被李某发现。由于遭到李某的埋怨和反对,崔某不仅拒绝办理过户手续,还要求魏某退房。魏某于2012年2月17日将崔某告上法庭,请求确认该房产归自己所有。2012年5月9日,法院判决房产归崔某夫妇所有,崔某退还魏某支付的房款52万元,并向魏某承担损害赔偿责任。魏某认为,崔某自愿卖房,自己出于善意,以合理价格购买房产,且崔某已将房产实际交付,产权证书也已交付,只是没有过户,自己依法应当取得房产所有权,法院判决房产归崔某夫妇所有是错误的,遂于2012年6月11日向检察机关申请抗诉。检察机关审查后,认为法院判决正确,魏某应服判息诉。"

(4) 善意取得制度对我国社会主义市场经济有着怎样的重大意义?

善意取得制度对于我国社会主义市场经济有着重要的作用,具体体现在三个方面。

第一,善意取得制度能够促进维护交易安全,推动市场经济的有序发展。只要是符合善意取得的条件,善意人直接取得物的所有权,排除因所有权人与无权处分人之间的纠纷,一方面将市场交易更加有保障,另一方面能够也能够促使所有权人谨慎保管和妥善处置自己的不动产和动产。

第二,善意取得制度能够促进交易,推动市场要素的流转。在社会主义市场经济条件下,任何市场要素一旦进入市场,都应当积极鼓励促成交易,这是市场经济的基本要义。因此,对受让人出于善意而达成的交易给予法律保护,能够促进市场要素的快速流动,推动生产的实现和经济的发展。

第三,善意取得制度能够及时解决物权纠纷。民法典规定了善意取得的三个条件。只要符合这三个条件,善意受让人取得物的所有权,所有权人就不能再与善意受让人发生纠葛,物权纠纷就此结束。所有权人可以通过行使其他权利向无处分权人追索损失。

34 用益物权制度

用益物权制度,也是物权制度的重要组成部分。用益物权是一种他物权,就是在他人的物上享有的权利,具有排他性。用益物权基于所有权产生,而又独立于所有权。用益物权制度具有重大的意义。

(1) 什么是用益物权?

用益物权,是权利人对他人所有的不动产或者动产,依照法律法规的规定而享有占有、使用和收益的权利。《民法典》第三百二十三条规定:"用益物权人对他人所有的不动产或者动产,依法享有占有、使用和收益的权利。"

用益物权是对所有权的限制。设立用益物权,是为了使用他人的物或者利用他人的物实现收益,首先要对他人的物进行占有,这就限制了所有权人对原物的占有。用益物权人在使用他人的物或者利用他人的物实现收益的过程中,也限制了所有权人对原物的使用和收益的权利。

《民法典》第三百二十六条规定,所有权人不得干涉用益物权人行使权利。这看似不合理的限制,却是对所有权人有益的。有些所有人能很好地利用自己的不动产或者动产,让财产物的作用和价值发挥到最大;有些所有人因为能力的原因或者占有不动产或者动产比较困难的情况下,无法实际利用自己的不动产或者动产。在这种情况下,如果将自己不动产或者动产交给他人使用,对自己和他人而言都有益处,物也能发挥应有的作用。而且对所有人来说,还会有一定的报酬,毕竟无偿的用益物权只占少数。

用益物权制度的设立能够让权利人充分运用法律的武器来维护自己的权利。中国裁判文书网数据显示,2019年全国审结40533件用益物权纠纷案件,自2017年起每年用益物权纠纷案件量都维持在4万件左右。

(2) 民法典明确了哪些用益物权?

民法典规定用益物权的具体种类有:土地承包经营权、建设用地使用权、宅基地使用权、居住权和地役权等。土地承包经营权和宅基地使用权是设立在集体土地上的用益物权;建设用地使用权是设立在国有土地上的用益物权;而地役权在国有土地和农村集体土地上都可以设立;居住权是设立在他人房屋之上的用益物权,而且不需要区分这个房屋的所有权性质是公有的还是私有的。

另外,民法典还列举了探矿权、采矿权、海域使用权、取水权以及使用水域、滩涂从事养殖、捕捞等权利。尤其是海域使用、水域滩涂养殖捕捞等用益物权,与当地的经济发展和人民的生产生活有着密切的联系。广西壮族自治区北海市人民政府2020年6月发布信息《发展向海经济,壮大"海洋牧场"》,将挂牌出让部分海域使用权:"北海市正在全力打造向海经济,发展壮大'海洋牧场',2019年北海银滩南部海域成为国家级海洋牧场示范区。据了解,从2020年起,未来三年,北海市计划挂牌出让30万亩海域使用权,携手一批实力企业共同打造现代深海抗风浪养殖示范区,促进北海水产养殖转型升级和海洋牧场建设。"当然这些用益物权都必须依法取得,否则属于侵占,需要承担民事责任。

(3) 用益物权制度有着怎样的作用和意义?

用益物权制度,作为一项基本的物权制度,对于经济社会发展具有重要的意义,并在建设社会主义市场经济中发挥着物尽其用、人尽其能、权尽其效的作用。

第一,用益物权制度能够充分发挥以公有制为基础的土地等自然资源的效用,实现物尽其用。民法典规定我国的土地为公有,即国家所有和集体所有,虽然土地公有制是我国的基本的土地所有权制度,但是这些土地不可能都能由国家主体或者是集体主体所使用。在这些土地上设置用益物权,既能够保障土地的公有制属性,又能够让非国有主体按照自己的需要,使用国有或集体土地,让土地尽其所用。其他以公有制为基础的自然资源也是如此。

第二,用益物权制度能够充分发挥市场主体利用有限资源的能力和水平,实现人尽其能。在社会主义市场经济条件下,允许用益物权的流通转让,利用市场作为资源的有效配置手段,通过招拍挂等竞争机制,让最有条件、最有能力的市场主体充分利用有限的资源,最大可能地发挥物的效用。

第三,用益物权制度能够充分发挥有效保护和合理利用自然资源的功能,实现权尽其效。用益物权是一种他物权,具有排他的属性。一旦权利人取得自然资源的用益物权,就会本能地保护这些自然资源不受他人的非法侵害,也会想尽一切办法利用好这些自然资源。同时用益物权人在行使权利时也会受到法律的制约。使得自然资源能够得到有效保护和合理利用。

35 土地承包经营权制度

土地承包经营权是设置在集体土地上的用益物权,它既有效维护了集体的公有制基础,也切实保障了集体成员的生产生活需要。

(1) 什么是土地承包经营权?

土地承包经营权,是集体成员依照法律和合同的规定,在集体所有土地或者集体使用的国有土地上从事种植业、林业、畜牧业等农业生产的权利。土地承包经营是以家庭承包经营为基础、统分结合的双层经营体制。土地承包经营权包括了集体成员对集体土地的承包权和经营权两项权利。《民法典》第三百三十一条规定:"土地承包经营权人依法对其承包经营的耕地、林地、草地等享有占有、使用和收益的权利,有权从事种植业、林业、畜牧业等农业生产。"

土地承包经营权的目的是保障集体成员从事各种农业生产活动的,而不是为了从事工业生产、商业服务业活动,更不是为了建设房屋等的。按照国家的有关规定,土地承包经营权的主体以家庭为单位的农户为主,随着经济社会的发展,权利主体范围也开始向农户以外的单个农民、法人和其他组织等扩大。土地承包经营权作为用益物权具有期限性。《民法典》第三百三十二条规定:"耕地的承包期为三十年。草地的承包期为三十年至五十年。林地的承包期为三十年至七十年。"承包期内发包人不能再次分包。

(2) 土地承包经营权可以流转吗?

土地承包经营权是可以流转的,只是受到严格限制。首先,只有土地承包经营权人才有权进行流转,发包人不得流转。其次,流转后的土地必须是用于农业生产。最后,土地应当在承包期限内进行流转,流转的期限不得超过承包期的剩余期限。《民法典》第三百三十四条规定:"土地承包经营权人依照法律规定,有权将土地承包经营权互换、转让。未经依法批准,不得将承包地用于非农建设。"当然,土地承包经营权的流转还必须依照法律的规定。

在稳定家庭承包经营的基础上,允许土地承包经营权依法流转,能够积极提高社会主义市场经济的活力和动力。一方面,随着我国城镇化水平的提高,大量农村人口转向城市,农业从业人员减少,为防止"土地撂荒"需要将承包的土地流转给他人。另一方面,随着农业技术的提高,农业规模化机械化生产也需要将农村土地进行集中利用,以实现农业规模经营和提高土地的利用效率。

(3) 如何理解农村集体土地所有权、承包权、经营权分置?

2014年9月29日召开的中央深改组第五次会议和2016年8月30日召开的中央深改组第二十七次会议,都明确强调要在农村土地制度改革中实现所有权、承包权和经营权"三权分置",这具有重要的现实意义。

一是集体土地所有权归集体成员集体所有。《宪法》明确规定:"中华人民共和国的社会主义经济制度的基础是生产资料的社会主义公有制,即全民所有制和劳动群众集体所有制。""农村集体经济组织实行家庭承包经营为基础、统分结合的双层经营体制。农村中的生产、供销、信用、消费等各种形式的合作经济,是社会主义劳动群众集体所有制经济"。社会主义公有制要求农村土地必须归农村集体成员集体所有,不能归农村集体成员个人所有,这是我国社会主义经济制度的基础和核心,必须坚持,绝不能动摇。对此,党内法规中也反复强调。2019年1月出台的《中国共产党农村基层组织工作条例》第十二条规定:"坚持以公有制为主体、多种所有制经济共同发展的基本经济制度,巩固和完善农村基本经营制度,坚持农村土地集体所有,坚持家庭经营基础性地位,坚持稳定土地承包关系,走共同富裕之路。"

二是集体土地的承包权归集体成员各自所有。《农村土地承包法》规定:"农村集体经济组织成员有权依法承包由本集体经济组织发包的农村土地。任何组织和个人不得剥夺和非法限制农村集体经济组织成员承包土地的权利。"承包权是经营权的基础,有了承包权才有经营权。《民法典》第三百三十九条规定:"土地承包经营权人可以自主决定依法采取出租、入股或者其他方式向他人流转土地经营权。"在承包权与经营权分离的情况下,承包主体通过让渡经营权而获得财产收益,在土地被征用以及退出后还可以获得财产补偿。

三是集体土地的经营权归权利人所有。经营权的权利主体既可以是集体成员,也可以是集体成员外的自然人、法人或其他社会组织。在承包权与经营权分离后,经营权依照法律规定或合同约定流转给权利人,并由经营权人在土地上从事农业生产,最大地发挥集体土地的效用。《民法典》第三百四十条规定:"土地经营权人有权在合同约定的期限内占有农村土地,自主开展农业生产经营并取得收益。"也就是说,经营权人在合同约定期限内使用土地,开展生产,取得收益,不受承包权人的干扰和限制。

人民网 2020 年 6 月《青岛即墨:颁发首张农村土地经营权证,赋能活权润乡野》一文报道:"人民网青岛 6 月 5 日电:今日,山东省青岛市即墨区首张土地经营权证在灵山镇举行颁发仪式,山东省鑫诚恒业集团有限公司获得该经营权证的所有权。标志着农村土地承包经营权'三权分置'在青岛市即墨区开始实践。土地经营权证的颁发对加快当地农村承包地'三权分置',激活农村承包地经营权交易流转,优化乡村资源配置将起到引领和示范带动作用。"

36 建设用地使用权制度

建设用地使用权,是权利人对国家所有的土地享有占有、使用和收益,利用该土地建造建筑物、构筑物及其附属设施的权利。建设用地使用权是使用最广泛、流通性最强的一种用益物权。

(1) 建设用地使用权如何设立?

根据法律规定,建设用地使用权的设立需要有五个条件。

一是需要在国有土地上设立。我国土地可分为国有土地和集体土地,集体土地上是不可以设立建设用地使用权的。但是根据公众利益的需要,可以通过国家征收,将集体土地征收为国家土地,再设立建设用地使用权。

二是需要通过出让或者划拨等法定方式。《民法典》第三百四十七条第一款规定:

"设立建设用地使用权,可以采取出让或者划拨等方式。"出让方式由国家遵循市场规律,与当事人订立出让合同;划拨是通过行政机关的行政审批而设立,一般只用于公益用地。因此,在建设用地使用权设立时以出让为主,以划拨为例外,并严格限制划拨方式的使用。各地政府在出让土地时,一般会对外发布出让公告。如 2020 年 6 月 19 日,上饶市自然资源局发布《上饶市国有建设用地使用权出让网上拍卖公告》,以网上拍卖方式出让 1(幅)28614 平方米商业服务业类型地块的国有建设用地使用权。

三是需要付费有偿使用。在土地出让时,权利人必须支付土地出让金才能取得建设用地使用权,而且民法规定:"工业、商业、旅游、娱乐和商品住宅等经营性用地以及同一土地有两个以上意向用地者的,应当采取招标、拍卖等公开竞价的方式出让。"当然,为了公益需要,国家可以采取划拨方式无偿授予医院、学校、科研院所等用地单位建设用地使用权。但是,如果土地由公益用途转向商业用途时,仍然需要补交土地出让金。

四是需要签订书面合同。《民法典》第三百四十八条第一款规定:"通过招标、拍卖、协议等出让方式设立建设用地使用权的,当事人应当采用书面形式订立建设用地使用权出让合同。"而《城市房地产管理法》第十五条规定:"土地使用权出让,应当签订书面出让合同。土地使用权出让合同由市、县人民政府土地管理部门与土地使用者签订。"这是出让土地必须必须遵循的。划拨土地不需要签订合同,只要有关机关审批即可。

五是需要到登记机关进行登记。《民法典》第三百四十九条规定:"设立建设用地使用权的,应当向登记机构申请建设用地使用权登记。建设用地使用权自登记时设立。登记机构应当向建设用地使用权人发放权属证书。"只有登记了,建设用地使用权才能设立,不登记没有建设用地使用权。

(2) 建设用地使用权流转有哪些要求?

建设用地使用权的流转不同于设立。建设用地使用权设立,是直接以出让或划拨从国家取得土地建设用地使用权;建设用地使用权的流转,是以转让、互换、出资、赠与等方式从其他建设用地使用权人获得该项权利。建设用地使用权的流转有三个方面的要求。

一是需要订立书面合同。《民法典》第三百五十四条规定:"建设用地使用权转让、互换、出资、赠与或者抵押的,当事人应当采用书面形式订立相应的合同。使用期限由当事人约定,但是不得超过建设用地使用权的剩余期限。"这说明当事人之间必须要形成流转的合意,而这种合意是以要式合同为基础的。

二是需要进行变更登记。《民法典》第三百五十五条规定:"建设用地使用权转让、互换、出资或者赠与的,应当向登记机构申请变更登记。"与建设用地使用权设立一样,建设用地使用权流转也需要到登记机关进行登记。

三是"房地不离"一并转移。《民法典》第三百五十六条、第三百五十七条规定:"建设用地使用权转让、互换、出资或者赠与的,附着于该土地上的建筑物、构筑物及其附属设施一并处分。""建筑物、构筑物及其附属设施转让、互换、出资或者赠与的,该建筑物、构筑物及其附属设施占用范围内的建设用地使用权一并处分。"也就是我们通常所说的"房随地走,地随房走。"这样保证了不动产的一致性。

一些地方还制定地方性法规为建设用地使用权转让提供法治保障。四川在线 2020年6月《四川出台意见完善建设用地二级市场,破除建设用地使用权转让限制,保障交易自由》一文报道:"日前,四川省政府办公厅出台《关于完善建设用地使用权转让、出租、抵押二级市场的实施意见》,从完善交易规则、健全服务监管体系和保障措施等 3 个方面提出了 12 条具体措施,提出推行'交易+登记'一体化的'一窗受理、一网通办、一站办结'服务,搭建城乡统一的土地市场交易平台,让建设用地使用权转让交易更加便捷。"

(3) 建设用地使用权对我国社会主义市场经济有着怎样的重大意义?

建设用地使用权在社会主义市场经济活动中为国有土地合理充分利用提供充分的保障。

一是为土地公有制下市场化配置土地资源提供法律保障。建设用地使用权是建立在国有土地之上的,国有土地归国家所有,但国家机关并不能直接利用土地从事经营等活动。只有通过设立建设用地使用权,并利用市场作为配置土地资源的基础,将国有土地交给自然人、法人或者其他组织来利用,才能实现土地资源的优化配置,促进市场经济的繁荣和发展。

二是满足了土地使用主体的多元化需求。建设用地使用权比土地承包经营权使用的范围更广阔,不仅可以从事各种生产活动,还可以从事各种商业服务业活动;不仅可以在国有土地的地表设立,还可以对土地上下的空间设置不同的建设用地使用权。这样一来,能够满足土地使用者多元化土地需求。

三是提高了政府提供公共服务的能力。建设用地使用权的出让金增加了政府的财政收入,虽然这为一些人所诟病,但是确实让政府更有财力为城市提供更多的公共服务,尤其是出让土地后,政府会进一步完善当地水、电、气、路等公共设施的建设,有利于提升政府治理能力和治理水平。

37 宅基地使用权制度

宅基地使用权,是集体成员依法对集体所有的土地进行占有和使用,并依法利用该土地建造住宅及其附属设施的权利。宅基地使用权全面保障了集体成员居住、生活的基本权利。

（1）宅基地使用权有哪些特点？

对于宅基地使用权，《民法典》第三百六十二条规定："宅基地使用权人依法对集体所有的土地享有占有和使用的权利，有权依法利用该土地建造住宅及其附属设施。"因此，宅基地使用权具有以下四个方面的特点。

第一，宅基地使用权的主体只能是集体经济组织的成员。由于宅基地使用权是建立在集体土地上的，而集体土地是由基地成员所有的。失去了集体经济组织的成员身份，基于原有身份取得的宅基地使用权就失去了基础，集体经济组织就有权收回。

第二，宅基地使用权必须是在集体所有的土地上设定的。耕地受到特殊保护，不能用作宅基地。国有土地也不能作为宅基地来使用。

第三，宅基地使用权只能用于建造住宅及其附属设施。只能用来盖居住的房子，而不能擅自改变宅基地的用途，将宅基地用于建设工厂或者挖成鱼塘。而且，建设好的住宅及其附属设施也必须由该集体成员及家人自己居住使用。

（2）宅基地使用权如何设立和流转？

对于宅基地使用权的设立和流转，《民法典》第三百六十三条规定："宅基地使用权的取得、行使和转让，适用土地管理的法律和国家有关规定。"而这些具体的规定主要来自于《土地管理法》第六十二条："农村村民一户只能拥有一处宅基地，其宅基地的面积不得超过省、自治区、直辖市规定的标准。农村村民住宅用地，由乡（镇）人民政府审核批准；其中，涉及占用农用地的，依照本法第四十四条的规定办理审批手续。农村村民出卖、出租、赠与住宅后，再申请宅基地的，不予批准。国家允许进城落户的农村村民依法自愿有偿退出宅基地，鼓励农村集体经济组织及其成员盘活利用闲置宅基地和闲置住宅。"这个规定对宅基地使用权的设立和流转进行了严格的限制，在保障集体成员基本居住权利的同时，防止个人利用宅基地谋取其他不正当的利益。

国家允许进城落户的农村村民依法自愿有偿退出宅基地的同时，有些地方也允许进城落户且有宅基地的农村村民自愿迁回原籍，带动当地农村经济的发展。

（3）宅基地使用权制度有着怎样的意义？

宅基地使用权制度，是我国用益物权制度的特色所在，对于满足广大农村居民的生存、生活需要，保护广大农民群众的切身利益有着重大的意义。

一是保障了农村居民的生存权。在我国农村，由于社会保障制度尚未建立健全，因此宅基地使用权起到了保障农民基本生存条件的功能。将宅基地使用权物权化，赋予权利人对宅基地享有物权请求权的效力，可以对宅基地纳入物权进行全面保护。宅基地使用权的物权化，也进一步完善了我国用益物权体系。

二是保障了农村居民的生活权。农村生活与城市生活有很大的区别,虽然城市比农村基本设施更加完备,但是长期生活在农村的人到城市生活会很不适应,而有了宅基地就有了在农村生活的基础。

三是保障了农村居民的财产权。农村宅基地的流转虽然受到了很多的限制。但是还是允许它流转,给予了农村居民宅基地及其附属房屋附属物的财产权。

38 居住权制度

民法典新增了居住权的内容,这是保障人权的一个重要举措,它是实现"住者有其居"基本人权的重要法律依据。居住权,是指权利人为满足生活居住的需要按照合同约定,对他人的住宅享有占有、使用的用益物权。居住权的设立对我国社会也有着很重要的意义。

（1）居住权有哪些特点?

居住权是独立于房屋所有权和租赁权之外的权利。居住权不同于所有权,所有权是自物权,而居住权是他物权;居住权也不同于租赁权,租赁权是债权,而居住权是物权。居住权有以下三个方面的特点。

第一,居住权比租赁权更能保障人们长期稳定居住的需求。设立居住权后,只要在约定的期限内,除了居住权人外,包括这个房子所有人在内的其他人既不能住在这个房子里,也不能赶走居住权人。

第二,居住权是专属于居住权人的。除非另有约定,居住权人不能把房子租给其他人。如果约定居住到居住人去世为止的,在他去世后居住权消失,他的继承人也不能继承他的居住权。

第三,没有约定有偿使用,居住权人则无偿使用相关房屋。即使新的房主买受了房屋,也不能向居住权人索要居住费。《民法典》第三百六十八条规定:"居住权无偿设立,但是当事人另有约定的除外。"

（2）如何设立居住权?

关于居住权的设立,《民法典》第三百六十七条、第三百六十八条规定:设立居住权,当事人应当采用书面形式订立居住权合同。居住权合同一般包括下列条款:(一)当事人的姓名或者名称和住所;(二)住宅的位置;(三)居住的条件和要求;(四)居住权期限;(五)解决争议的方法。设立居住权的,应当向登记机构申请居住权登记。居住权自登记时设立。也就是说设立居住权需要两个步骤。

第一步是需要房屋的所有权人与居住权人签订一个关于居住权的书面合同,这表明当事人双方有设立居住权的合意。

第二步是当事人到房产登记机构申请居住权登记。居住权是从登记之时起设立的,而不是签订合同时。如果不登记的话,居住权没有设立,而居住权合同依然有效。

(3) 民法典新增居住权有什么重要意义?

居住权制度既参照了法国、德国、瑞士等国家的规定,也符合中国"住者有其居"的人权保障要求,能够让一些弱势的人居有定所、老有所养,为需要住所的当事人提供了买房和租房之外的另一种有效的居住方式。

一是保障居有定所。在居住权设立后,居住人可以通过享有居住权长期稳定的在一个地方居住。居住权设立时,双方可以对居住多久自由约定,最长可以约定到居住权人去世为止,而租房子在法律上最长只允许签订二十年的租赁合同。另外,只要在约定的期限内,除了居住权人外,其他人既不能住在这个房子里,也不能赶走居住权人,包括这个房子的所有人。这使得居住权比租赁权更加稳定,从而保障了"住者有其居"的基本人权。

二是保障老有所养。居住权的制度安排有助于为老年人"以房养老"提供法律保障。老人将房屋所有权转移给他人或机构,并通过合同约定老人既能获得一笔售房款,还可以在房屋中居住到去世为止。这样能够有效防止老人因受骗或债权履行不能而彻底失去住在自己房子里的权利。

三是限制房屋流通。房屋有了居住权等于是在房屋的所有权上设立了排除他人居住、出租的负担。这个负担十分沉重,连所有权人也不能够随便住进去,还不能把房租出去。因此在买卖时会引发买受人无法入住的顾虑而导致无法成交,必然会影响房屋的流通。

39 担保物权制度

担保物权,是权利人在债务人不履行到期债务或者发生当事人约定实现担保物权的情形时,依法享有就担保财产优先受偿的权利。担保物权是用物权对债权的担保,这种被担保的债权既可以是合同之债,也可以是侵权行为之债、不当得利之债、无因管理之债等。在实践中担保物权大部分担保的都是合同之债。担保物权包括抵押权、质权、留置权等种类。

(1) 担保物权如何设立?

关于担保物权的设立,《民法典》第三百八十八条规定:"设立担保物权,应当依照本法和其他法律的规定订立担保合同。担保合同包括抵押合同、质押合同和其他具有担保功能的合同。担保合同是主债权债务合同的从合同。主债权债务合同无效的,担保合同无效,但是法律另有规定的除外。"也就是说,设立担保物权,首先必须要订立担保合同。而且担保合同是从属性的合同,从属于主债权债务合同,主合同无效或消灭的,担保合同也将随之无效或消灭。但是只订立了担保合同,担保物权没有生效,必须对担保的不动产进行登记,对担保的动产进行交付,这样担保物权才能设立和生效。

中国裁判文书网数据显示,2019 年全国审结 3362 件担保物权纠纷案件,数据也表明自 2016 年起每年担保物权纠纷案件量维持在 2000 多件。正是有了担保合同与不动产担保登记、动产交付的双重保险,担保物权纠纷才会相对较少。

担保物权纠纷一般以调解或和解的解决方式居多。山东广播电视台新闻 2019 年 8月《宁阳县人民法院以和解方式执结一起担保物权确认纠纷案件》一文报道:"2015 年,泰安某丝绸公司以自有房产作抵押与某银行签订抵押借款合同,借款 700 余万元,借款期限为 12 个月。后该丝绸公司因经营不善、资金链断裂导致停产歇业,未能按照合同约定偿还借款本息。后放贷银行将此债权及担保权利公开拍卖转让给赵某,赵某于 2019 年 7 月向法院提出拍卖该丝绸公司资产以实现其债权的请求。为尽快实现赵某的债权,执行法官充分考虑资产评估、拍卖耗时长且容易贬值,也不利于涉案企业对外招商再盘活等情况,先后多次与双方当事人进行沟通,最终促使双方达成一次性还款的和解协议,丝绸公司于协议签订之日一次性给付赵某 720 万元,执行法官遂解除了对涉案资产的查封保全,取得了双方当事人均满意的良好办案效果。"

（2）同时存在的担保物权与担保人担保哪个优先受偿?

如果只有担保物权的话,当债务人不履行到期债务或者发生了约定的实现担保物权的情形时,债权人直接以担保物来实现债权(以下简称"物保")。但是现实生活中,担保物权有时会跟担保人担保(以下简称"人保")同时存在,那么债权人应该用哪个优先实现债权呢?

根据《民法典》第三百九十二条规定:"被担保的债权既有物的担保又有人的担保的,债务人不履行到期债务或者发生当事人约定的实现担保物权的情形,债权人应当按照约定实现债权;没有约定或者约定不明确,债务人自己提供物的担保的,债权人应当先就该物的担保实现债权;第三人提供物的担保的,债权人可以就物的担保实现债权,也可以请求保证人承担保证责任。提供担保的第三人承担担保责任后,有权向债务人追偿",应当按照如下的方式处理。

首先,如果双方有约定的话,债权人需要按照约定的顺序来实现债权。

其次,如果双方没有约定或者约定不明的话,债权人需要先以债务人自己提供的担保物来实现债权。

最后,在双方没有约定或者约定不明,有第三人提供物保,并且有保证人的情况下,债权人可以自由选择物保优先还是人保优先。

（3）担保物权对我国社会主义市场经济有着怎样的重大意义?

担保物权是社会主义市场经济制度中一项重要的物权。担保物权对社会主义市场经济的健康发展发挥了重要的保障功能。

一方面担保物权维护诚实信用的市场基础。社会主义市场经济的基础是诚实信用,而担保物权制度则是保障债权的实现、维护市场信用的重要制度。为债权人提供担保物,能够帮助债权人消除对债务人履约能力的疑虑,从而促成合同的订立,为市场交易活动提供物质保障和信用保障。

另一方面担保物权督促债务人积极履行主合同义务。债务人为主合同设立担保物权之后,无形之中为自己增加了压力,促使自己积极履约。尤其是第三人提供了担保物后,为了防止自己的担保物被清偿,也会督促债务人及时履行主合同义务。

49 抵押权制度

抵押权,是指债务人或者第三人为担保债务的履行,不转移财产的占有,将该财产抵押给债权人,债务人不履行到期债务或者发生当事人约定的实现抵押权的情形,债权人就该财产优先受偿的权利。抵押权是使用最多、最普遍的担保物权。

（1）抵押权是如何设立的?

抵押权主要基于当事人之间所订立的抵押合同而设定的,即约定抵押权。在我国,由于现行立法对法定抵押权规定得很少,因此在实践中所出现的抵押权主要为约定抵押权。

抵押合同是抵押权设立的先决条件。《民法典》第四百条规定,设立抵押权,当事人应当采用书面形式订立抵押合同。抵押合同一般包括了被担保债权的种类和数额,债务人履行债务的期限,抵押财产的名称、数量等情况,以及担保的范围等。抵押合同是一种要式合同,必须采取书面形式,口头上的约定是不行的。但是并不是说抵押合同要订立一份单独的抵押合同书,抵押合同完全可以作为合同条款写入主合同当中。

抵押物,可以是不动产,也可以是动产。如同上文所说的担保物权那样,抵押合同生效与抵押权的设立是相分离的,抵押合同生效以后,没有进行登记的不动产是不能设立抵押权的,未经登记通常对抵押合同效力并不产生影响,而只是对抵押物权设定产生影响。而对于动产抵押,由于抵押不需要交付原物,动产不用登记,只要订立抵押合同,抵押权就能生效。《民法典》第四百零三条规定："以动产抵押的，抵押权自抵押合同生效时设立；未经登记，不得对抗善意第三人。"抵押权人为了防止自己的利益受损，一般情况下会在船舶、航空器、机动车等需要登记的动产上设立抵押权登记。有时，抵押权人也允许企业、农户等生产经营者将自己的机器、农业用具、牲畜和其他生产资料等动产作为抵押物。

（2）民法典对抵押主体和抵押物有哪些限制？

抵押权人可以是自然人，也可以是法人或者其他组织。抵押权人一般都是债权人。但是在最高额抵押中有时债权并未发生，抵押权人就已经存在了。另外，债权发生之前已经设定的抵押，抵押权人与债权人也不是同一人。

对于抵押人，民法典有限制。《民法典》第六百八十三条规定了不得担任保证人的主体范围，即："机关法人不得为保证人，但是经国务院批准为使用外国政府或者国际经济组织贷款进行转贷的除外。以公益为目的的非营利法人、非法人组织不得为保证人"。由于国家机关、公益事业单位等具有特殊性的身份，对自己控制的财产没有所有权，所以法律对他们提供人保和物保进行了严格限制。

对于抵押物，民法典也有限制。抵押人必须对设定抵押的财产享有所有权或处分权才能将之作为抵押物。《民法典》第三百九十九条规定："下列财产不得抵押：（一）土地所有权；（二）宅基地、自留地、自留山等集体所有土地的使用权，但是法律规定可以抵押的除外；（三）学校、幼儿园、医疗机构等为公益目的成立的非营利法人的教育设施、医疗卫生设施和其他公益设施；（四）所有权、使用权不明或者有争议的财产；（五）依法被查封、扣押、监管的财产；（六）法律、行政法规规定不得抵押的其他财产。"我们可以发现，民法典列举的这些财产要么是国家所有的，要么是集体所有的，要么是所有人处分不了的。

对于抵押人和抵押物的限制，新华网2011年8月《地方政府严禁违规担保，国有资产不得抵押融资》一文报道："财政部有关负责人近日表示，将进一步加强地方政府性债务管理。坚决禁止政府违规担保行为。地方各级国家机关以及学校等以公益为目的的事业单位、社会团体要严格执行《预算法》《担保法》等有关规定，不得违法违规举借债务，不得出具担保函、承诺函、安慰函等直接或变相担保协议，不得以机关事业单位及社会团体的国有资产为其他单位和企业融资进行抵押或质押，不得为其他单位或企业融资承诺承担偿债责任，不得在预算安排之外与其他单位或企业签订回购协议，不得从事其他违法违规担保承诺行为。"

（3）抵押权如何实现？

抵押权的实现是以抵押权合法有效的存在为前提的。它是抵押权人行使权利的表现，但它不同于行使抵押权。抵押权的实现，只是抵押权人行使其优先受偿权的体现。

《民法典》第四百一十条第一款、第二款规定："债务人不履行到期债务或者发生当事人约定的实现抵押权的情形,抵押权人可以与抵押人协议以抵押财产折价或者以拍卖、变卖该抵押财产所得的价款优先受偿。协议损害其他债权人利益的,其他债权人可以请求人民法院撤销该协议。抵押权人与抵押人未就抵押权实现方式达成协议的,抵押权人可以请求人民法院拍卖、变卖抵押财产。"这说明抵押权人可以通过协议或者请求法院来实现抵押权。通过协议实现的话,抵押权人可以直接用抵押财产通过折价、拍卖、变卖来优先受偿。如果双方没有约定协议实现的话,抵押权人还可以请求法院通过司法拍卖、变卖的方式来实现债权。

(4) 什么是最高额抵押权?

最高额抵押权,是指债务人或者第三人为担保债务的履行,对一定期间内将要连续发生的债权提供担保财产,债务人不履行到期债务或者发生当事人约定的实现抵押权的情形,抵押权人在最高债权额限度内就该担保财产优先受偿的权利。

《民法典》第四百二十条第一款规定:"为担保债务的履行,债务人或者第三人对一定期间内将要连续发生的债权提供担保财产的,债务人不履行到期债务或者发生当事人约定的实现抵押权的情形,抵押权人有权在最高债权额限度内就该担保财产优先受偿。"

不动产最高额抵押权以登记为生效要件。《佛山日报》2019 年 1 月《高明办不动产登记,市民只需跑一次》一文在报道广东省佛山市高明区为方便人民群众开放线上登记系统时就提到了房地最高额抵押权登记业务:"昨日(1 月 23 日)上线的新系统,在业务覆盖面上,已经涵盖土地使用权抵押首次登记、房地一般抵押权首次登记、房地最高额抵押权首次登记、土地使用权抵押注销登记、房地一般抵押权注销登记等绝大部分不动产登记业务。除部分特殊情形业务需要到窗口办理外,不动产登记中心负责人预测,网上申请业务量可达整体业务量的 85% 以上。"

(5) 抵押权制度有着怎样的作用?

抵押权作为一种重要的担保物权,在社会主义市场经济制度实施过程中,对市场经济正常、良性运转起着积极的促进和保护作用,随着市场经济有序、深入地发展,抵押权已成为最常见、最常用的担保形式。

第一,抵押权设立方便且有保障。可抵押的财产范围十分广泛。只要是能处分的财产,无论是不动产还是动产都能做抵押物。而且不动产抵押权经登记部门登记更有保障力度。

第二,抵押权能够继续保证抵押物物尽其用。设立抵押权后,抵押人对抵押物的使用不受影响。抵押物没有转移占有,可以由所有人继续使用并发挥它的使用价值,而且债务人本人的抵押物取得的收益也可以用来清偿债务。

第三,抵押权能够充分保障债权人的权益。权利人可以在债务不能履行等情况下利用抵押物进行优先受偿。这是最直接、最方便的受偿途径。

41 质权制度

质权也是一种担保物权。质权分为动产质权和权利质权两种。与抵押权最明显不同的是不动产不能设置质权,并且动产质权需要转移占有。质权的优先效力要比没有登记的抵押权高。

(1) 什么是质权?

质权,又称质押权,是指债务人或第三人将自己的财产移交给债权人占有或者对财产权进行出质登记,并将这个财产作为债权担保的担保物权。在债务人不履行债务或者发生当事人约定的实现质权的情形时,债权人可以依法用其占有的债务人或第三人提供担保的财产进行变价从而进行优先受偿,或者依照约定将所有权变更给自己。

质权的对象可以是动产,也可以是财产权,但是不可以是不动产。这是因为质权的对象必须能够通过转移占有受质权人所控制。而不动产即使被质权人占有了,也可能被所有人变卖给其他人,从而导致质权无法实现。质权人在实现质权时能够就质押的动产和财产权优先受偿。与抵押相同,出质人可以是债务人自己,也可以是债务人以外的第三人。出质人为债权担保所提供的财产称为质物。

(2) 质权有哪些特征?

质权与抵押权和留置权等都属于担保物权,但是质权与它们相比,有着自己三个显著的特征。

一是优先变价受偿或转移所有权。担保物权都可以优先受偿,但是质权人因为质物在自己的手里,可以直接变价进行优先受偿,也可以经约定变更质物所有权归质权人所有。尤其是转移所有权是其他担保物权无法实现的。

二是转移占有或登记。对于动产质权,除了签订书面的质权合同外,动产质权必须要将质物转移到质权人手中占有,而权利质权必须要经登记,只有这样质权才能设立。

三是权利受到约束和限制。动产或者财产权出质后,出质人权利受到了极大的限制,只享有名义上的所有权,而不能使用和占有质物。

(3) 什么是动产质权?

动产质权,是指债务人或者第三人为担保债务的履行而将其动产出质给债权人占有,债务人不履行到期债务或者发生当事人约定实现质权的情形时,债权人就该动产优先受偿的权利。《民法典》第四百二十五条规定:"为担保债务的履行,债务人或者第三人将其动产出质给债权人占有的,债务人不履行到期债务或者发生当事人约定的实现质权的情形,债权人有权就该动产优先受偿。前款规定的债务人或者第三人为出质人,债权人为质权人,交付的动产为质押财产。"

动产质权必须设置在债务人或者第三人自己的动产上才有效,除非善意取得,否则债权人不能取得质权。《信息时报》2017 年 10 月《儿子借钱,私自用父亲百万跑车质押,债主拒不归还,遭法院司法拘留》一文报道:"去年 5 月张某某发现自己停在车库的卡宴超跑不翼而飞,深感蹊跷的他发现竟然是儿子为了十多万元债务,私自将百万豪车质押给了债主,多次讨要无果的张某某于是走上了讨要爱车的维权路,争议和纠葛也随之产生。南海法院经审理认为,依照法律规定,所有权人才有权在自己的动产上设立担保物权。涉案车辆登记在原告张某某名下,张某某是所有权人,张某某儿子张某未经其许可将涉案车辆质押给被告,系无权处分,该无权处分行为未经原告张某某的追认,不能产生设立质押权的效果,且涉案车辆系以登记为对抗要件的特殊动产,亦不存在善意取得担保物权的可能。依法判决被告闫某于判决生效之日起十日内返还原告张某某所有的卡宴豪华跑车。判决张某归还借款 106531.23 元及利息给被告闫某。"

(4)什么是权利质权?

权利质权,是指债务人或者第三人为担保债务的履行而将其财产权出质给债权人并进行登记,债务人不履行到期债务或者发生当事人约定的实现质权的情形时,债权人就该财产权优先受偿的权利。《民法典》第四百四十条规定:"债务人或者第三人有权处分的下列权利可以出质:(一)汇票、本票、支票;(二)债券、存款单;(三)仓单、提单;(四)可以转让的基金份额、股权;(五)可以转让的注册商标专用权、专利权、著作权等知识产权中的财产权;(六)现有的以及将有的应收账款;(七)法律、行政法规规定可以出质的其他财产权利。"

根据财产权的不同,权利质权的登记机关也不同,包括了证券登记结算机构、市场监管登记部门、知识产权管理部门、专利登记管理部门等。大洋网 2020 年 6 月《广州代办处办理首件注册商标专用权质权登记证》一文报道了登记机关对权利质权进行登记的情况:"6 月 8 日,国家知识产权局专利局广州代办处为一家医药企业顺利办理了注册商标专用权质权登记,该企业通过商标质押获得超过千万元的贷款,这是广州代办处承接注册商标专用权质权登记广东受理点工作以来办理的首件申请。"

(5)质权如何实现?

在质权的实现上,动产质权和权利质权有所不同。

动产质权的实现,在出现债务履行期届满而债务人没有履行或者没有适当履行债务的情形,或者发生了当事人约定的实现质权的情形,质权人可以依法直接将质物变价优先受偿,还可以根据约定将质物变为自己所有。

而权利质权的实现,质权人可以与出质人协议以质押的权利折价,也可以就拍卖、变卖质押财产所得的价款优先受偿。质权人还可以直接向债务人收取货币类债务,而不需要拍卖、变卖的方式。

42 留置权制度

留置权,是民法典中另一项重要的担保物权。从字面上解释是留置在自己手里的权利,民法典中是指在债权债务关系中,债权人依法事先合法占有了债务人的动产,在债务人不履行到期债务时,债权人有权依法留置该财产,并可以将该留置的动产折价或者以拍卖、变卖所获得的价款优先受偿的权利。留置权虽然不是用得最多的担保物权,但是在社会生活中的作用和意义却很重要。

(1) 民法典与监察法中的"留置"有什么区别?

民法典与《监察法》中都有"留置"的表述,这两者之间有着很大的差别,不能混为一谈。

《民法典》第四百四十七条规定:"债务人不履行到期债务,债权人可以留置已经合法占有的债务人的动产,并有权就该动产优先受偿。前款规定的债权人为留置权人,占有的动产为留置财产。"从上述的法律规定可以看出,民法典中的"留置"是对物的留置,是权利人通过留置以实现自己的债权。另外,留置权的设立不需要订立书面合同。

《监察法》也有留置的概念。《监察法》第二十二条规定:"被调查人涉嫌贪污贿赂、失职渎职等严重职务违法或者职务犯罪,监察机关已经掌握其部分违法犯罪事实及证据,仍有重要问题需要进一步调查,并有下列情形之一的,经监察机关依法审批,可以将其留置在特定场所:(一)涉及案情重大、复杂的;(二)可能逃跑、自杀的;(三)可能串供或者伪造、隐匿、毁灭证据的;(四)可能有其他妨碍调查行为的。对涉嫌行贿犯罪或者共同职务犯罪的涉案人员,监察机关可以依照前款规定采取留置措施。留置场所的设置、管理和监督依照国家有关规定执行。"从这一规定可以看出,《监察法》的"留置",是对人的留置,是监察机关通过留置限制被调查人人身自由来防止被调查人做出妨碍调查行为的举动,是一种类似强制措施的手段。

虽然两个"留置"字都一样,但是它们的概念和内容却是大相径庭的,所以千万不要混淆。

（2）留置权如何实现？

关于留置权的实现，《民法典》第四百五十三条、第四百五十四条规定：留置权人与债务人应当约定留置财产后的债务履行期限；没有约定或者约定不明确的，留置权人应当给债务人六十日以上履行债务的期限，但是鲜活易腐等不易保管的动产除外。债务人逾期未履行的，留置权人可以与债务人协议以留置财产折价，也可以就拍卖、变卖留置财产所得的价款优先受偿。留置财产折价或者变卖的，应当参照市场价格。债务人可以请求留置权人在债务履行期限届满后行使留置权；留置权人不行使的，债务人可以请求人民法院拍卖、变卖留置财产。

从法律条文中我们可以看出，留置权的实现，首先应以留置权的合法存在为前提。也就是说，留置权的实现必须是权利人基于法定的条件对债务人的动产进行合法占有，并且在债务人不履行债务的前提下才能实现留置权。如果债务人对留置权的成立提出异议，就不能实现留置权。而且即使符合留置权的成立要件，留置权人也必须按照留置权的实现条件来实现留置权。法律之所以要求留置权的实现必须依据一定的程序，主要就是为了让当事人正当行使留置权，保护双方当事人的合法权益。

（3）在担保物权中留置权的优先效力如何？

在上文中我们提到，担保物权中的各种权利具有一定的优先顺序等级。而且动产质权是优先于动产抵押权的。那么留置权在担保物权中，它的优先效率如何呢？《民法典》第四百五十六条规定："同一动产上已经设立抵押权或者质权，该动产又被留置的，留置权人优先受偿。"这一规定说明，设立在同一动产上的留置权是优于抵押权或质权的。

而且法院查封物也可以适用留置权。《河南日报》2014 年 4 月刊登《法院查封物，留置权人能否优先受偿？》一文报道了一个留置权纠纷案例："3 月份，曾某将其发生事故后的受损车辆交与某修理厂维修，产生费用 3 万元。之后修理厂多次联系曾某清算费用，曾某不予支付，修理厂对该车进行了留置并告知曾某。4 月份，法院执行人员到修理厂扣押了留置的车辆，修理厂才得知，该车辆早已因曾某与他人的债务纠纷被法院查封，修理厂起诉行使留置权要求先付清 3 万元的修理费。法院经审理认定，查封的效力在于禁止债务人对查封财产的处分权，但所有权仍属于债务人。根据最高人民法院《关于人民法院执行工作若干问题的规定（试行）》，被查封的财产，可以指令由被执行人负责保管。如继续使用被查封的财产对其价值无重大影响，可以允许被执行人继承使用。因被执行人保管或使用的过错造成的损失，由被执行人承担。因此，曾某在使用被查封的车辆致车辆发生损失后，应向修理厂支付修理费用。"

民法典赋予留置权的优先效力，有利于减少交易费用。一般来说，留置权人行使留置权，主要是为了满足修理费、承揽费、运输费等，留置权人经法定条件占有了留置物，利用民法典赋予留置权的优先效力,可以有效保障劳动工人的工资债权的实现。当然,拍卖、变卖留置物以后所获得的价款,在扣除了上述费用以后常常也会有剩余,抵押权人还可以就这些剩余的价值受偿。

43／占有制度

占有,在不同的法律部门有着不同的概念。在民法典中占有是一种事实行为,不是某一种权利。占有的作用十分重要,占有是一切物权所有权行使的基础,也是实现物权使用权和处分权的前提。

（1）占有的种类有哪些?

民法典中的占有是一种行为人有控制或管领特定物的意图而实际上也控制或管领着该物的事实行为。占有的分类有很多种,比如有权占有和无权占有、直接占有和间接占有、善意占有和恶意占有等。在此,我们主要了解有权占有和无权占有、善意占有和恶意占有。

有权占有,又称合法占有,是指依照法律规定、所有人的意志、行政命令或法院裁判以及其他合法原因而实行的占有。比如说基于所有权的拥有,基于用益物权的借用、租赁,基于担保物权的质押、留置,基于国家行为的征用,基于事实行为的拾得等都是有权占有。而没有这些合法原因的占有,就是无权占有,又称非法占有。无权占有而不归还,将构成不当得利或者侵占。

在无权占有中,按照占有人是否已知或应知为无权占有,可区分为善意占有和恶意占有两类。如果占有人不知情或不应知情,就是善意占有;如果占有人知情或应当知情,就是恶意占有。

新华社 2015 年 10 月《沈阳一市民购买非法占有房屋被判"物归原主"》一文报道了一个案例:"沈阳市民杨志平花了 119.8 万元从他人手中购买了一套房屋,住了一段时间后房屋的主人王鹏却要求'物归原主'。双方对簿公堂,沈阳市中级人民法院二审查明,杨志平购买的竟是他人非法占有的一套房屋。法院最终判决杨志平将房屋腾空,按现状返还给王鹏,王鹏则要给付一定金额的装修费。"

（2）占有人有哪些义务?

虽然占有只是一种事实行为,但是民法典明确规定了对占有物进行保护的内容,同时也规定了占有人的权利和义务。

一是占有人有保管占有物的义务。《民法典》第四百五十九条规定："占有人因使用占有的不动产或者动产,致使该不动产或者动产受到损害的,恶意占有人应当承担赔偿责任。"值得注意的是,在使用过程中,只有恶意占有人才要对不动产或者动产受到损害的行为承担赔偿责任,而善意占有人不需要。

二是占有人有返还原物及其孳息的义务。《民法典》第四百六十条规定:"不动产或者动产被占有人占有的,权利人可以请求返还原物及其孳息;但是,应当支付善意占有人因维护该不动产或者动产支出的必要费用。"民法上对善意占有人为维护他人不动产或者动产支出的必要费用,认定为无因管理之债。

三是占有人有返还物的毁损、灭失对价的义务。《民法典》第四百六十一条规定,"占有的不动产或者动产毁损、灭失,该不动产或者动产的权利人请求赔偿的,占有人应当将因毁损、灭失取得的保险金、赔偿金或者补偿金等返还给权利人;权利人的损害未得到足够弥补的,恶意占有人还应当赔偿损失"。这条规定提醒我们,在占有物毁损灭失时,恶意占有人要返还物的毁损、灭失对价之外,还有赔偿对价不足损害部分的义务。

（3）占有制度有着怎样的作用？

占有制度,作为民法典物权编中的一项重要内容,在社会生活中起着重要的作用,具体体现在三个方面。

一是具有秩序利益的保护作用。民法典规定占有的不动产或者动产被侵占的,占有人有权请求返还原物;对妨害占有的行为,占有人有权请求排除妨害或者消除危险;因侵占或者妨害造成损害的,占有人有权依法请求损害赔偿。这里无论占有人是有权占有还是无权占有,民法典都一律保护。这是为了维护社会秩序的稳定,防止个人随意使用暴力,破坏社会秩序。

二是具有物权转移的公示作用。动产物权的转移是以交付为生效要件的。但是在交付过程当中不一定能被其他人所知晓,而交付时一定会发生占有的转移,所以一般动产占有转移了就认定交付了,这就相当于做了一个"昭告天下"的公示。

三是具有物权权利的推定作用。除了不动产以及需要登记的船舶、航空器和机动车之外,权利人对动产的占有是具有公众信任力的,占有动产可以推定为对这个动产有所有权。动产的善意取得制度实际上就是为了对动产"占有即拥有"的公信力进行保护。

第三编　合　同

民法典合同编共计 526 条,占据民法典的"半壁江山",其重要性不言而喻。民法典合同编以交易便利和交易自由为立法目的,对原合同法、担保法等内容进行了吸收,并增加了电子合同、情势变更等制度,促进了我国合同制度的发展完善,反映了新时代的现实需求,体现了民法典对于便捷、安全、自由、公平等价值的追求。

44 合同的订立

合同的效力始于订立,合同订立之后,当事双方之间才能产生权利义务关系,因此,合同的订立,是合同的履行、变更、解除的先决条件,具有重要作用和意义。

(1) 合同的形式有哪些?

合同的形式是指合同内容的载体与外在表现形式。根据《民法典》第四百六十九条的规定,当事人订立合同,可以采用书面形式、口头形式或者其他形式。

一是书面形式。它是指用文字记述表达并有形地记载合同约定内容的形式,现实中的合同书、信件、电报、电传、传真等都是书面形式。另外,以电子数据交换、电子邮件等方式能够有形地表现所载内容,并可以随时调取查用的数据电文,视为书面形式,如网络购物所生成的订单信息。《电子签名法》第三条也确认了数据电文的法律效力:"当事人约定使用电子签名、数据电文的文书,不得仅因为其采用电子签名、数据电文的形式而否定其法律效力。"不过,《电子签名法》明确规定了数据电文不适用的情形:"前款规定不适用下列文书:(一)涉及婚姻、收养、继承等人身关系的;(二)涉及土地、房屋等不动产权益转让的;(三)涉及停止供水、供热、供气、供电等公用事业服务的;(四)法律、行政法规规定的不适用电子文书的其他情形。"

有些情形必须签订书面合同。《新京报》2019 年 12 月《北京规定:口头承诺捐赠应签书面合同,逾期未交付可起诉》一文报道:"对于口头承诺捐赠行为,《北京市促进慈善事业若干规定》明确,举办面向社会公众的义演、义赛、义卖、义展、慈善晚会等活动的,具有公开募捐资格的慈善组织应当提前向社会发布公告,明确在活动现场口头承诺捐赠的活动参与者应当与慈善组织签订书面捐赠合同;对拒不签订捐赠合同的,慈善组织有权向社会公开说明情况。公告内容应当纳入报民政部门备案的募捐方案。自然人、法人和非法人组织拒不签订书面捐赠合同的,慈善组织应当按照事先公告的规定,及时向社会公开说明情况。"

二是口头形式。口头形式是当事人通过对话方式对合同有关内容进行约定的形式。口头形式简便易行,但由于没有文字固定合同内容,在发生争议时很难就合同关系、合同内容进行举证,因而它一般用于能够即时结清的合同。

三是其他形式。实践中,当事人未以书面或口头形式订立合同的,但从双方从事的民事行为能够推定双方有订立合同意愿的,可以认定为以其他形式订立合同。比如在租赁合同中,当租赁期满后,出租人没有要求承租人退房,承租人没有退房且继续交纳租金,出租人也接受租金,此时,根据双方的行为,可以推定租赁合同继续有效。

合同订立的形式,原则上当事人可以选择适用,但是法律、行政法规规定应当采取特定形式的,应当采用特定形式,如应当采取书面形式订立的融资租赁合同、建设工程合同、技术开发合同、技术转让合同等。

(2) 合同有哪些内容?

关于合同的内容,《民法典》第四百七十条第一款规定:"合同的内容由当事人约定,一般包括下列条款:(一)当事人的姓名或者名称和住所;(二)标的;(三)数量;(四)质量;(五)价款或者报酬;(六)履行期限、地点和方式;(七)违约责任;(八)解决争议的方法。"对于这些合同条款的适用,民法典使用的是"一般"而非"应当",给了当事人充分的意思自治的自由空间。当事人可以根据合同特点选择使用或增加有关合同条款。如果合同中缺少这些要件,只要当事人事后能够达成一致,或补充约定的,合同也依然有效。

(3) 什么是要约?

要约是合同订立的方式之一,是一方当事人向他人发出的,希望与他人订立合同的意思表示,发出要约的一方为要约人,接收要约一方为受要约人。要约人发出要约要注意四个方面的内容:

一是要约需具备两个条件:第一,内容要具体确定。要约人发出要约是希望与他人订立合同,因此要约的内容需要具备能够促成合同订立的条款,以买卖合同为例,一般需要标的物名称、质量、数量、价款等和标的物相关的内容,以及履行时间、地点、方式等合同能够顺利履行的条款。另外,这些条款应当是确定的,不能模棱两可。第二,经受要约人承诺,要约人即受要约约束。要约人要有明确订立合同的目的,且该目的能够被受要约人获知。

二是要约人可以撤回要约,但撤回要约的通知要在要约到达受要约人之前或与要约同时到达受要约人。

三是要约人可以撤销要约,但应注意:如果以对话方式发出撤销要约的通知的,该通知应当在受要约人作出承诺前为受要约人知道;如果以非对话方式发出撤销要约的通知的,该通知应当在受要约人作出承诺前到达受要约人。

在特定情形下,要约不可撤销。《民法典》第四百七十六条规定:"要约可以撤销,但是有下列情形之一的除外:(一)要约人以确定承诺期限或者其他形式明示要约不可撤销;(二)受要约人有理由认为要约是不可撤销的,并已经为履行合同做了合理准备工作。"

四是要约不同于要约邀请。要约邀请是希望他人向自己发出要约的表示,要约邀请对发出人来说并不具有要约的约束力。以招投标为例,招标人发出的"招标公告"为要约邀请,投标人提交的"响应文件""投标文件"为要约。此外,拍卖公告、招股说明书、债券募集办法、基金招募说明书、商业广告和宣传、寄送的价目表等都为要约邀请。

但商业广告和宣传的内容符合要约条件,即内容具体确定、有订立合同目的的,也构成要约。例如,《最高人民法院关于审理商品房买卖合同纠纷案件适用法律若干问题的解释》第三条规定:"商品房的销售广告和宣传资料为要约邀请,但是出卖人就商品房开发规划范围内的房屋及相关设施所作的说明和允诺具体确定,并对商品房买卖合同的订立以及房屋价格的确定有重大影响的,应当视为要约。该说明和允诺即使未载入商品房买卖合同,亦应当视为合同内容,当事人违反的,应当承担违约责任。"

(4) 什么是承诺?

承诺是受要约人向要约人作出同意要约的意思表示。受要约人作出承诺要注意:

一是承诺应当以通知的方式作出,通知可以采取对话或非对话方式。但是,根据交易习惯或者要约表明可以通过行为作出承诺的除外。

二是承诺要在承诺期限内到达要约人。首先,要注意这里指的是承诺"到达"要约人的时间而非"作出"承诺的时间,二者在即时交易中是一致的,承诺一经作出就传达给了要约人。但是,在非对话的要约与承诺中,如以信件形式作出的承诺,承诺作出时间和到达时间就可能不一致。其次,受要约人不仅要在承诺期限内作出,还要确保承诺在期限内到达要约人。超过承诺期限发出承诺,或者在承诺期限内发出承诺,按照通常情形不能在期限内到达要约人的,法律视其为新要约,但是,要约人及时通知受要约人该承诺有效的除外。

三是承诺须与要约内容一致。第一,承诺不能对要约进行实质性变更,若对要约作出实质性变更,就不再属于承诺,而是一个新要约。实质性变更是指对合同标的、数量、质量、价款或者报酬、履行期限、履行地点和方式、违约责任和解决争议方法等合同内容的变更。第二，承诺对要约作出非实质性变更的，除要约人及时表示反对或者要约表明承诺不得对要约的内容作出任何变更外，该承诺有效。比如，根据《联合国国际货物销售合同公约》的规定，货物包装的改变不属于实质性改变。

四是承诺的撤回。承诺的撤回与要约的撤回相同，撤回承诺的通知要在承诺到达要约人之前或与承诺同时到达要约人。

（5）合同何时成立？

一般情况下，承诺生效时合同成立，法律另有规定或当事人另有约定的除外。由于不同形式的承诺生效时间不同，合同的成立时间也有所不同，一般要注意以下七种合同生效的情形。

一是以对话方式作出的承诺，到达要约人时承诺生效，合同成立。

二是承诺采用数据电文形式作出的，要约人指定特定系统接收数据电文的，该数据电文进入该特定系统时生效，合同成立；未指定特定系统的，要约人知道或者应当知道该数据电文进入其系统时生效，合同成立。当事人对采用数据电文形式的承诺的生效时间另有约定的，按照其约定，合同成立的时间从其约定。

三是承诺不需要通知的，根据交易习惯或者要约的要求作出承诺的行为时生效，合同成立。

四是采用合同书订立合同的，自当事人均签名、盖章或者按指印时合同成立。在签名、盖章或者按指印之前，当事人一方已经履行主要义务，对方接受时，该合同成立。

五是法律、行政法规规定或者当事人约定合同应当采用书面形式订立，当事人未采用书面形式但是一方已经履行主要义务，对方接受时，该合同成立。

六是当事人采用信件、数据电文等形式订立合同要求签订确认书的，签订确认书时合同成立。

七是当事人一方通过互联网等信息网络发布的商品或者服务信息符合要约条件的，对方选择该商品或者服务并提交订单成功时合同成立，但是当事人另有约定的除外。

45 格式条款

格式条款，是指一方当事人为了重复使用而预先拟定，并在订立合同时未与对方协商的条款。格式条款的效率是其不可忽视的价值，但是，制定格式条款的强势一方以合同的名义限制或者剥夺弱势一方的权利，也是不能不正视的问题。格式条款是民法典合同编较之于原合同法改动较大的一部分内容,这充分体现了民法典通过规制格式条款,从而达到维护合同正义、促进公平交易的目的。

（1）格式条款有哪些特征?

首先,格式条款具有不可协商性。格式条款是一方预先制定的,另一方在签订合同时面对的就是形式和内容固定的条款,其无法变更,只能选择签或者不签。

其次,格式条款通常存在广泛领域,并具有长期、重复使用的特征。在网络购物非常方便的当代,网络销售商或者平台面向庞大的消费者群体提供的就是可以长期、重复、大规模使用的格式条款。

最后,缔约双方地位具有不平等性。格式条款的制定者因其经济上的强势地位而在缔约中居于主导地位,其决定着格式条款的内容和形式,并将自己的意志贯彻其中。而缔约相对方对格式条款没有任何发言权,其仅有的就是"说不"的权利。

（2）格式条款提供方有什么提示说明义务?

关于格式条款提供方提示说明义务,《民法典》第四百九十六条第二款规定:"采用格式条款订立合同的,提供格式条款的一方应当遵循公平原则确定当事人之间的权利和义务,并采取合理的方式提示对方注意免除或者减轻其责任等与对方有重大利害关系的条款,按照对方的要求,对该条款予以说明。"从合同法规定的"免除或者限制其责任的条款"扩大为"免除或者减轻其责任等与对方有重大利害关系的条款",为合同弱势一方提供更全面的保护。根据民法典的规定,格式条款提供方要尽到提示义务和说明义务。

一方面,要履行主动提示义务。提供格式条款的一方应当采取合理的方式提示对方与其有重大利害关系的条款。"合理的方式"可以参考《最高人民法院关于适用〈中华人民共和国合同法〉若干问题的解释（二）》的规定,即在合同订立时,提供格式条款的一方应当采用足以引起对方注意的文字、符号、字体等特别标识,来提醒对方格式条款的相关内容。主动提示义务应当是在合同订立前或者订立时,在合同订立后进行提示则属无效。

另一方面,要根据对方当事人要求说明义务。说明义务是格式条款提供方根据对方要求,对与其有重大利害关系的条款进行说明,该义务是被动的,不是主动义务。为了确保合同当事人对合同内容,尤其是涉及各方权利义务的内容理解一致,降低纠纷并促进公平交易,说明义务的履行应当以对方理解与其有重大利害关系的条款内容为标准。

（3）格式条款提供方未履行提示说明义务会有什么法律后果?

关于格式条款提供方未履行提示说明义务的法律后果,《民法典》第四百九十六条第二款规定:"提供格式条款的一方未履行提示或者说明义务,致使对方没有注意或者理解与其有重大利害关系的条款的,对方可以主张该条款不成为合同的内容"。比如,某网站的会员被强制推送广告,投诉后网站却以会员充值时已签署会员定制广告合同为由不予取消。此时消费者即可依据《民法典》第四百九十六条的规定,以网站未履行对定制广告条款的提示说明义务,主张该条款不成为合同的内容。因此,尽管消费者已经签署了广告定制合同,但在其充值时并未注意到该合同内容,有权拒绝网站的广告定制服务。

(4) 格式条款无效有哪些情形?

关于无效的格式条款,《民法典》第四百九十七条规定:"有下列情形之一的,该格式条款无效:(一)具有本法第一编第六章第三节和本法第五百零六条规定的无效情形;(二)提供格式条款一方不合理地免除或者减轻其责任、加重对方责任、限制对方主要权利;(三)提供格式条款一方排除对方主要权利。"

第一,格式条款中存在民事法律行为无效的情形时无效,包括了无民事行为能力人实施的民事法律行为;限制民事行为能力人实施的民事法律行为被法定代理人拒绝追认的;以虚假的意思表示实施的民事法律行为;违反强制性规定以及违背公序良俗的民事法律行为;恶意串通的民事法律行为。《民法典》第五百零六条规定了免责条款无效的情形,即合同中造成对方人身损害的免责条款,以及因故意或重大过失造成对方财产损失的免责条款无效。此类无效情形是民事法律行为或者合同的共通的情形,格式条款具有此类情形的,当然也不具有法律效力。

第二,格式条款免除己方责任、加重对方责任、限制对方主要权利的无效。比如,饭店张贴的"禁止自带酒水""包间最低消费额 1000 元""收取酒水开瓶费"等,有时就餐后在赠送的优惠券上还有小字写着:"最终解释权归本店所有"等,这些都属于限制消费者权利的情形,因此属于无效的格式条款。

第三,格式条款排除对方主要权利的无效。

(5) 格式条款有哪些解释规则?

关于格式条款的解释规则,《民法典》第四百九十八条规定:"对格式条款的理解发生争议的,应当按照通常理解予以解释。对格式条款有两种以上解释的,应当作出不利于提供格式条款一方的解释。格式条款和非格式条款不一致的,应当采用非格式条款"。

第一,通常理解原则。对格式条款的理解发生争议的,按照通常理解理性客观予以解释。"通常理解"又该如何判断呢?可以参考全国人大法工委编写的《中华人民共和国合同法释义》的解释:"按通常理解予以解释,指的是提供格式条款的对方订约能力较弱时,可以不按提供格式条款的一方的理解予以解释,而是按可能订立合同的一般人的理解予以解释,这对保护采用格式条款订立合同的公民、小企业是有利的。"

第二,不利解释原则。格式条款出现两种以上解释的,以不利于提供格式条款一方的解释为准。

第三,采用非格式条款原则。格式条款是一方当事人提供,并非合同当事人协商一致确定,与之相反,非格式条款则是合同当事人协商一致确定的,当二者在解释有冲突时,非格式条款更能代表合同当事人的真实意思表示,因此法律规定格式条款和非格式条款不一致的,应当采用非格式条款。

46 合同的效力

合同以践行意思自治为原则,因此,只要双方意思表示一致合同即可成立,成立时即发生效力,除非法律另有规定。民法典也贯彻这一原则,对无效合同进行列举,凡属无效之外的,均应为生效合同。

(1) 合同何时生效?

关于合同生效的时间,《民法典》第五百零二条第一款、第二款规定:"依法成立的合同,自成立时生效,但是法律另有规定或者当事人另有约定的除外。依照法律、行政法规的规定,合同应当办理批准等手续的,依照其规定。未办理批准等手续影响合同生效的,不影响合同中履行报批等义务条款以及相关条款的效力。应当办理申请批准等手续的当事人未履行义务的,对方可以请求其承担违反该义务的责任"。在这里我们要重点掌握合同生效的两种情况。

一是"法律另有规定"。主要是指这几种情形:限制民事行为能力人订立的合同,须经法定代理人追认才能发生效力;无权代理人以被代理人名义订立的合同,经被代理人追认而生效,被代理人已经开始履行合同义务或者接受相对人履行的,视为对合同的追认;无处分权人处分他人财产的合同,经权利人追认或无处分权人随后取得处分权时合同才能生效;法人的法定代表人或者非法人组织的负责人超越权限订立的合同,除相对人知道或者应当知道其超越权限外,该代表行为有效,订立的合同对法人或者非法人组织发生效力;当事人超越经营范围订立的合同的效力,如果不存在合同无效的法律规定的,该合同有效,当事人不得仅以超越经营范围确认合同无效。此外,民法典规定,依照法律、行政法规的规定,合同应当办理批准等手续的,依照其规定。

需要注意的是,原合同法中未明确规定合同报批义务条款的单独效力,民法典对此加以明确规定,第五百零二条第二款规定:"未办理批准等手续影响合同生效的,不影响合同中履行报批等义务条款以及相关条款的效力。应当办理申请批准等手续的当事人未履行义务的,对方可以请求其承担违反该义务的责任"。

二是"当事人另有约定"。依法成立合同自成立时生效,但是当事人另有约定的除外,如附条件生效、附期限生效的合同。比如说,甲乙双方订立了赠与合同,乙方为高三学生,双方约定,乙方在应届高考中被一本学校录取的,甲方赠与乙方一台电脑,该合同在乙方达到条件时才能生效。又比如说,甲乙双方于 2020 年 1 月 1 日签订了赠与合同,双方约定合同于 2020 年 2 月 1 日生效,则该合同应当在所附期限之日才生效,签订之日并不生效。

（2）合同无效事由有哪些?

什么情形会导致合同无效,民法典并未进行规定,但是可以通过民事法律行为无效的相关规定,来明确合同的无效事由。具体可为五个方面的情形:

一是无民事行为能力人实施的民事法律行为无效。行为能力蕴含了认知能力、履行能力、责任承担能力,无民事行为能力人由于在智力、辨别能力上的瑕疵,不具备对自身行为负责的能力,其订立的合同一律无效。该规定不仅仅是对无民事行为能力人的保护,也有效维护了社会主义市场秩序。

二是行为人与相对人以虚假的意思表示实施的民事法律行为无效。该条规定蕴含行为人与相对人所为的"虚假的表示行为"和"隐藏的真实行为"。其中"虚假的表示行为"由于并非是当事人的真实意思表示,因此其民事法律行为无效。"隐藏的真实行为"需要根据具体内容对其效力进行判定。如 A 公司和 B 公司签订了服务合同,约定 B 公司为 A 公司提供咨询服务,A 公司支付服务费,但服务合同下并无真实的交易关系,双方签订服务合同的实质是 A 公司向 B 公司提供借款。因此,双方基于咨询服务签订的服务合同当属无效,若借款不存在无效的情形,那借款行为即为有效。

三是违反法律、行政法规的强制性规定的民事法律行为无效,但是,该强制性规定不导致该民事法律行为无效的除外。《最高人民法院关于适用〈中华人民共和国合同法〉若干问题的解释(二)》将导致民事法律无效的强制性规定解释为"效力性强制性规定",随后司法实践中又提出了与之相对应的"管理性强制性规定"概念。合同违反效力性强制性规定的无效,但违反管理性强制性规定的并不导致无效,若合同继续履行,当事人会受到国家行政制裁,但合同本身并不损害国家、社会公共利益以及第三人的利益。

民法典虽未直接使用"效力性强制性规定""管理性强制性规定"的说法,但在司法实践中已形成相应的审判规则。2019 年 12 月最高院印发的《全国法院民商事审判工作会议纪要》(简称九民纪要)第三十条规定,下列强制性规定,应当认定为"效力性强制性规定":涉及金融安全、市场秩序、国家宏观政策等公序良俗的;交易标的禁止买卖的,如禁止人体器官、毒品、枪支等买卖;违反特许经营规定的,如场外配资合同;交易方式严重违法的,如违反招投标等竞争性缔约方式订立的合同;交易场所违法的,如在批准的交易场所之外进行期货交易。关于经营范围、交易时间、交易数量等行政管理性质的强制性规定,一般应当认定为"管理性强制性规定"。

四是违背公序良俗的民事法律行为无效。公序良俗包括公共秩序、善良风俗,该种情形属于民事法律行为无效的兜底性规定。例如,在上海市高级人民法院 2019 年公布的第三批参考性案例第 78 号"杉浦立身诉龚某股权转让纠纷案"中,杉浦立身系日本国公民,龚某系中国公民。2005 年双方签订《股份认购与托管协议》,约定杉浦立身以人民币4.36 元/股的价格向龚某购买上海格尔软件股份有限公司(以下简称格尔软件公司)88万股股份,并委托龚某管理;龚某根据杉浦立身的指示处分股份,对外则以自己名义行使股东权利,将收益及时全部交付给杉浦立身。2017 年格尔软件公司在上海证券交易所首次公开发行股票并上市,在股票发行上市过程中,龚某作为股东曾多次出具系争股份清晰、未有代持的承诺。2018 年,龚某名下的格尔软件股份数量增加至 123.2 万股。之后双方对《股份认购与托管协议》的效力和股份收益分配发生纠纷诉至法院。法院经审理后认为,发行人应当如实披露股份权属情况,禁止发行人的股份存在隐名代持情形,属于证券市场中应当遵守、不得违反的公共秩序。本案中,格尔软件公司上市前,龚某代杉浦立身持有股份,以自身名义参与公司上市发行,隐瞒了实际投资人的真实身份;在格尔软件公司对外披露事项中,龚某名列其前十大流通股股东。杉浦立身和龚某双方的行为构成了发行人股份隐名代持,违反了证券市场的公共秩序,损害了证券市场的公共利益,因此法院以双方行为违反公序良俗而认定其无效。

五是行为人与相对人恶意串通,损害他人合法权益的民事法律行为无效。在最高人民法院 2014 年发布的第 33 号指导案例"瑞士嘉吉国际公司诉福建金石制油有限公司等确认合同无效纠纷案"中,包括福建金石制油有限公司(以下简称福建金石公司)在内的金石集团于 2005 年被仲裁裁决确认对瑞士嘉吉国际公司(以下简称嘉吉公司)形成 1337万美元债务,金石集团与嘉吉公司达成和解协议,以福建金石公司的全部资产,包括土地使用权、建筑物和固着物、所有的设备及其他财产抵押给嘉吉公司,作为偿还债务的担保。2006 年,福建金石公司与田源公司签订了《国有土地使用权及资产买卖合同》,两家公司的实际控制人柳锋、王晓琪是夫妻,分别作为两家公司的法定代表人在合同上签署。该合同约定田源公司购买福建金石公司资产的价款为 2569 万元,但该价款并未根据相关会计师事务所的评估报告作出,且明显低于实际价格。法院认为福建金石公司与田源公司签订的《国有土地使用权及资产买卖合同》属于恶意串通、损害嘉吉公司利益的合同,应当认定无效。

(3) 无效合同有哪些后果?

无效的合同,自始没有法律约束力。无效合同违反了法律的规定,国家不予承认和保护,一旦确认无效,将具有溯及力,使合同从订立之日起就不具有法律约束力。

合同部分条款无效,不影响其他部分效力的,其他部分仍然有效。但是,如果无效条款是合同的基础或主要目的,应认定合同整体无效。合同不生效、无效、被撤销或者终止的,不影响合同中有关解决争议方法的条款的效力。

合同无效或者确定不发生效力后,行为人因该行为取得的财产,应当予以返还;不能返还或者没有必要返还的,应当折价补偿。有过错的一方应当赔偿对方由此所受到的损失;各方都有过错的,应当各自承担相应的责任。法律另有规定的,依照其规定。

47 合同的履行

合同签订后,合同双方应根据合同约定履行相应的义务。合同履行是合同当事人的权利和义务得以具体落实的过程,合同履行的法律保障,对实现合同目的、维护交易安全和秩序具有重要意义。

(1) 合同履行有哪些原则?

合同履行的原则,是指当事人在合同履行过程中应当遵循的基本准则。根据民法典的规定,合同履行应当遵循全面履行、诚信履行和绿色履行三个基本原则。

一是全面履行原则。《民法典》第五百零九条第一款规定:"当事人应当按照约定全面履行自己的义务。"全面履行原则指,合同生效后,当事人应当按照合同约定的标的、数量、质量、价款或报酬、履行期限、履行地点、履行方式等内容全面完成合同义务。如果合同生效后,当事人对于标的质量、价款或者报酬、履行地点等内容没有约定或者约定不明确的,根据《民法典》第五百一十条的规定,可以协议补充;不能达成补充协议的,按照合同相关条款或者交易习惯确定。

如果当事人对内容不明的合同无法达成协议,又不能依据合同其他条款或者交易习惯确定的,法律强制性规定了合同内容的确定准则。《民法典》第五百一十一条规定:"当事人就有关合同内容约定不明确,依据前条规定仍不能确定的,适用下列规定:(一)质量要求不明确的,按照强制性国家标准履行;没有强制性国家标准的,按照推荐性国家标准履行;没有推荐性国家标准的,按照行业标准履行;没有国家标准、行业标准的,按照通常标准或者符合合同目的的特定标准履行。(二)价款或者报酬不明确的,按照订立合同时履行地的市场价格履行;依法应当执行政府定价或者政府指导价的,依照规定履行。(三)履行地点不明确,给付货币的,在接受货币一方所在地履行;交付不动产的,在不动产所在地履行;其他标的,在履行义务一方所在地履行。(四)履行期限不明确的,债务人可以随时履行,债权人也可以随时请求履行,但是应当给对方必要的准备时间。(五)履行方式不明确的,按照有利于实现合同目的的方式履行。(六)履行费用的负担不明确的,由履行义务一方负担;因债权人原因增加的履行费用,由债权人负担。"

二是诚信履行原则。《民法典》第五百零九条第二款规定:"当事人应当遵循诚信原则,根据合同的性质、目的和交易习惯履行通知、协助、保密等义务。"诚信原则适用于整个民法,因此被称为民法中的"帝王规则",合同履行同样要遵循这一原则。诚信履行原则,即指双方当事人应当按照合同的本旨勤勉的履行合同,不得滥用权利,恶意履行。基于该原则,合同当事人应当根据合同的性质、目的和交易习惯履行附随义务,即通知、协助、保密等义务。通知义务是指为了顺利履行合同,当事人应当将必要信息主动通知对方当事人,必要信息如产品的使用说明、合同给付不能之不可抗力等。协助义务是指当事人不仅要适当履行自己的义务,还应当协助对方当事人履行其义务,比如,在服务合同的履行中,接受服务的一方要予以必要的配合,安排合适的时间、场地等,提供服务的一方才能够履行其合同义务。保密义务是指当事人通过合同关系而获悉的对方当事人的技术秘密、商业秘密或个人信息等事项负有保密义务,不得向他人泄露。

三是绿色履行原则。《民法典》第五百零九条第三款规定:"当事人在履行合同过程中,应当避免浪费资源、污染环境和破坏生态。"党的十九大报告中提到,"必须树立和践行绿水青山就是金山银山的理念,坚持节约资源和保护环境的基本国策""人与自然是生命共同体,人类必须尊重自然、顺应自然、保护自然"。在合同履行过程中同样要贯彻绿色履行原则,在履行方式上顺应绿色向导,并将环境保护作为当事人的附随义务加以执行。

(2) 什么是情势变更制度?

情势变更制度,是民法典合同编新增加的一项制度内容。《民法典》第五百三十三条规定:"合同成立后,合同的基础条件发生了当事人在订立合同时无法预见的、不属于商业风险的重大变化,继续履行合同对于当事人一方明显不公平的,受不利影响的当事人可以与对方重新协商;在合理期限内协商不成的,当事人可以请求人民法院或者仲裁机构变更或者解除合同。人民法院或者仲裁机构应当结合案件的实际情况,根据公平原则变更或者解除合同。"这为当事人公平履行合同提供了法律依据。

情势变更制度,过去曾多次出现在司法政策文件和司法解释中,但因为在司法实践中,司法机关难以对情势变更作出科学的界定,而且它和商业风险的界限也难以划清,因此在合同法以及民法总则中都未规定这一制度。民法典根据多年的司法经验,将情势变更制度明确加以规定,完善了合同编的内容,为当事人在不可抗力情形下变更合同提供了法律依据。

2020 年年初新冠肺炎疫情爆发,对合同当事人的利益造成了巨大影响,如何妥善分配疫情和防控措施给当事人造成的损失,是必须面对和解决的现实问题。最高人民法院于 2020 年 5 月 19 日发布的《关于依法妥善审理涉新冠肺炎疫情民事案件若干问题的指导意见(二)》对此进行了规定。根据该指导意见的内容,合同能够继续履行,但疫情和防控措施导致履约成本显著增加,继续履行合同对一方当事人明显不公平的,受不利影响的当事人有权请求变更合同,如调整价款、变更履行时间等。

(3) 合同不履行或不完全履行有哪些违约责任?

对于当事人不履行或者不完全履行合同的,《民法典》第五百七十七条规定:"当事人一方不履行合同义务或者履行合同义务不符合约定的,应当承担继续履行、采取补救措施或者赔偿损失等违约责任"。因此承担违约责任一般有以下三个方面的表现。

一是继续履行。它是法律强令的一种责任措施,为了保证合同的有效实现,适用继续履行的情形比较多,但是它有一个前提:履行必须具有实际的可行性,这也是法官在裁判中是否支持继续履行所考虑的因素。《民法典》第五百七十九条规定:"当事人一方未支付价款、报酬、租金、利息,或者不履行其他金钱债务的,对方可以请求其支付。"当事人未履行金钱债务的,债权人可以主张继续履行。第五百八十条规定:"当事人一方不履行非金钱债务或者履行非金钱债务不符合约定的,对方可以请求履行,但是有下列情形之一的除外:(一)法律上或者事实上不能履行;(二)债务的标的不适于强制履行或者履行费用过高;(三)债权人在合理期限内未请求履行。有前款规定的除外情形之一,致使不能实现合同目的的,人民法院或者仲裁机构可以根据当事人的请求终止合同权利义务关系,但是不影响违约责任的承担。"本条规定了不适用于继续履行的三种情形,在这些情形下当合同已无法继续履行时,当事人可以向法院或仲裁机构申请解除合同,并要求对方承担违约责任,赔偿损失。

二是补救措施。多用于瑕疵履行中,即履行合同义务不完全符合约定的情形,此时守约方可以合理选择要求对方以修理、更换、退货、减少价款等方式使履行标的达到约定的要求。《民法典》第五百八十二条规定:"履行不符合约定的,应当按照当事人的约定承担违约责任。对违约责任没有约定或者约定不明确,依据本法第五百一十条的规定仍不能确定的,受损害方根据标的的性质以及损失的大小,可以合理选择请求对方承担修理、重作、更换、退货、减少价款或者报酬等违约责任。"

三是赔偿损失。损失的赔偿可以由双方当事人在订立合同时事先进行约定,无约定时依照《民法典》第五百八十四条确定:"当事人一方不履行合同义务或者履行合同义务不符合约定,造成对方损失的,损失赔偿额应当相当于因违约所造成的损失,包括合同履行后可以获得的利益;但是,不得超过违约一方订立合同时预见到或者应当预见到的因违约可能造成的损失。"

合同签订后,无论是自然人、公司企业还是政府部门都应该依法律法规规定、合同约定履行合同。实践中,政府部门、国有企业作为合同一方,违约情况却也多有发生,李克强总理曾在 2018 年 11 月 9 日的国务院常务会议上要求,"要抓紧开展专项清欠行动,切实解决政府部门和国有大企业拖欠民营企业账款问题;严重拖欠的要列入失信'黑名单',严厉惩戒问责。对地方、部门拖欠不还的,中央财政要采取扣转其在国库存款或相应减少转移支付等措施清欠"。因此,对党员干部而言,合同履行不仅关系到订立合同的目的能否实现,也关系到市场秩序、政府公信力,应当对合同的履行予以重视。

48 合同的解除

合同生效后,双方当事人应当严格按照合同的约定履行各自的义务,但在出现特定情形导致合同目的无法实现时,法律授予当事人解除合同的权利。如果由于一方当事人的违约行为导致合同解除,违约方还应当承担违约责任。

(1) 合同解除有哪些形式?

生效的合同以履行为常态,解除为例外,因此,合同的解除事关合同效力的严肃性,为防止合同解除的滥用,除了当事人双方约定的解除形式外,法律对解除方式有严格限定,一般有四种情形。

一是协商一致解除。合同是当事人意思自治的产物,当事人协商一致的,可以解除订立的合同。这种解除方式相当于合同双方通过订立一个新的合同来解除原来的合同,合意一经达成则合同立即解除,这种解除合同的方式充分体现了合同自由的原则。

二是约定解除。约定解除是当事人在合同中约定合同解除事由,解除事由的条件成就时解除权产生,享有解除权的当事人可以解除合同。约定解除与协商一致解除都属于意定解除,是当事人自由意志的体现。

三是法定解除。法定解除也即发生法律规定的合同解除情形时,当事人可以解除合同。《民法典》第五百六十三条第一款规定:"有下列情形之一的,当事人可以解除合同:(一)因不可抗力致使不能实现合同目的;(二)在履行期限届满前,当事人一方明确表示或者以自己的行为表明不履行主要债务;(三)当事人一方迟延履行主要债务,经催告后在合理期限内仍未履行;(四)当事人一方迟延履行债务或者有其他违约行为致使不能实现合同目的;(五)法律规定的其他情形。"

四是随时解除。随时解除适用于以持续履行的债务为内容的不定期合同,《民法典》五百六十三条第二款规定:"以持续履行的债务为内容的不定期合同,当事人可以随时解除合同,但是应当在合理期限之前通知对方"。原合同法中对此种合同解除方式并无规定,这是民法典新规定的内容。例如,《民法典》第九百四十八条规定的"不定期物业服务合同"、第九百七十六条规定的"不定期合伙合同"和第一千零二十二条规定的"不定期肖像权许可使用合同",当事人均可以随时解除合同。

（2）民法典对解除权的除斥期间与合同解除时间有哪些规定？

关于解除权的除斥期间。除斥期间是指法律规定某种权利预定存在的期间,权利人在此期间不行使权利,预定期间届满,便发生该权利消灭的法律后果。解除权是一种形成权,当事人凭单方意思表示即可发生法律效力,无须对方的同意。由于这种行为极易导致法律关系的不确定,因此法律对于解除权的行使通常会加以严格限制。除斥期间的作用,一方面可以催促权利人在合理期间内尽快行使权利,防止交易秩序长期处于不稳定状态;另一方面,也使相对人对解除权人行使权利有一个相对确定的预期。《民法典》第五百六十四条规定:"法律规定或者当事人约定解除权行使期限,期限届满当事人不行使的,该权利消灭。法律没有规定或者当事人没有约定解除权行使期限,自解除权人知道或者应当知道解除事由之日起一年内不行使,或者经对方催告后在合理期限内不行使的,该权利消灭"。

解除权的行使期限即其除斥期间,法律有规定或者当事双方有约定的,应当在规定或者约定期限内行使,超过期限则权利灭失;法律没有约定或者当事双方没有约定的,解除权的行使期限为一年,从权利人知道或者应当知道解除事由之日起计算;但是,经对方催告后在合理期限内未行使的,解除权灭失。

关于合同解除时间。根据《民法典》第五百六十五条的规定,合同解除的时间因当事人行使解除权的形式不同而有所区别,一般情况下有三种解除的情形。

一是通知解除。当事人一方依法解除合同的,应当通知对方,合同自通知到达对方时生效。如果对方对解除合同有异议或者拒收通知的,任何一方均可以请求法院或仲裁机构确认解除行为的效力。

三是自动解除。若解除权人发出的通知载明了债务履行期限,不履行自动解除的,期限届满债务人不履行则合同解除。双方对解除合同有异议的,同样可以请求法院或仲裁机构予以确认。

三是诉讼或仲裁解除。当事人一方未通知对方,直接通过司法程序主张解除合同,合同自起诉状副本或者仲裁申请书副本送达对方时解除。

（3）合同解除有哪些法律后果？

合同解除的后果,《民法典》第五百六十六条规定:"合同解除后,尚未履行的,终止履行;已经履行的,根据履行情况和合同性质,当事人可以请求恢复原状或者采取其他补救措施,并有权请求赔偿损失。合同因违约解除的,解除权人可以请求违约方承担违约责任,但是当事人另有约定的除外。主合同解除后,担保人对债务人应当承担的民事责任仍应当承担担保责任,但是担保合同另有约定的除外"。根据法律规定,合同解除后的法律

效果有:

一是终止履行。合同解除后,双方的权利义务关系终止,尚未履行的义务已消灭,因此终止履行。

二是恢复原状。合同解除后,已经履行的部分,可以根据履行情况和合同性质,当事人可以请求恢复原状。恢复原状是使当事人恢复到订立合同之前的状态,实践中多用于有体物的返还。当事人请求恢复原状的,享有同时履行抗辩权。

三是赔偿损失。赔偿损失是使当事人达到未受损失的状态。当合同解除是由于违约方没有履行合同义务造成时,违约方有义务进行赔偿,以填补守约方的损失,这也是公平原则的要求。

四是违约责任。违约责任包括法定的违约责任与约定的违约责任。《民法典》第五百七十七条规定了法定违约责任的形式:"当事人一方不履行合同义务或者履行合同义务不符合约定的,应当承担继续履行、采取补救措施或者赔偿损失等违约责任。"由于合同解除后双方权利义务关系已终止,因此法定的违约责任即赔偿损失,约定的违约责任则表现为承担违约金、定金,《民法典》第五百八十五条第一款、第二款规定:"当事人可以约定一方违约时应当根据违约情况向对方支付一定数额的违约金,也可以约定因违约产生的损失赔偿额的计算方法。约定的违约金低于造成的损失的,人民法院或者仲裁机构可以根据当事人的请求予以增加;约定的违约金过分高于造成的损失的,人民法院或者仲裁机构可以根据当事人的请求予以适当减少"。第五百八十七条规定:"债务人履行债务的,定金应当抵作价款或者收回。给付定金的一方不履行债务或者履行债务不符合约定,致使不能实现合同目的的,无权请求返还定金;收受定金的一方不履行债务或者履行债务不符合约定,致使不能实现合同目的的,应当双倍返还定金。"

五是不可抗力。根据《民法典》第一百八十条第二款的规定,不可抗力是指不能预见、不能避免且不能克服的客观情况。因不可抗力不能履行合同致使合同解除的,债务人不承担违约责任,但在其延迟履行后发生不可抗力的,则不能免除违约责任。《民法典》第五百九十条规定:"当事人一方因不可抗力不能履行合同的,根据不可抗力的影响,部分或者全部免除责任,但是法律另有规定的除外。因不可抗力不能履行合同的,应当及时通知对方,以减轻可能给对方造成的损失,并应当在合理期限内提供证明。当事人迟延履行后发生不可抗力的,不免除其违约责任。"

六是担保责任。主合同解除后,担保人对债务人应当承担的民事责任仍应当承担担保责任,但是担保合同另有约定的除外。

此外,《民法典》第五百六十七条规定:"合同的权利义务关系终止,并不影响合同中结算和清理条款的效力。"

49 电子合同

当前,我们身处于一个万物互联的时代,互联网早已融入日常生活中的方方面面,民法典在合同编中通过规范信息网络电子合同回应了这一时代变化,为线上经济交往提供了较完整的法律规则,有效降低了线上交易的制度性成本,助力电子商务的发展。

(1) 什么是电子合同的概念与类型?

电子合同,简单来说就是交易双方利用具有某种结构特征的数据信息,在互联网进行数据交换和自动处理来完成订单的合同类型。作为一种新的合同类型,电子合同呈现出多样化的样态。

根据订立形式的不同,电子合同可以分为三种类型:以 EDI(电子数据交易)方式缔结的合同、以电子邮件方式缔结的合同以及格式合同。EDI 方式订立合同,经过了订单的制作、订单的发送、订单的接受、回执的签发、回执的签收这样的流程,相对于传统合同而言,这种合同对合同内容没有改变,其主要不同表现为合同载体以及合同订立的过程。电子邮件合同是以网络协议为基础的网络缔约方式,即一方当事人将图片、文件利用邮件服务器传送给相对人的电子地址,这是网络缔约中运用时间最早且应用范围较广的方式。在电子商务中应用的合同主要是格式合同,合同内容由提供商品或服务的一方预先设定,可以反复适用于不同的对象,格式合同签约快、效率高,但相对人没有对内容修改的权利。

(2) 电子合同如何订立?

电子合同的本质仍然是合同,虽然是互联网时代下衍生出的新型缔约形式,但仍应遵循合同缔结的一般原则,对于传统合同法对要约与承诺的规定依然适用。

一是发出要约。以网络购物为例,商家在网络平台上发布的商品一般都是具备价格、数量、质量等基础内容,该意思表示内容具体确定且表明经消费者承诺,商家即受该意思表示约束,符合要约的条件,属于商家向消费者发出的要约。

二是作出承诺,合同成立。消费者在网络平台上选定商品,提交订单为承诺。《民法典》第四百九十一条第二款规定:"当事人一方通过互联网等信息网络发布的商品或者服务信息符合要约条件的,对方选择该商品或者服务并提交订单成功时合同成立,但是当事人另有约定的除外。"例如,李先生在某购物平台下单了一台电脑,当李先生提交订单成功时合同成立,若李先生在提交订单后又不想购买了,欲取消订单,这个行为并不是收回承诺,实质上是对已成立合同的解除行为。

而关于电子合同成立地,《民法典》第四百九十二条第二款规定:"采用数据电文形式订立合同的,收件人的主营业地为合同成立的地点,没有主营业地的,其住所地为合同成立的地点。当事人另有约定的,按照其约定"。电子合同订立后,除非另有约定,以收件人的主营业地等地为合同成立地。

电子合同虽然是一种新型合同,但仍属于书面形式。《民法典》第四百六十九条第三款规定:"以电子数据交换、电子邮件等方式能够有形地表现所载内容,并可以随时调取查用的数据电文,视为书面形式。"比如说,消费者在购物平台提交订单后,合同成立,网络平台显示的商品信息、数量、价款、收货地址、运费险、保价、交易快照、订单创建时间、付款时间等内容都是合同内容,能够随时调查取用,形成了一份电子书面合同。

(3) 电子合同何时交付?

关于电子合同的交付,《民法典》第五百一十二条规定:"通过互联网等信息网络订立的电子合同的标的为交付商品并采用快递物流方式交付的,收货人的签收时间为交付时间。电子合同的标的为提供服务的,生成的电子凭证或者实物凭证中载明的时间为提供服务时间;前述凭证没有载明时间或者载明时间与实际提供服务时间不一致的,以实际提供服务的时间为准。电子合同的标的物为采用在线传输方式交付的,合同标的物进入对方当事人指定的特定系统且能够检索识别的时间为交付时间。电子合同当事人对交付商品或者提供服务的方式、时间另有约定的,按照其约定"。

民法典给予当事人意思自治的权利,在电子合同当事人对交付商品或者提供服务的方式、时间另有约定的,优先适用其约定。

如果当事人没有约定的,法律按照电子合同标的物是有形物还是无形物将交付时间分为两类:有形物包括有形商品和服务,商品以签收时间为交付时间;提供服务的时间为电子凭证或实物凭证上载明的时间,凭证上未载明时间或者该时间与实际提供服务的时间不一致的,以实际提供服务的时间为准。

电子合同的标的物是无形物的,合同标的物进入对方当事人指定的特定系统且能够检索识别的时间为交付时间。

(4) 什么是七天无理由退货?

2013年修订、2014年3月15日实施的《消费者权益保护法》为了充分保护消费者在网络购物过程中的知情权和选择权,赋予消费者在合同订立后一定时间内单方无理由解除合同的权利,即七天无理由退货:"经营者采用网络、电视、电话、邮购等方式销售商品,消费者有权自收到商品之日起七日内退货,且无需说明理由"。

在网络购物中,消费者主要借助网站上的商品信息来作出判断是否购买,相比于线下实体店内可以对实物进行查看、试穿、试用,线上购物更加依赖于网络上的图片、文字描述和顾客反馈,而一些商家对商品的夸大、不实描述和宣传,会造成消费者在购买前对商品认知不足,甚至被误导、欺骗的情况。正是在这种情况下,消费者权益保护法对于网络购物规定了消费者享有"七天无理由退货"的反悔权。

需要注意的是,并不是所有的商品都适用七天无理由退货的规定,根据《消费者权益保护法》第二十五条的规定,消费者定作的商品,鲜活易腐的商品,在线下载或者消费者拆封的音像制品、计算机软件等数字化商品,交付的报纸、期刊以及其他根据商品性质并经消费者在购买时确认不宜退货的商品,不适用无理由退货。

对于其他根据商品性质并经消费者在购买时确认不宜退货的商品,《网络购买商品七日无理由退货暂行办法》作出了规定:拆封后易影响人身安全或者生命健康的商品,或者拆封后易导致商品品质发生改变的商品;一经激活或者试用后价值贬损较大的商品;销售时已明示的临近保质期的商品、有瑕疵的商品。上述几类商品也是在适用七天无理由退货时常发生纠纷的商品类型,实践中也有很多案例。

在王先生与甲公司的网络购物合同纠纷一案中,王先生网购一部手机,在激活使用后对手机拍摄功能不满意,申请退货退款。法院审理查明认为:王先生购买手机的下单页面详细载明了手机的商品描述和下单信息,其中注意事项明确标注了七天无理由退换货需确保手机未激活(授权)等不影响二次销售的详细规定,甲公司尽到了提示义务,王先生作为消费者,在提交订单前对商品描述及订单信息应有充分阅读等审慎义务。王先生收到手机后即拆除外包装并且激活使用,符合产生激活等数据类及外观类使用痕迹的情形,可视为商品不完好。最终,法院认为王先生主张七天无理由退货,缺乏依据,没有支持其诉讼请求。

59 买卖合同

买卖合同是出卖人转移标的物的所有权于买受人,买受人支付价款的合同。买卖合同是人们在经济生活中最常接触的合同之一,与我们的生活息息相关。截至 2020 年 6 月 17 日,中国裁判文书网公开的合同纠纷文书有 1740 余万件,其中买卖合同纠纷的文书有 385 万件,占比约 22%,可见其数量之多。

(1)什么是出卖人的瑕疵担保责任?

在买卖合同中,出卖人应当向买受人给付无瑕疵之物或权利,否则应当承担相应的民事责任,这就是出卖人的瑕疵担保责任。买卖中的瑕疵有两种情况:一种是由于第三人主张权利,使得买卖标的物所有权不能全部转移给买受人,此为权利瑕疵;二是已经转移占有的标的物有缺陷,此为质量瑕疵。

关于权利瑕疵担保责任。民法典用3个条文构建了权利瑕疵担保责任制度,第六百一十二条是对权利瑕疵担保的基本规定:"出卖人就交付的标的物,负有保证第三人对该标的物不享有任何权利的义务,但是法律另有规定的除外"。出卖人应取得出卖物的处分权,这里的处分权不要求出卖人完全享有标的物的所有权,也可以是共有权人,但是在处分前应当征得共有人的同意,如对夫妻共同财产的处分。若因出卖人未取得处分权致使标的物所有权不能转移的,买受人可以解除合同并请求出卖人承担违约责任。第六百一十三条是对权利瑕疵担保的例外规定:"买受人在订立合同时知道或者应当知道第三人对买卖的标的物享有权利的,出卖人不承担前条规定的义务。"第六百一十四条是对权利瑕疵的不安抗辩权:"买受人有确切证据证明第三人对标的物享有权利的,可以中止支付相应的价款,但是出卖人提供适当担保的除外"。

关于质量瑕疵担保责任。质量瑕疵担保责任的构成有三个方面的内容。

第一,标的物在交付时存在质量瑕疵。《民法典》第六百一十五条、第六百一十六条规定了标的物的质量要求,第六百一十五条规定:"出卖人应当按照约定的质量要求交付标的物。出卖人提供有关标的物质量说明的,交付的标的物应当符合该说明的质量要求"。第六百一十六条规定:"当事人对标的物的质量要求没有约定或者约定不明确,依据本法第五百一十条的规定仍不能确定的,适用本法第五百一十一条第一项的规定"。第六百一十七条则规定了质量瑕疵担保责任:"出卖人交付的标的物不符合质量要求的,买受人可以依据本法第五百八十二条至第五百八十四条的规定请求承担违约责任"。

第二,买受人尽到了检验和通知义务。《民法典》第六百二十条规定:"买受人收到标的物时应当在约定的检验期限内检验。没有约定检验期限的,应当及时检验。"第六百二十一条规定:"当事人约定检验期限的,买受人应当在检验期限内将标的物的数量或者质量不符合约定的情形通知出卖人。买受人怠于通知的,视为标的物的数量或者质量符合约定。当事人没有约定检验期限的,买受人应当在发现或者应当发现标的物的数量或者质量不符合约定的合理期限内通知出卖人。买受人在合理期限内未通知或者自收到标的物之日起二年内未通知出卖人的,视为标的物的数量或者质量符合约定;但是,对标的物有质量保证期的,适用质量保证期,不适用该二年的规定。出卖人知道或者应当知道提供的标的物不符合约定的,买受人不受前两款规定的通知时间的限制。"

第三,当事人没有通过约定减轻或免除出卖人的质量瑕疵担保责任。质量瑕疵担保责任通常不涉及公共利益,因此法律准许当事人通过合意来约定限制或排除其适用,但出卖人故意或因重大过失不告知的,不得排除其责任。《民法典》第六百一十八条规定了减轻或者免除瑕疵担保责任的例外:"当事人约定减轻或者免除出卖人对标的物瑕疵承担的责任,因出卖人故意或者重大过失不告知买受人标的物瑕疵的,出卖人无权主张减轻或者免除责任。"

（2）出卖人交付和回收标的物有哪些义务？

出卖人应按照合同约定向买受人交付标的物或者标的物的单证，并承担转移标的物所有权的义务。如果出卖人交付的是标的物的单证，根据《民法典》第五百九十九条的规定："出卖人应当按照约定或者交易习惯向买受人交付提取标的物单证以外的有关单证和资料"。

一是标的物交付期限。《民法典》第六百零一条规定："出卖人应当按照约定的时间交付标的物。约定交付期限的，出卖人可以在该交付期限内的任何时间交付。"第六百零二条规定："当事人没有约定标的物的交付期限或者约定不明确的，适用本法第五百一十条、第五百一十一条第四项的规定。"

二是标的物的交付地点。《民法典》第六百零三条规定："出卖人应当按照约定的地点交付标的物。当事人没有约定交付地点或者约定不明确，依据本法第五百一十条的规定仍不能确定的，适用下列规定：（一）标的物需要运输的，出卖人应当将标的物交付给第一承运人以运交给买受人；（二）标的物不需要运输，出卖人和买受人订立合同时知道标的物在某一地点的，出卖人应当在该地点交付标的物；不知道标的物在某一地点的，应当在出卖人订立合同时的营业地交付标的物。"

三是标的物毁损、灭失的风险承担。第一，在标的物交付之前由出卖人承担，交付之后由买受人承担，但是法律另有规定或者当事人另有约定的除外。第二，因买受人的原因致使标的物未按照约定的期限交付的，买受人应当自违反约定时起承担标的物毁损、灭失的风险。第三，出卖人出卖交由承运人运输的在途标的物，除当事人另有约定外，毁损、灭失的风险自合同成立时起由买受人承担。第四，出卖人按照约定将标的物运送至买受人指定地点并交付给承运人后，标的物毁损、灭失的风险由买受人承担。当事人没有约定交付地点或者约定不明确，依据《民法典》第六百零三条第二款第一项的规定，标的物需要运输的，出卖人将标的物交付给第一承运人后，标的物毁损、灭失的风险由买受人承担。第五，出卖人按照约定或者依据《民法典》第六百零三条第二款第二项的规定，将标的物置于交付地点，买受人违反约定没有收取的，标的物毁损、灭失的风险自违反约定时起由买受人承担。第六，因标的物不符合质量要求，致使不能实现合同目的的，买受人可以拒绝接受标的物或者解除合同。买受人拒绝接受标的物或者解除合同的，标的物毁损、灭失的风险由出卖人承担。

四是标的物知识产权的归属。如果出卖人出卖的是具有知识产权的标的物，该标的物的知识产权不属于买受人，但法律另有规定或者当事人另有约定的除外。

五是回收义务。《民法典》第六百二十五条规定："依照法律、行政法规的规定或者按照当事人的约定，标的物在有效使用年限届满后应予回收的，出卖人负有自行或者委托第三人对标的物予以回收的义务。"这是新增条款，体现了节约资源、保护环境的民事活动原则。

（3） 买受人支付价款有哪些义务？

一是支付价款要按约定的数额和方式。《民法典》第六百二十六条规定："买受人应当按照约定的数额和支付方式支付价款。对价款的数额和支付方式没有约定或者约定不明确的，适用本法第五百一十条、第五百一十一条第二项和第五项的规定。"也即双方当事人可以通过协议来明确价款的数额和支付方式；达不成补充协议的，按照合同相关条款或者交易习惯确定；合同相关条款或交易习惯仍不能确定的，价款数额按照订立合同时履行地的市场价格履行；依法应当执行政府定价或者政府指导价的，依照规定履行；价款支付方式按照有利于合同目的的方式履行。

二是支付价款要在约定的地点。《民法典》第六百二十七条规定："买受人应当按照约定的地点支付价款。对支付地点没有约定或者约定不明确，依据本法第五百一十条的规定仍不能确定的，买受人应当在出卖人的营业地支付；但是，约定支付价款以交付标的物或者交付提取标的物单证为条件的，在交付标的物或者交付提取标的物单证的所在地支付。"

三是支付价款要遵守约定的时间。《民法典》第六百二十八条规定："买受人应当按照约定的时间支付价款。对支付时间没有约定或者约定不明确，依据本法第五百一十条的规定仍不能确定的，买受人应当在收到标的物或者提取标的物单证的同时支付。"

（4） 什么是所有权保留制度？

所有权保留，是指买卖合同中双方当事人约定，出卖人的标的物所有权附条件地转移给买受人，在条件成就前，出卖人保留标的物所有权，买受人仅享有标的物占有和用益，待条件成就后，再将所有权转移给买受人的制度。《民法典》第六百四十一条规定："当事人可以在买卖合同中约定买受人未履行支付价款或者其他义务的，标的物的所有权属于出卖人。出卖人对标的物保留的所有权，未经登记，不得对抗善意第三人。"消费者的分期付款买卖形式，就是典型的所有权保留。所有权保留的主要功能在于担保，即为了担保价款而保留所有权。虽然客观上有担保的功能，但从法律上而言并不能认定其为担保物权，出卖人享有的是所有权，而不是担保物权。需要注意的是，所有权保留是物权转移附条件，而并不是买卖合同附条件。买卖合同已经确定无疑的生效，只是双方对所有权转移的条件有另行安排。在所有权保留制度中要注意三个方面的内容。

一是所有权保留的登记对抗主义。《民法典》第六百四十一条第二款规定："出卖人对标的物保留的所有权，未经登记，不得对抗善意第三人。"该规定在原合同法中并没有规定，是民法典新增加的内容。一般而言，第三人无从知晓买卖合同当事人关于标的物所有权保留的约定，如果没有公示，既不利于保护出卖人的利益，也可能对第三人的利益构成侵害。因此，民法典规定了所有权保留的登记对抗主义，即所有权保留的生效并不依赖于登记,但是如果没有登记,则不能对抗善意第三人。

二是出卖人的取回权。在买卖合同的双方当事人约定所有权保留时,如果买受人的特定行为违反双方约定或者法律规定,让出卖人的合法权益遭受损失时,出卖人可以取回已经由买受人占有、使用的出卖物,这一权利即出卖人的取回权。《民法典》第六百四十二条规定:"当事人约定出卖人保留合同标的物的所有权,在标的物所有权转移前,买受人有下列情形之一,造成出卖人损害的,除当事人另有约定外,出卖人有权取回标的物:(一)未按照约定支付价款,经催告后在合理期限内仍未支付;(二)未按照约定完成特定条件;(三)将标的物出卖、出质或者作出其他不当处分。出卖人可以与买受人协商取回标的物;协商不成的,可以参照适用担保物权的实现程序。"

三是买受人的回赎权。当出卖人依照法律规定行使取回权后,双方的买卖合同关系并未解除,买受人可以与出卖人协议约定回赎期间,或者出卖人指定回赎期间,在该期间内买受人消除出卖人取回标的物的事由的,可以回赎标的物,这即是买受人的回赎权。《民法典》第六百四十三条规定:"出卖人依据前条第一款的规定取回标的物后,买受人在双方约定或者出卖人指定的合理回赎期限内,消除出卖人取回标的物的事由的,可以请求回赎标的物。买受人在回赎期限内没有回赎标的物,出卖人可以以合理价格将标的物出卖给第三人,出卖所得价款扣除买受人未支付的价款以及必要费用后仍有剩余的,应当返还买受人;不足部分由买受人清偿。"如果买受人在回赎期限内没有回赎的,视为买受人违约,出卖人可以解除合同,双方发生结算义务。

(5) 什么是试用买卖?

试用买卖是当事人约定试用期限,买受人在试用期限内购买标的物或拒绝购买的一种买卖形式。试用买卖是附条件的买卖合同,即合同订立后当事人不愿使其立即生效,待所附条件成就后才能生效,试用人的承买是买卖合同生效的唯一条件。关于试用买卖,要注意三个方面的内容。

一是试用期限。《民法典》第六百三十七条规定:"试用买卖的当事人可以约定标的物的试用期限。对试用期限没有约定或者约定不明确,依据本法第五百一十条的规定仍不能确定的,由出卖人确定。"

二是购买。《民法典》第六百三十八条规定:"试用买卖的买受人在试用期内可以购买标的物,也可以拒绝购买。试用期限届满,买受人对是否购买标的物未作表示的,视为购买。试用买卖的买受人在试用期内已经支付部分价款或者对标的物实施出卖、出租、设立担保物权等行为的,视为同意购买。"

三是试用费用及风险承担。《民法典》第六百三十九条规定:"试用买卖的当事人对标的物使用费没有约定或者约定不明确的,出卖人无权请求买受人支付。"《民法典》第六百四十条规定:"标的物在试用期内毁损、灭失的风险由出卖人承担。"

51 供用电合同

供用电合同,是指供电人向用电人供电、用电人支付电费所使用的合同。实践中,由于供电人往往处于强势一方,在供用电合同履行过程中,用电人遭"强制"断电的事件、案件不在少数,截止到 2020 年 6 月 15 日,中国裁判文书网公开的供用电合同纠纷的文书有 10716 份。此次民法典修订回应社会问题,明确了因用电人逾期不支付电费,经催告在合理期限内仍不支付电费和违约金的,供电人中止供电的事先通知条款,对供电人中止供电加以限制。

(1) 供电人有哪些义务?

一是强制缔约义务。《民法典》第六百四十八条第二款规定:"向社会公众供电的供电人,不得拒绝用电人合理的订立合同要求"。强制缔约义务一般存在于与国计民生有关的公共服务合同,比如公共运输、供水、供电、供气等方面。《电力法》第六十四条规定:"违反本法第二十六条、第二十九条规定,拒绝供电或者中断供电的,由电力管理部门责令改正,给予警告;情节严重的,对有关主管人员和直接责任人员给予行政处分。"供电人对本营业区内的客户有依法供电的义务,除非有法定理由,否则不得拒绝客户用电的合理请求。由于供电企业面对的是数量较大的社会公众,供电企业通常提供格式合同,应当注意合同条款对于双方权利义务的公平性,同时,为了使合同条款符合法律规定,供电企业对涉及对方重大利害关系的条款应当采用特别格式、特别颜色等凸显的字体,向对方当事人尽到合理的提示义务。当公众对该条款有疑问时,应当尽到说明义务。

二是安全供电。根据《民法典》第六百五十一条的规定:"供电人应当按照国家规定的供电质量标准和约定安全供电。供电人未按照国家规定的供电质量标准和约定安全供电,造成用电人损失的,应当承担赔偿责任。"在国网安徽省电力有限公司肥东县供电公司与许俊国供用电合同纠纷案【(2020)皖民申 1189 号】中,许俊国的住房发生火灾,消防大队认定起火原因为电线线路短路引发火灾。安徽省高级人民法院认为,供电公司在为用电人安装电表时未同时安装漏电保护设备,未尽到安全供电的义务,应对火灾事故造成的损失承担 60% 的赔偿责任。

三是及时抢修。《民法典》第六百五十三条规定:"因自然灾害等原因断电,供电人应当按照国家有关规定及时抢修;未及时抢修,造成用电人损失的,应当承担赔偿责任。"供电人对供电故障应当及时抢修,电力监管机构根据《电力监管条例》等规定对供电企业处理供电故障的情况实施监管。供电企业未及时抢修造成用电人损失的,应当承担损害赔偿责任。

四是事先通知。根据《民法典》第六百五十二条和第六百五十四条的规定,供电人因供电设施计划检修、临时检修、依法限电、用电人违法用电或者用电人未及时支付电费等原因,中止供电的,应当事先通知用电人。未事先通知用电人中断供电,造成用电人损失的,应当承担赔偿责任。在乌海电业局与乌海市西川铁业有限责任公司供用电合同纠纷案【(2009)民二终字第 77 号-20091113】中,最高人民法院审理认为,追究拖欠电费的民事责任是分层次以递进方式采取的,并要根据拖欠电费违约程度不同而责任大小不同。在有滞纳金、部分停止供电和全部停止供电三种追究违约责任方式并有根据违约程度而应采取递进方式追究违约责任的合同约定前提下,电业局不能利用强势地位随意对西川公司拖欠不到一个月电费的违约行为直接采用最后最严厉的停止供电措施。乌海市电业局因其断电行为,对给西川公司造成的电炉毁损修复损失 154.5 万元承担赔偿责任。

(2) 用电人有哪些义务?

一是及时支付电费。交付电费是用电人最基本的义务。用电人应该根据供用电合同的约定,及时足额支付电费。用电人逾期不支付的,根据《民法典》第六百五十四条的规定,需要承担相应的违约金以及被中止供电的风险。

二是安全、节约和计划用电。《民法典》第六百五十五条规定:"用电人应当按照国家有关规定和当事人的约定安全、节约和计划用电。用电人未按照国家有关规定和当事人的约定用电,造成供电人损失的,应当承担赔偿责任"。根据《电力供应与使用条例》第三十条规定:"用户不得有下列危害供电、用电安全,扰乱正常供电、用电秩序的行为:(一)擅自改变用电类别;(二)擅自超过合同约定的容量用电;(三)擅自超过计划分配的用电指标的;(四)擅自使用已经在供电企业办理暂停使用手续的电力设备,或者擅自启用已经被供电企业查封的电力设备;(五)擅自迁移、更动或者擅自操作供电企业的用电计量装置、电力负荷控制装置、供电设施以及约定由供电企业调度的用户受电设备;(六)未经供电企业许可,擅自引入、供出电源或者将自备电源擅自并网。"

(3) 供用水、供用气、供用热力合同为什么要参照供用电合同适用?

水、电、气、热力都关系着人民群众基本生活,是人民生产生活的基本需求,需要有效、有力予以保障。根据《民法典》第六百五十六条的规定:"供用水、供用气、供用热力合同,参照适用供用电合同的有关规定。"法律之所以这样规定,是因为这几类合同在性质上是相类似的。

第一,我国对供电、供水、供气、供热均实行专营制度,在合同中负有供电、供水、供气和供热的一方只能是由政府相关部门批准,持有许可证的相关企业。

第二,这几类合同同属于继续性供给合同,提供方要向对方持续、稳定的供应某种资源,非经法定事由,不得中断。

第三,当事人的合同自由受到限制。电力、自来水、热力、燃气都是社会大众生产生活中不可或缺的能源,关乎整个经济社会的运转和安全,因此供电、供水、供热、供气合同中的价格就非双方协商确定,需要根据法律法规和国家政策,本着合理补偿等原则由相关行政部门制定,而且,这几类合同均为具有公用性的强制缔约合同,以保护合同中弱势一方的利益而对缔约自由进行限制。

第四,这几类合同都属于格式合同。为了方便与不特定的消费者订立合同,供电、供水、供热和供气企业采用的是由监管部门事先拟定或审核过的供用合同范本,以平衡供方和使用方的权利义务,确保消费者的权利不受到侵害。

52 赠与合同

赠与合同是赠与人将自己的财产无偿给予受赠人,受赠人表示接受赠与的合同。赠与合同是人们日常生活中经常遇到的一种合同类型,亲朋好友生日赠送生日礼物的行为是赠与;父母提供资金供成年子女上大学的行为是赠与;发生自然灾害,向灾区、慈善机构捐赠物资的行为也是赠与。赠与和买卖等有偿合同一样,能够在一定程度上促进社会财富的合理分配,还可以增进双方当事人的情感,从而融洽社会关系、促进社会和谐。

（1）什么是赠与人的任意撤销权?

关于赠与人的任意撤销权,《民法典》第六百五十八条规定:"赠与人在赠与财产的权利转移之前可以撤销赠与。经过公证的赠与合同或者依法不得撤销的具有救灾、扶贫、助残等公益、道德义务性质的赠与合同,不适用前款规定"。一般来说,合同一经成立生效便对当事人产生法律约束力,当事人不可任意撤销。但赠与合同的无偿性决定了赠与人的给付不能获得报偿且受赠人无须支付任何对价,因此,法律为了保护善良赠与人的利益,特赋予其在一定条件下改变自己初衷的权利,这就是赠与人的任意撤销权。需要注意两个方面的内容。

一是赠与人在赠与财产的权利转移前可行使任意撤销权。应当明确的是,"任意撤销"是指赠与人行使权利不需要特定事由,但并不意味着赠与人行使权利不受任何限制。根据民法典的规定,行使任意撤销权必须在财产权利转移之前。比如,小张和小李是男女朋友关系,恋爱期间,小张决定赠与小李一套房子,但是房子一直没有办理过户事宜,后两人分手,小张决定撤销赠与,小李向人民法院起诉,请求小张办理过户但最终败诉。就该案来讲,房屋没有办理过户,房屋产权仍在小张名下,小张可以撤销赠与。关于赠与财产的"权利转移",要根据民法典物权编的规定执行,对于不动产物权的转让,需依法登记,未经登记不发生转移的效力,也就是本案的情况。对于动产物权的转让,一般是自交付时发生效力,法律另有规定的除外。

二是任意撤销权的限制。第一,经过公证的赠与合同不得任意撤销。公证程序已经为赠与人留下足够的考虑时间,可以充分体现其真实意志,为尊重合同及公证的严肃性,法律不允许赠与人撤销此类合同。比如,老王准备赠与小女儿一套房产,双方签署了赠与合同,并到公证处办理了公证,但并没有办理房产过户,那么此时老王不能以赠与财产的权利没有转移为由撤销赠与。第二,具有救灾、扶贫、助残等公益、道德义务性质的赠与合同不得任意撤销。具有社会公益性质或者道德义务性质的赠与,往往具有特殊的社会意义和情感,赠与人任意撤销赠与势必会违背社会公序良俗或给当事人带来情感上的伤害,与原赠与目的相悖,因此法律不允许其任意撤销。比如,小李和某慈善机构签署了捐赠合同,约定向慈善机构捐赠人民币两万元,合同签订后、履行前,小李是不能以未交付资金为由撤销赠与的。另外,根据慈善法的规定,捐赠人(赠与人)通过广播、电视、报刊、互联网等媒体公开承诺的公益性捐赠,也不能以财产权利未转移为由撤销捐赠。

对于上述两种情况,根据《民法典》第六百六十条的规定:"经过公证的赠与合同或者依法不得撤销的具有救灾、扶贫、助残等公益、道德义务性质的赠与合同,赠与人不交付赠与财产的,受赠人可以请求交付。依据前款规定应当交付的赠与财产因赠与人故意或者重大过失致使毁损、灭失的,赠与人应当承担赔偿责任"。

(2)什么是赠与人的法定撤销权?

关于赠与人的法定撤销权及其除斥期间,《民法典》第六百六十三条规定:"受赠人有下列情形之一的,赠与人可以撤销赠与:(一)严重侵害赠与人或者赠与人近亲属的合法权益;(二)对赠与人有扶养义务而不履行;(三)不履行赠与合同约定的义务。赠与人的撤销权,自知道或者应当知道撤销事由之日起一年内行使"。与任意撤销权相比,法定撤销权有几个特点:

一是法定撤销权的行使应当具有法定事由,即严重侵害赠与人或赠与人的近亲属、对赠与人有扶养义务而不履行、不履行赠与合同约定的义务这三种情形。其目的在于惩罚忘恩负义的受赠人、维护社会伦理道德。

二是法定撤销权在赠与财产权利转移前后都可以行使。不过,因为有任意撤销权的存在,因此,在一般赠与合同中,赠与财产的权利转移之前,赠与人可以行使任意撤销权。所以,法定撤销权的行使通常是在一般赠与合同中赠与财产权利转移之后。

三是法定撤销权的适用范围更广泛。法定撤销权因其需要具备特殊的法定事由才能行使,因此适用范围比任意撤销权更为广泛,其行使不受合同性质或形式的限制。只要满足法定的三种撤销情形,赠与人可以撤销任何性质或形式的合同,包括经过公证的赠与合同或具有公益、道德义务性质的赠与合同,而任意撤销权是不能撤销这两类赠与合同的。

此外,根据《民法典》第六百六十四条第一款的规定:"因受赠人的违法行为致使赠与人死亡或者丧失民事行为能力的,赠与人的继承人或者法定代理人可以撤销赠与。"

四是法定撤销权的除斥期间为一年或六个月。任意撤销权只要在赠与财产权利转移之前即可行使,但法定撤销权因其适用于所有赠与合同,因此民法典规定其行使时间即除斥期间为一年,自知道或者应当知道撤销事由之日起一年内行使;赠与人的继承人、法定代理人撤销权的形式,自知道或者应当知道撤销事由之日起六个月内行使。

(3) 什么是赠与人的穷困抗辩权?

赠与人应当按照赠与合同的约定,履行赠与义务,若赠与人的经济状况显著恶化,严重影响其生产经营或者家庭生活的,可以不再履行赠与义务,这就是赠与人的穷困抗辩权。另外,根据《慈善法》的规定:"捐赠人公开承诺捐赠或者签订书面捐赠协议后经济状况显著恶化,严重影响其生产经营或者家庭生活的,经向公开承诺捐赠地或者书面捐赠协议签订地的民政部门报告并向社会公开说明情况后,可以不再履行捐赠义务"。

穷困抗辩权是情势变更原则在赠与合同中的体现,赠与合同的前提是赠与人具有较为优越的经济条件,一旦丧失这一前提条件,赠与就失去了存在的意义,若继续要求赠与人履行义务,势必使其陷入困境,这既不符合赠与制度扶贫济困的目的,也不符合社会道德,因此法律赋予赠与人穷困抗辩权。穷困抗辩权只能在赠与义务全部履行之前行使,若赠与义务已经部分履行的,赠与人可以拒绝尚未履行的赠与义务,但是,对于履行的部分,没有要求返还赠与物的权利,这是抗辩权与撤销权不同的地方。另外,在赠与人行使穷困抗辩权之后,即使其经济状况好转,也无须继续履行赠与义务。

(4) 什么是赠与财产的瑕疵担保责任?

在有偿合同中,交付物品的一方应承担瑕疵担保责任,因为其获得了对价收益。赠与合同基于其单务和无偿性,因此在一般情况下,赠与人对赠与财产的质量瑕疵不承担责任。《民法典》第六百六十二条第一款规定:"赠与的财产有瑕疵的,赠与人不承担责任。"但是,有两个例外:

一是附义务的赠与。既然赠与合同给受赠人附加了某种义务,受赠人取得财产就不是无偿的,赠与人理应承担在所附义务限度内的瑕疵担保责任。《民法典》第六百六十二条第一款规定:"赠与的财产有瑕疵的,赠与人不承担责任。附义务的赠与,赠与的财产有瑕疵的,赠与人在附义务的限度内承担与出卖人相同的责任。"

二是赠与人故意不告知瑕疵或者保证无瑕疵的,造成受赠人损失的,应当承担赔偿责任。这是从诚实信用原则出发,要求赠与人在赠与活动中遵循诚信原则,不能故意造成受赠人的损失,也不能对于无把握的赠与财产的品质作出夸大保证,误导受赠人,从而造成损失。例如,甲公司采购了一批电子设备捐赠给了一家养老机构,公司声称捐赠的电子设备质量合格,没有任何问题,可以正常使用,但是养老机构在给设备正常充电的过程中,设备爆炸,引起了火灾。对于养老机构的损失,甲公司应当承担赔偿责任。

(5)公益性捐赠有哪些特殊规定?

一是《公益事业捐赠法》和《慈善法》对公益性捐赠规定了更加严格的要求:

第一,受益人的限制。捐赠人与慈善组织约定捐赠财产的用途和受益人时,不得指定捐赠人的利害关系人作为受益人。

第二,宣传的限制。任何组织和个人不得利用慈善捐赠违反法律规定宣传烟草制品,不得利用慈善捐赠以任何方式宣传法律禁止宣传的产品和事项。

第三,瑕疵担保责任的扩大。捐赠人捐赠本企业产品的,应当依法承担产品质量责任和义务。

二是公益性捐赠可以进行税前抵扣。

《企业所得税法》规定:"企业发生的公益性捐赠支出,在年度利润总额12%以内的部分,准予在计算应纳税所得额时扣除;超过年度利润总额12%的部分,准予结转以后三年内在计算应纳税所得额时扣除。"《个人所得税法》规定:"个人将其所得对教育、扶贫、济困等公益慈善事业进行捐赠,捐赠额未超过纳税人申报的应纳税所得额30%的部分,可以从其应纳税所得额中扣除。"

为上述两个规定能顺利实施,财政部、税务总局、民政部从2008年开始陆续出台了有关公益性捐赠税前扣除资格有关问题的通知、指引等,2020年5月公布了最新有效的《关于公益性捐赠税前扣除有关事项的公告》(以下简称《公告》),《公告》规定,企业或个人通过公益性社会组织、县级以上人民政府及其部门等国家机关,用于符合法律规定的公益慈善事业捐赠支出,准予按税法规定在计算应纳税所得额时扣除。

近年来,我国公益事业快速发展,截止到2020年6月21日,全国的社会组织有87.6万余家,在扶贫、济困;扶老、救孤、恤病、助残、优抚;救助自然灾害、事故灾难和公共卫生事件等突发事件;防治污染和其他公害,保护和改善生态环境;促进教育、科学、文化、卫生、体育等事业的发展,以及推动其他公益事业发展发挥了重要作用。

(6)为什么严禁党员干部在救灾救济款物分配中优亲厚友?

俗话说"一方有难八方支援",捐赠正是社会爱心的体现,捐赠款项应当用于最急需的群众身上,才能发挥其最大功效。如果党员干部在分配救灾救济物资中有不公正、不公平行为的,不仅可能导致捐赠人撤销捐赠,党员干部还会受到党纪处分。《中国共产党纪律处分条例》(2018年修订)第114条规定:"在社会保障、政策扶持、扶贫脱贫、救灾救济款物分配等事项中优亲厚友、明显有失公平的,给予警告或者严重警告处分;情节较重的,给予撤销党内职务或者留党察看处分;情节严重的,给予开除党籍处分。"党员干部要始终把人民群众的利益放在第一位,正确看待公益捐赠,不搞特权。

53 借款合同

借贷关系在社会生活中频繁发生,是周转资金和融资的重要手段。特别是在互联网时代,网络贷款成为很多人特别是年轻人的选择,P2P 也一度成为热门的理财方式,但是,近年来发生的年轻人深陷网贷陷阱被高利贷逼得跳楼、投资人因 P2P 公司"爆雷"而血本无归等社会事件,警醒着人们要更为审慎地对待借款合同。民法典在借款合同中明确禁止高利贷,是法律的一大亮点。

(1) 借款合同有哪些法律特征?

借款合同,是指借款人向贷款人借款,到期返还借款并支付利息的合同。借款合同有三个方面的特征。

第一,借款合同是书面合同,自然人之间的民间借贷例外。《民法典》第六百六十八条第一款规定:"借款合同应当采用书面形式,但是自然人之间借款另有约定的除外。"因此,除了民间借贷关系可以用口头等其他形式外,借款合同原则上应当为书面形式。

第二,借款合同自合同依法成立时生效,但自然人之间的民间借贷以提供借款时成立。《民法典》第五百零二条第一款规定:"依法成立的合同,自成立时生效,但是法律另有规定或者当事人另有约定的除外。"对于借款合同,如果当事人之间没有另行约定生效时间的,自合同成立时生效。但是,根据《民法典》第六百七十九条的规定:"自然人之间的借款合同,自贷款人提供借款时成立。"因此,民间借贷关系中,以提供贷款作为合同生效要件,可见民间借贷属于实践性合同,即除了当事人意思表示一致以外,合同的生效还需要提供借款。在合同生效之后,贷款人就不再负担任何义务,只有借款人负担到期还款以及按约支付利息的义务。

第三,借款合同原则上需要支付利息,但自然人之间的民间借贷例外。根据民法典的规定,借款合同对利息没有约定的,视为没有利息。除此之外,借款合同均应认为有利息,对支付利息约定不明确,当事人不能达成补充协议的,按照当地或者当事人的交易方式、交易习惯、市场利率等因素确定利息。但是,民间借贷关系中,根据《民法典》第六百八十条第三款的规定:"借款合同对支付利息约定不明确,当事人不能达成补充协议的,按照当地或者当事人的交易方式、交易习惯、市场利率等因素确定利息;自然人之间借款的,视为没有利息"。

（2） 借款人有哪些义务和责任？

一是借款人提供真实情况的义务。《民法典》第六百六十九条规定："订立借款合同，借款人应当按照贷款人的要求提供与借款有关的业务活动和财务状况的真实情况。"

二是向贷款人定期提供会计报表或其他资料。《民法典》第六百七十二条规定："贷款人按照约定可以检查、监督借款的使用情况。借款人应当按照约定向贷款人定期提供有关财务会计报表或者其他资料。"

三是借款人按约定用途使用借款。《民法典》第六百七十三条规定："借款人未按照约定的借款用途使用借款的，贷款人可以停止发放借款、提前收回借款或者解除合同。"

四是借款人按约定期限支付利息。《民法典》第六百七十四条规定："借款人应当按照约定的期限支付利息。对支付利息的期限没有约定或者约定不明确，依据本法第五百一十条的规定仍不能确定，借款期间不满一年的，应当在返还借款时一并支付；借款期间一年以上的，应当在每届满一年时支付，剩余期间不满一年的，应当在返还借款时一并支付。"

五是借款人按约定返还借款。《民法典》第六百七十五条规定了借款人返还借款的期限："借款人应当按照约定的期限返还借款。对借款期限没有约定或者约定不明确，依据本法第五百一十条的规定仍不能确定的，借款人可以随时返还；贷款人可以催告借款人在合理期限内返还。"第六百七十六条规定了借款人逾期返还借款的责任："借款人未按照约定的期限返还借款的，应当按照约定或者国家有关规定支付逾期利息。"

（3） 民法典对提前还款与借款展期有哪些规定？

民法典肯定了借款人提前清偿债务的规则，并就利息计算作出了规定。《民法典》第六百七十七条规定："借款人提前返还借款的，除当事人另有约定外，应当按照实际借款的期间计算利息。"借款人提前清偿债务，应当准许，只有一个除外情况，即当事人另有约定不能提前清偿的，债务人应当遵守约定义务，不得提前清偿。这是因为，如果双方约定了利息，借款人提前返还借款的，将会直接减少借款的利息收入，对债权人利益有一定损害。

关于借款展期，《民法典》第六百七十八条规定："借款人可以在还款期限届满前向贷款人申请展期；贷款人同意的，可以展期"。借款到期后就应当偿还，这是民法典要求当事人应当遵守的诚信义务，但如果借款人到期无法借款的，可以向贷款人提出展期申请，经贷款人同意后可以展期。由于借款合同经常伴随着担保关系，借款合同展期而担保合同并做变更的，根据最高人民法院的相关判例，担保合同也并不必然失效，因为借款展期只是变更了原借款合同的还款期限，并未产生新的债权债务关系，借款人以其真实意思表示承诺原担保合同继续担保展期后的债务的，即使双方并未重新签署担保协议，原担保权仍然有效。

（4） 借款利息为什么不得预先扣除？

在某些民间借贷纠纷中，一些贷款人为了确保收回利息，在提供借款时预先将利息从本金中扣除，借款人实际获得的借款数额并不是合同中约定的数额，而是本金扣除利息之后的数额。这种做法影响了借款人资金的正常使用，单方加重了借款人的资金成本，严重损害了借款人的合法权益，属于显失公平的行为。因此，原合同法及相关司法解释规定了借款利息不得预先扣除，民法典对此加以确认，第六百七十条规定："借款的利息不得预先在本金中扣除。利息预先在本金中扣除的，应当按照实际借款数额返还借款并计算利息"。

（5） 为什么严禁高利放贷？

关于高利放贷，《民法典》第六百八十条第一款、第二款规定："禁止高利放贷，借款的利率不得违反国家有关规定。借款合同对支付利息没有约定的，视为没有利息"。在此之前，有关高利贷的规则都是通过司法解释的形式出现，比如《最高人民法院关于审理民间借贷案件适用法律若干问题的规定》等，而且也并未明确禁止高利放贷。在民法典中，高利贷被明确禁止，这是立法上的首次规定。

目前关于借款利率的规定，主要依据的是最高人民法院 2015 年发布的《关于审理民间借贷案件适用法律若干问题的规定》第二十六条："借贷双方约定的利率未超过年利率24%，出借人请求借款人按照约定的利率支付利息的，人民法院应予支持。借贷双方约定的利率超过年利率36%，超过部分的利息约定无效。借款人请求出借人返还已支付的超过年利率36%部分的利息的，人民法院应予支持。"这即是关于最高利率限额的"两限三区"的规定：利息在年利率在 24% 以内的受法律保护，年利率在 24%—36% 的属于自然债务，债务人可清偿可不清偿，年利率超过 36% 的部分不受法律保护。

54 保证合同

作为一种具有代表性的有名合同，保证合同并没有出现在《合同法》中，有关它的规定散见于《担保法》《最高人民法院关于适用〈中华人民共和国担保法〉若干问题的解释》《民法通则》以及其他法律规范之中，由于没有成体系的规范，导致保证合同在效力认定方面依据不同的规范得出的结论时有冲突。民法典合同编在有名合同中增加了保证合同，完善了立法，对确保交易安全有着重大意义。

（1）保证合同的概念与性质是什么？

《民法典》第六百八十一条规定了保证合同的定义："保证合同是为保障债权的实现，保证人和债权人约定，当债务人不履行到期债务或者发生当事人约定的情形时，保证人履行债务或者承担责任的合同。"《担保法》第六条对保证的规定是："本法所称保证，是指保证人和债权人约定，当债务人不履行债务时，保证人按照约定履行债务或者承担责任的行为。"担保法中保证人承担保证责任的前提只有一个：债务人不履行债务；而民法典在此之外，增加了当事人可以在保证合同中对保证人承担保证责任的情形进行约定的规定，尊重当事人的意思自治。

保证合同具有从属性。《民法典》第六百八十二条规定："保证合同是主债权债务合同的从合同。主债权债务合同无效的，保证合同无效，但是法律另有规定的除外。保证合同被确认无效后，债务人、保证人、债权人有过错的，应当根据其过错各自承担相应的民事责任。"原担保法规定："担保合同是主合同的从合同，主合同无效，担保合同无效。担保合同另有约定的，按照约定。"民法典取消了保证合同独立性的约定，只要主合同无效的，保证合同就确定无效，除非法律另有规定，当事人不能约定主合同无效而保证合同有效。这是因为，保证合同的目的即在于主债权债务合同的实现，因此，主合同无论是被直接认定为无效还是因为其他原因而被归为无效，保证债务也就不具备相应的内容，因而法律认定保证合同同时归于无效，除非法律有另外的规定。如果允许当事人约定保证合同的效力，则必然会导致主合同无效而从合同仍然生效的局面，这是不符合保证合同的法律目的的。

什么是从属性？可以参考 2019 年 11 月 8 日最高人民法院发布的《全国法院民商事审判工作会议纪要》第五十四条对独立担保问题的解释：从属性是担保的基本属性，但由银行或者非银行金融机构开立的独立保函除外。……银行或者非银行金融机构之外的当事人开立的独立保函，以及当事人有关排除担保从属性的约定，应当认定无效。但是，根据"无效法律行为的转换"原理，在否定其独立担保效力的同时，应当将其认定为从属性担保。此时，如果主合同有效，则担保合同有效，担保人与主债务人承担连带保证责任。主合同无效，则该所谓的独立担保也随之无效，担保人无过错的，不承担责任；担保人有过错的，其承担民事责任的部分，不应超过债务人不能清偿部分的三分之一。

（2）保证有哪些方式？

保证的方式包括一般保证和连带责任保证。当事人在保证合同中对保证方式没有约定或者约定不明确的，按照一般保证承担保证责任。原《担保法》第十九条规定，当事人对保证方式没有约定或者约定不明确的，按照连带责任保证承担保证责任。对于保证方式没有约定或约定不明的处理，民法典规定按"一般保证"承担保证责任，相比于担保法的"连带责任保证",对保证人来说更有利。

关于一般保证人的先诉抗辩权。在一般保证中,只有当债务人"不能履行债务"时,保证人才承担保证责任,保证人有权主张先诉抗辩权。《民法典》第六百八十七条规定:"当事人在保证合同中约定,债务人不能履行债务时,由保证人承担保证责任的,为一般保证。一般保证的保证人在主合同纠纷未经审判或者仲裁,并就债务人财产依法强制执行仍不能履行债务前,有权拒绝向债权人承担保证责任,但是有下列情形之一的除外:(一)债务人下落不明,且无财产可供执行;(二)人民法院已经受理债务人破产案件;(三)债权人有证据证明债务人的财产不足以履行全部债务或者丧失履行债务能力;(四)保证人书面表示放弃本款规定的权利。"

关于连带责任保证。在连带责任保证中,无论债务人因何原因"没有履行债务",债权人均可以要求保证人承担保证责任,保证人没有先诉抗辩权。《民法典》第六百八十八条规定:"当事人在保证合同中约定保证人和债务人对债务承担连带责任的,为连带责任保证。连带责任保证的债务人不履行到期债务或者发生当事人约定的情形时,债权人可以请求债务人履行债务,也可以请求保证人在其保证范围内承担保证责任。"

(3) 保证责任有哪些内容?

一是保证范围。《民法典》第六百九十一条规定:"保证的范围包括主债权及其利息、违约金、损害赔偿金和实现债权的费用。当事人另有约定的,按照其约定"。

二是保证期间。根据《民法典》第六百九十二条的规定,保证期间是确定保证人承担保证责任的期间,不发生中止、中断和延长。保证期间的确定原则:第一,债权人可与保证人约定保证期间,但约定的期间早于主债务履行期限或者与主债务履行期限同时届满的,视为没有约定;第二,没有约定或约定不明确的,保证期间为主债务履行期限届满之日起六个月;第三,主债务履行期限没有约定或者约定不明确的,保证期间自债权人请求债务人履行债务的宽限期届满之日起计算。另外,保证期间不发生中止、中断和延长。期间是固定的,即使出现不可抗力也是固定的。债权人和债务人变更主债权债务合同的履行期限,未经保证人书面同意的,保证期间不受影响。

三是保证责任的消灭。根据《民法典》第六百九十三条的规定,一般保证的债权人未在保证期间对债务人提起诉讼或者申请仲裁的,保证人不再承担保证责任。连带责任保证的债权人未在保证期间请求保证人承担保证责任的,保证人不再承担保证责任。

四是保证债务的诉讼时效。《民法典》第六百九十四条规定:"一般保证的债权人在保证期间届满前对债务人提起诉讼或者申请仲裁的,从保证人拒绝承担保证责任的权利消灭之日起,开始计算保证债务的诉讼时效。连带责任保证的债权人在保证期间届满前请求保证人承担保证责任的,从债权人请求保证人承担保证责任之日起,开始计算保证债务的诉讼时效。"

（4）民法典对保证人有哪些限制？

关于对保证人的限制，《民法典》第六百八十三条规定了不得担任保证人的主体范围，即："机关法人不得为保证人，但是经国务院批准为使用外国政府或者国际经济组织贷款进行转贷的除外。以公益为目的的非营利法人、非法人组织不得为保证人"。

一是机关法人不得为保证人。根据《民法典》第九十七条规定可知，机关法人是指成立的有独立经费的机关和承担行政职能的法定机构。机关法人的经费一般都属于国有资产，机关法人若作为保证人，国有资产也承担着较大的风险，不利于国家的安全与稳定。但机关法人不得为保证人也有例外情况：国务院批准为使用外国政府或者国际经济组织贷款进行转贷的除外。

二是以公益为目的的非营利法人、非法人组织不得为保证人。根据《民法典》第八十七条规定：以公益目的的非营利法人主要包括：事业单位、社会团体、基金会、社会服务机构等。以公益为目的的非营利法人、非法人组织的资金主要来自社会捐赠、政府扶持，其资金具有"社会属性"。另外，该类非营利法人、非法人组织具有"公益属性"，存在的目的是为了社会公共利益。所以，对资金的管理使用需要遵循合法、安全、有效的原则，不得将资产用于不符合公益目的的用途，损害社会资产。

（5）保证人有哪些权利？

在保证合同关系中，存在着三组相对的权利义务关系：债权人与债务人之间的权利义务；债务人与保证人之间的权利义务；还有债权人与保证人之间的权利义务。重点要注意三个方面的内容。

一是保证人的追偿权。《民法典》第七百条规定了保证人的追偿权："保证人承担保证责任后，除当事人另有约定外，有权在其承担保证责任的范围内向债务人追偿，享有债权人对债务人的权利，但是不得损害债权人的利益。"保证人享有追偿权的前提是其已经承担了保证责任，即其实际进行了债务的清偿或赔偿的义务。追偿权的行使范围是保证人承担保证责任的范围内，涵盖保证人因履行保证责任所受的一切损失，即实际承担的主债务的数额、法定利息及相关费用。

二是保证人的抗辩权。《民法典》第七百零一条规定："保证人可以主张债务人对债权人的抗辩。债务人放弃抗辩的，保证人仍有权向债权人主张抗辩"。保证合同相对于主债权债务合同而言具有附属性，而保证人基于这样的合同而代替债务人偿还债务。为了保障保证人的利益，避免保证人在"代人受过"之后还要向债务人进行追索，法律因此赋予其债务人的抗辩权，即使债务人放弃抗辩的，保证人的抗辩权并不当然灭失。

三是保证人的拒绝履行权。《民法典》第七百零二条规定："债务人对债权人享有抵销权或者撤销权的，保证人可以在相应范围内拒绝承担保证责任。"抵销是指双方互负同类给付债务时,各以其债权充当债务进行清偿,而使其债务与对方的债务在对等额度内互相消灭。当保证合同所担保的主合同中债权人和债务人之间存在可以相互抵销的事实时,不仅债务人可以主张抵销权,保证人也可以主张。撤销权制度是为了贯彻意思自治原则,撤销权人可以将意思表示不真实的行为加以撤销,如撤销被胁迫、欺诈而订立的合同。如果债务人对债权人享有撤销权的,该权利同样可以被保证人所享有。

55 物业服务合同

物业服务合同,是指物业服务人在物业服务区域内,为业主提供建筑物及其附属设施的维修养护、环境卫生和相关秩序的管理维护等物业服务,业主支付物业费的合同。物业服务合同是民法典新增的典型合同之一。在此之前,为了规范物业管理活动,维护业主和物业服务企业的合法权益,2003 年国务院制定了《物业管理条例》,该条例分别于 2007年、2016 年、2018 年进行了修改,这是物业管理领域唯一的行政法规。近些年,因物业服务产生的纠纷逐渐增多。中国裁判文书网公布的案例统计数据显示,截止到 2020 年 6 月21 日,物业服务合同纠纷案件有 199 万余件,占到合同纠纷的 10.3%。将物业服务合同纳入民法典中,体现了国家对物业管理的重视,对规范物业行业,促进物业行业发展,维护业主权益具有重要意义。

(1) 物业服务合同如何订立?

物业服务合同应当采取书面形式。因物业服务合同关系到诸多业主的权益,有关服务费用的标准和收取办法、维修资金的使用等内容以书面形式予以确定,不易产生争议,降低违约风险。

关于物业服务合同的内容,《民法典》第九百三十八条第一款、第二款规定:"物业服务合同的内容一般包括服务事项、服务质量、服务费用的标准和收取办法、维修资金的使用、服务用房的管理和使用、服务期限、服务交接等条款。物业服务人公开作出的有利于业主的服务承诺,为物业服务合同的组成部分"。

(2) 物业服务人有哪些义务?

关于物业服务人的一般义务。《民法典》第九百四十二条规定:"物业服务人应当按照约定和物业的使用性质,妥善维修、养护、清洁、绿化和经营管理物业服务区域内的业主共有部分,维护物业服务区域内的基本秩序,采取合理措施保护业主的人身、财产安全。对物业服务区域内违反有关治安、环保、消防等法律法规的行为,物业服务人应当及时采取合理措施制止、向有关行政主管部门报告并协助处理。"

物业服务人提供服务的主要内容是建筑物共有部分的维护,比如整个小区的安全保障和绿化、清洁等,这种服务是面向全体业主提供的、不可分的服务。需要注意的是,《民法典》第一千二百五十四条规定,如果有从建筑物中抛掷物品或者从建筑物中坠落的物品造成他人损害的,物业服务企业等建筑物管理人应当采取必要的安全保障措施防止此类情形的发生;未采取必要的安全保障措施的,应当依法承担未履行安全保障义务的侵权责任。这即是物业服务人应当履行的安全保障义务。

关于物业服务人的信息公开义务。《民法典》第九百四十三条规定:"物业服务人应当定期将服务的事项、负责人员、质量要求、收费项目、收费标准、履行情况,以及维修资金使用情况、业主共有部分的经营与收益情况等以合理方式向业主公开并向业主大会、业主委员会报告。"

将物业服务费的具体项目和计费标准予以公开,将维修资金使用情况、业主共有部分的经营与收益情况进行公开是非常重要的,实践中很多物业纠纷都与上述费用或资金的使用情况不公开、不透明有关。

关于物业服务人的移交义务。《民法典》第九百四十九条规定:"物业服务合同终止的,原物业服务人应当在约定期限或者合理期限内退出物业服务区域,将物业服务用房、相关设施、物业服务所必需的相关资料等交还给业主委员会、决定自行管理的业主或者其指定的人,配合新物业服务人做好交接工作,并如实告知物业的使用和管理状况。原物业服务人违反前款规定的,不得请求业主支付物业服务合同终止后的物业费;造成业主损失的,应当赔偿损失。"

关于物业服务人的后合同义务。《民法典》第九百五十条规定:"物业服务合同终止后,在业主或者业主大会选聘的新物业服务人或者决定自行管理的业主接管之前,原物业服务人应当继续处理物业服务事项,并可以请求业主支付该期间的物业费。"

基于诚信原则,物业服务人在合同终止之后负有通知、协助、保密等后合同义务,但通常来说不包括继续提供物业服务的义务。民法典之所以如此规定,是因物业服务合同是持续性合同,物业服务人要维护小区的基本秩序,保护业主的人身、财产安全,如果在新旧物业服务人之间出现空档,不仅影响到业主的个人权益,还会影响到小区内的公共秩序和他人安全,所以有必要将物业服务人的"继续处理物业服务事项"作为后合同义务加以规定。

(3) 业主有哪些义务?

第一,业主有支付物业费的义务。《民法典》第九百四十四条规定:"业主应当按照约定向物业服务人支付物业费。物业服务人已经按照约定和有关规定提供服务的,业主不得以未接受或者无需接受相关物业服务为由拒绝支付物业费。业主违反约定逾期不支付物业费的,物业服务人可以催告其在合理期限内支付;合理期限届满仍不支付的,物业服务人可以提起诉讼或者申请仲裁。物业服务人不得采取停止供电、供水、供热、供燃气等方式催交物业费。"

在钟伟、四川森诚物业服务有限公司物业服务合同纠纷一案中,钟伟认为其所居住的12栋不在森诚物业的服务范围内,且森诚物业未提供安保等物业服务,不应该缴纳物业费。经法院审理查明,森诚物业的服务范围在1—20栋,钟伟居住的12栋在物业服务范围内,另钟伟提交的保安巡逻签到表和监控视频的载体内容,证实了森诚物业公司对12栋提供了安保巡逻服务,钟伟未提供可不予缴纳物业服务费的法律依据和事实依据,法院对其主张未予支持。

需要注意的是,民法典明确规定了,物业服务人不得采取停止供电、供水、供燃气等方式催交物业费。以往,物业服务人采取停电、停水等方式催交物业费的案例不在少数,而根据合同的相对性原则,物业服务人是无权停电、停水的。比如,供用电合同规制的是供电人和用电人的关系,符合法定条件的,供电人可以中止供电。物业服务人不是供电人,自然不享有中止供电权。同理,物业服务人也无权中止供水、供燃气、供热。对于业主拖欠物业费的,物业服务人可以催告其在合理期限内支付;合理期限届满仍不支付的,物业服务人可以提起诉讼或者申请仲裁。

第二,业主有告知、协助义务。《民法典》第九百四十五条规定:"业主装饰装修房屋的,应当事先告知物业服务人,遵守物业服务人提示的合理注意事项,并配合其进行必要的现场检查。业主转让、出租物业专有部分、设立居住权或者依法改变共有部分用途的,应当及时将相关情况告知物业服务人。"

(4) 业主任意解除权是什么?

《民法典》第九百四十六条规定:"业主依照法定程序共同决定解聘物业服务人的,可以解除物业服务合同。决定解聘的,应当提前六十日书面通知物业服务人,但是合同对通知期限另有约定的除外。依据前款规定解除合同造成物业服务人损失的,除不可归责于业主的事由外,业主应当赔偿损失。"该条赋予了业主对物业服务合同的任意解除权,在实践中,业主行使该权利须按《民法典》第二百七十八条规定的议事规则形成决议后(即业主共同决定事项,应当由专有部分面积占比三分之二以上的业主且人数占比三分之二以上的业主参与表决,经参与表决专有部分面积过半数的业主且参与表决人数过半数的业主同意),提前六十日书面通知物业服务人。该权利是法律赋予的权利,业主行使该权利不属于违约,无须承担违约责任,但给物业服务人造成损失的,应当承担赔偿责任。

(5) 物业合同续订有哪些规则?

《民法典》第九百四十七条和第九百四十八条规定了物业服务合同的续订规则,包括:

一是物业服务期限届满前,业主依法共同决定续聘的,应当与原物业服务人在合同期限届满前续订物业服务合同。

二是物业服务期限届满前,物业服务人不同意续聘的,应当在合同期限届满前九十日书面通知业主或者业主委员会,但是合同对通知期限另有约定的除外。

三是如果物业服务期限届满后,业主没有依法作出续聘或者另聘物业服务人的决定,物业服务人继续提供物业服务的,原物业服务合同继续有效,但是服务期限为不定期。当事人可以随时解除不定期物业服务合同,但是应当提前六十日书面通知对方。

第四编　人　格　权

　　人格权是民事主体享有的特定的人格利益和权利。人格权关系到每个民事主体尤其是自然人的人格尊严,是民事主体最基本的权利。民法典人格权编对与人格权相关并现行有效的法律法规和司法解释进行了全面梳理,从民事法律规范的角度规定自然人和其他民事主体人格权的内容、边界和保护方式,是中国特色社会主义法治体系创新和发展的重要体现。由于民法典人格权编调整的是平等民事主体的人格权益法律关系,因而不涉及公民的政治、社会等方面权利。

56　人格权保护制度

　　党的十九大报告提出,我国社会主要矛盾已经转化为人民日益增长的美好生活需要和不平衡不充分的发展之间的矛盾。在全面建成小康社会、物质生活得到全面保障的大背景下,人民群众希望过上更有尊严、更加体面的生活。民法典人格权编回应了这一时代要求,体现了以人民为中心的发展思想。

（1）什么是人格权?

　　人格权是民事主体基于其人身自由、人格尊严而产生的具体人格权益。《民法典》第九百九十条规定:"人格权是民事主体享有的生命权、身体权、健康权、姓名权、名称权、肖像权、名誉权、荣誉权、隐私权等权利。"由于人格利益随着社会的发展和进步会有更多的可能性,民法典不仅回应现实需求,新增加了声音权、艺名、笔名、信用评价等原来没有规定的人格权益,而且还做了兜底规定:"除前款规定的人格权外,自然人享有基于人身自由、人格尊严产生的其他人格权益"。因此,凡是侵犯他人人身自由、人格尊严的,无论是法律已明确的具体人格权,还是尚未被命名的人格利益,均属于侵权行为,应承担民事责任。

（2）人格权独立成编有何意义和价值？

党和国家一直高度重视对人权、人格权的保护。早在 1987 年《民法通则》就专门对若干重要人格权作出了规定；2009 年《侵权责任法》又进一步对侵害人格权应承担的民事责任作出了具体规定，并扩充了人格权体系；2004 年宪法修正案明确将"国家尊重和保障人权"写入宪法，《宪法》第三十八条规定："公民的人格尊严不受侵犯"。2017 年，党的十九大报告提出，"中国特色社会主义进入新时代，我国社会主要矛盾已经转化为人民日益增长的美好生活需要和不平衡不充分的发展之间的矛盾。我国稳定解决了十几亿人的温饱问题，总体上实现小康，不久将全面建成小康社会，人民美好生活需要日益广泛，不仅对物质文化生活提出了更高要求，而且在民主、法治、公平、正义、安全、环境等方面的要求日益增长"。"加快社会治安防控体系建设，依法打击和惩治黄赌毒黑拐骗等违法犯罪活动，保护人民人身权、财产权、人格权。"在基本的物质生活得到充分保障的背景下，人民群众有了更高水平的精神生活追求，希望过上更有尊严、更加体面的生活。十九大报告专门提出对人格权的保护，彰显了党对人民的新期待的高度重视，而民法典人格权编从无到有、单独成编，正是回应了这一时代要求。

有专家认为，人格权单独成编，是民法典最大的亮点，不仅弥补了传统民法典"见物不见人"的缺漏，而且为人格权未来的发展提供了足够的空间，更重要的是从根本上满足了新时代人民群众对于美好生活的追求。人格权编的设置，以更高规格的独立姿态印证了民法典以人为本的价值理念，体现了民法典注重人的精神追求的更深层次的人文关怀，将更有助于保障公民的基本人格权利。

（3）人格权保护有哪些亮点？

民法典的出台正值社会发展、技术进步的加速时期，人格权编的设置充分体现和回应了新时代对于人格权保护的新要求。

第一，生命权、身体权、健康权在人格权保护中具有优越地位。生命权除了生命安全外，还包括了生命尊严；身体权除了自然人的身体完整外，还涵盖了行动自由；而健康权的范围也从狭义的身体健康扩展到了心理和精神健康。

第二，确立了人格权保护禁令制度。以往的司法实践中，人格权救济只能通过侵权责任法实现，即权益受到损害再主张维权。人格权保护禁令制度对人格权的保障"提前"了一大步：当人格权存在受损的风险或者危险时，权利人即可主张行为人停止行为、消除危险，不需要证明侵权造成的损害，也不需要证明行为人的主观过错。

第三，对科技时代新型人格权益的承认和保护。随着人工智能技术的发展，语音识别技术具有越来越广泛的应用前景，人格权编为此规定了声音权，参照适用肖像权的保护规定。此外，AI 换脸技术给受害人会造成严重损害，为此，民法典规定了禁止利用信息技术手段伪造等方式侵害肖像权。

第四,明确将个人私人生活安宁规定在隐私权中,禁止通过电话、短信、电子邮件等方式侵扰他人的私人生活安宁;禁止非法进入、窥视、拍摄他人的住宅、宾馆住房等私密空间;禁止拍摄、录制、窥视、窃听他人的私密活动等,有助于保障社会生活的安定有序。

第五,在反性骚扰规定中,不仅制止个人的性骚扰行为,还规定了单位的责任。人格权编中的性骚扰条款特别规定了,机关、企业、学校等单位应当采取合理的预防、受理投诉、调查处置等措施,防止和制止利用职权、从属关系等实施的性骚扰行为。

57 人格权保护禁令制度

人格权保护禁令制度彰显了人格权法独特的损害预防功能,是人格权编的一大亮点。该制度的适用并不以行为人构成侵权为前提,在适用范围、法律效力等方面具有独特性。

(1) 什么是人格权保护禁令制度?

关于人格权保护禁令,《民法典》第九百九十七条规定:"民事主体有证据证明行为人正在实施或者即将实施侵害其人格权的违法行为,不及时制止将使其合法权益受到难以弥补的损害的,有权依法向人民法院申请采取责令行为人停止有关行为的措施"。从上述规定来看,人格权保护禁令制度是一种预防性保护制度,只要民事主体能够证明侵害其人格权的行为有发生的可能性,不及时制止将损害其人格权益,权利人即有权向法院申请保护禁令,责令行为人停止侵权、消除危险。比如,权利人能够证明行为人的举动很可能会侵害其名誉,即使该行为是否侵权还未经法院查明,权利人即可申请法院裁定暂停其可能的侵权行为,从而保护自己的名誉。

(2) 人格权保护禁令与诉前行为保全有何区别?

中国法院网 2013 年 3 月 25 日报道的《网络发帖侵犯名誉权 都昌法院首发诉前禁令》一文中提及:2013 年 3 月 21 日,刘某在网站发现一题名为《这样贪污成风作风败坏的领导,上级难道不知道?》的网帖,文中称刘某存在工作作风腐败,经常收受他人好处费以及与下属存在不正当男女关系等九类劣迹行为,帖中涉及的人名、工作等内容均与刘某相符。刘某气愤难耐,次日便到都昌法院以发帖人"要网名干嘛"为被告申请预立案,并申请法院禁止"要网名干嘛"继续刊登该涉讼网帖,以防影响进一步扩大。3 月 22 日,江西省都昌县人民法院网事审判庭发出"(2013)都网初字第 2 号"民事裁定书,裁定禁止网名为"要网名干嘛"的被告继续刊登题名为《这样贪污成风作风败坏的领导,上级难道不知道?》的文章。

这是全国第一份针对网络侵权发出的诉前禁令,依据的是民事诉讼法中的诉前行为保全规定。《民事诉讼法》第一百条规定:"人民法院对于可能因当事人一方的行为或者其他原因,使判决难以执行或者造成当事人其他损害的案件,根据对方当事人的申请,可以裁定对其财产进行保全、责令其作出一定行为或者禁止其作出一定行为;当事人没有提出申请的,人民法院在必要时也可以裁定采取保全措施。"第一百零一条规定:"利害关系人因情况紧急,不立即申请保全将会使其合法权益受到难以弥补的损害的,可以在提起诉讼或者申请仲裁前向被保全财产所在地、被申请人住所地或者对案件有管辖权的人民法院申请采取保全措施。申请人应当提供担保,不提供担保的,裁定驳回申请。"

诉前行为保全虽然也能产生制止侵害人格权行为的效果,但该制度与诉前财产保全一样,对诉讼有依附性,主要目的在于保障将来判决的执行。与此不同的是,民法典规定的人格权保护禁令制度,主要是为了制止不法侵害行为的发生或者扩大,不仅有救济的功能,而且有预防侵害行为发生的功能。

(3) 人格权保护禁令有何必要性?

民法典首次对人格权进行了系统全面的规定,尤其是突出了对侵害人格权的法律救济。《民法典》第九百九十一条规定:"民事主体的人格权受法律保护,任何组织或者个人不得侵害。"第一千条规定:"行为人因侵害人格权承担消除影响、恢复名誉、赔礼道歉等民事责任的,应当与行为的具体方式和造成的影响范围相当。行为人拒不承担前款规定的民事责任的,人民法院可以采取在报刊、网络等媒体上发布公告或者公布生效裁判文书等方式执行,产生的费用由行为人负担。"与财产权益受侵害不同,人格权侵权更多的是精神伤害方面,损害救济也较多运用消除影响、恢复名誉、赔礼道歉等抚慰心灵的形式。但是,人格权具有不可恢复性,一旦遭遇侵害很难进行完全的补偿,比如,生命、身体、健康、名誉、隐私等人格利益被侵害后,无论是物质补偿还是精神抚慰,都难以恢复原状。为此,民法典规定了人格权保护禁令制度,对可能发生的侵害行为采取预防性措施,防患于未然,达到有效保护人格权的目的。

58 生命权保护制度

人的一切权利始于出生,终于死亡,人的生命是所有权利的载体。皮之不存,毛将焉附。生命权不仅是一项基本的民事权利,更是最基本的人权。在抗击新冠肺炎疫情过程中,中国政府采取最严格、最彻底的抗疫防控措施,将感染率和病亡率控制在最低水平,真正体现了生命至上的价值理念,以实际行动将生命权保障水准推向新高度。

(1) 国际公约和国内法对生命权的规定有哪些?

生命权是联合国人权公约所保障的首要内容,具有重大意义。1948 年通过的《世界人权宣言》是第一个规定生命权的世界性人权文件,其第三条明确规定:"人人有权享有生命、自由和人身安全"。虽然《宣言》不是国际条约,不具备国际法约束力,但它第一次在国际范围内提出了生命权的概念。1966 年通过的《公民权利和政治权利国际公约》第6 条规定:"一、人人有固有的生命权。这个权利应受法律保护。不得任意剥夺任何人的生命。"从生命权的主体来看,人人都享有这一基本权利,而且公约强调这项权利应该受到缔约国的国内法的保护,国家必须承担尊重和保障生命权的义务。

在我国,生命权的概念最早出现在 1986 年的《民法通则》中,第九十八条规定:"公民享有生命健康权"。2009 年《侵权责任法》第二条明确提出了"生命权"的概念,但并没有规定具体内容。《民法典》第一千零二条对生命权进行了法律上的界定:"自然人享有生命权。自然人的生命安全和生命尊严受法律保护。任何组织或者个人不得侵害他人的生命权"。

(2) 为什么要保护生命安全?

生命权的首要内容就是生命安全。生命安全是指在法律保障下任何人的生命不得被任意剥夺的权利,即不被杀害或不受被害威胁的权利。人首先要有"命",没有生命的存在,就没有一切。因此,当自然人的生命面对正在进行的不法侵害或者即将发生的危险时,除了可以向政府和司法机关请求制止侵害外,还有权依法采取相应的措施进行自卫,或者采取紧急避险措施以防止危险。当自然人的生命遭受不法侵害的,有权要求司法机关追究加害人的法律责任。

正如上文所述,生命权不仅是一项民事权利,还是最基本的人权。在抗击新冠肺炎疫情过程中,中国政府始终坚持人民至上、生命至上的价值理念,快速高效地调动了全国的资源和力量,全力保障了人民的生命安全。在"抗疫"期间,重症患者人均医疗费用超过15 万元,一些危重症患者治疗费用达到几十万甚至上百万元,全部由国家承担,体现了我国政府真正把人民的生命安全保护落到了实处。

(3) 为什么要保护生命尊严?

生命尊严是指人的生命具有令人尊敬、敬畏、不可侵犯的地位。《世界人权宣言》第一条即规定:"人人生而自由,在尊严和权利上一律平等。"《公民权利和政治权利国际公约》在"序言"中提到:"对人类家庭所有成员的固有尊严及其平等的和不移的权利的承认,乃是世界自由、正义与和平的基础,确认这些权利是源于人身的固有尊严。"《宪法》第三十八条也规定："中华人民共和国公民的人格尊严不受侵犯。"

生命尊严来自自然人对其生命的自我决定的能力，正是具有这种自我决定的可能性，人才能避免成为他人控制下的工具和手段，才具有尊严。当人被他人囚禁和虐待、被强迫进行惨无人道的活体实验、被杀戮时，不仅人的生命安全被侵犯，其生命尊严也受到了损害。社会的进步和科技的发展，赋予了生命尊严更多的含义，比如，病人在临终时，可以选择依赖医疗仪器以维持生命，也可以决定放弃，就体现了生命尊严的意义。进入新时代，社会积累的生产力和物质财富已经满足了人民群众的基本物质生活需求，人们有了新的、更高的诉求，渴望过上更有尊严的生活，生命尊严就有了新含义。

59 身体权保护制度

人的身体是承载生命、健康的物质载体，没有了身体，就没有了生命；身体被伤害，健康也会遭殃。虽然身体非常重要，但身体权在过去被认为是生命权或健康权的一部分。民法典不仅明确提出了身体权的概念，而且首次规定了身体权的基本内容。

（1）身体权有哪些法律规定？

虽然是一项基本的民事权利，身体权在过去一段时间的立法中却一直没有被明确规定。以往，《民法通则》第九十八条只规定了"生命健康权"，而《侵权责任法》第二条在列举民事权利时，也仅罗列了"生命权、健康权"，并没有身体权。最高人民法院颁布的《关于确定民事侵权精神损害赔偿责任若干问题的解释》第一条才明确使用了"身体权"这一概念，将身体权视为一种具体的人格权，与生命权、健康权并列。《民法典》第一千零三条规定："自然人享有身体权。自然人的身体完整和行动自由受法律保护。任何组织或者个人不得侵害他人的身体权。"可以说，民法典是第一次以立法的形式明确规定了身体权。

（2）什么是身体完整权？

身体完整权是身体权的一个重要内容，一方面，是指身体的实质组成部分有不被缺损的权利，比如强行剪掉别人的头发、整形手术失败致使被害人外在形象受损等，都属于破坏他人身体完整性、侵害其身体权的行为。另一方面，身体完整权还包括权利人对自己身体的支配权，也就是身体的整体或组成部分未经允许不得被冒犯性触碰的权利，比如向他人身上浇粪、向他人吐痰等，都属于侵害身体权的行为。强行抚摸、接吻等接触身体的性骚扰也属于侵犯身体权的行为。

（3）什么是人身自由权？

行动自由权是身体权的另一项内容,是指自然人按照自己的意志和利益,在法律规定的范围内作为和不作为,不受非法限制、剥夺、妨碍的权利。行动自由权不仅是人格权,还是一项基本的人权和宪法权利,《公民权利和政治权利公约》第九条规定:"一、人人有权享有人身自由和安全。任何人不得加以任意逮捕或拘禁。除非依照法律所确定的根据和程序,任何人不得被剥夺自由"。《宪法》第三十七条规定:"中华人民共和国公民的人身自由不受侵犯。任何公民,非经人民检察院批准或者决定或者人民法院决定,并由公安机关执行,不受逮捕。禁止非法拘禁和以其他方法非法剥夺或者限制公民的人身自由,禁止非法搜查公民的身体。"《民法典》第一千零一十一条规定:"以非法拘禁等方式剥夺、限制他人的行动自由,或者非法搜查他人身体的,受害人有权依法请求行为人承担民事责任。"比如,超市因怀疑消费者偷拿商品而对其进行非法搜身,就是侵犯了当事人的身体权。

如果权利人的身体权遭到侵害,可以向侵权人提出停止侵害、赔礼道歉、赔偿损失等请求权。

69　健康权保护制度

与生命权一样,健康权不仅是一项民事权利,也是一项基本人权。享有健康的机体和心理,是人能够享有其他权利、享受美好生活的基础。在抗击新冠肺炎疫情过程中,中国政府采取的最严格、最彻底的抗疫措施,践行了联合国公约设定的健康权保障义务,提升了健康权的保障水平。

（1）国际公约和国内立法上有哪些关于健康权的规定？

《世界人权宣言》第二十五条第一款就规定了与健康权相关的内容:"人人有权享受为维持他本人和家属的健康和福利所需的生活水准,包括食物、衣着、住房、医疗和必要的社会服务。"《经济、社会和文化权利国际公约》第十二条规定:"人人享有能达到的最高体质和心理健康的标准是一项基本人权",并列举了缔约国为实现该权利应采取的步骤。联合国经济、社会和文化权利委员会发布的专门针对健康权的第 14 号一般性意见提出了健康权的诸要素,即医疗卫生设施、物质和服务应当具有可用性、可及性、可接受性和高质量。在此基础上,《消除一切形式种族歧视国际公约》《消除对妇女一切形式歧视公约》《儿童权利公约》和《残疾人权利公约》均含有健康权的相关规定,要求缔约国根据妇女、儿童、残疾人等特定人群的健康状况,提供必要的健康保障服务。

从国内的立法来看,健康权也较早就被立法确定为一项基本民事权利。《民法通则》第九十八条规定:"公民享有生命健康权";《侵权责任法》第二条也明确规定了健康权为一项民事权利,但上述规定均未明确健康权的内容。《民法典》第一千零四条对健康权首次进行了界定:"自然人享有健康权。自然人的身心健康受法律保护。任何组织或者个人不得侵害他人的健康权。"健康权所包含的内容不仅是身体健康,还包括心理和精神健康,这是民法典人格权编的一个亮点。

(2) 为什么说中国政府的抗疫实践为健康权提供了更高水平的保护?

新冠肺炎疫情发生后,中国政府建立了高效迅速的指挥体系,确保疫情防控医疗救治资源能够覆盖全体人民。无论在城市还是乡村,所需要的物质和医疗资源都可以快捷到达,人人可享,不因经济上无力负担而失去救治机会。截至2020年5月31日,31个省、自治区、直辖市和新疆生产建设兵团累计报告确诊病例83017例,累计治愈出院病例78307例,累计死亡病例4634例,治愈率94.3%,病亡率5.6%。治愈率之高和病亡率之低,在世界范围内都是非常成功的经验,充分彰显了中国政府坚持以人民为中心的健康权保障理念。

为了保障人民的健康权,中国已经建成了全球规模最大的法定传染病疫情和突发公共卫生事件的网络直报系统,形成了以基本医疗保障为主体的多层次、宽领域、全覆盖的医疗保障体系,对所有疫情患者给予最高层级的医疗保障,真正把人民健康权保护落到了实处。

(3) 民法典对人体临床试验和医学科研活动有哪些规范?

人体临床试验的开展需要将新药物、新器械以及新的治疗方法应用于健康的人或者患者身上,以检测其效果以及对人体的副作用。在此过程中,受试者的身体健康可能因参与临床试验而受到损害,因此,民法典对该行为进行了规范,第一千零八条规定:"为研制新药、医疗器械或者发展新的预防和治疗方法,需要进行临床试验的,应当依法经相关主管部门批准并经伦理委员会审查同意,向受试者或者受试者的监护人告知试验目的、用途和可能产生的风险等详细情况,并经其书面同意。进行临床试验的,不得向受试者收取试验费用"。

一些医疗机构、科研机构和研究人员贸然从事的一些有关人体基因、人体胚胎方面的医学和科研活动,不仅可能对试验个体造成损害,也会对整个社会的伦理道德和秩序形成巨大冲击,因此有必要进行严格的法律规范。比如2018年发生的"基因编辑婴儿事件":2018年11月26日,南方科技大学副教授贺建奎宣布一对名为露露和娜娜的基因编辑婴儿在中国诞生。由于这对双胞胎的一个基因经过修改,她们出生后即能天然抵抗艾滋病病毒（HIV）。这一消息在全世界激起轩然大波，引发了科学界的同声斥责以及对科学伦理与研究安全性的担忧。为此，《民法典》第一千零九条对此类行为进行了规范："从事与人体基因、人体胚胎等有关的医学和科研活动，应当遵守法律、行政法规和国家有关规定，不得危害人体健康，不得违背伦理道德，不得损害公共利益"。

61 生命权、身体权、健康权法定救助义务制度

当自然人的生命、身体、健康遭遇侵害或者面临危险时，权利人除了自我救济外，还可以向负有法定救助义务的组织和个人提出请求，此类组织和个人则必须履行施救义务。

（1）"负有法定救助义务的组织和个人"有哪些具体范围？

《民法典》第一千零五条规定了对生命权、身体权、健康权的法定救助义务制度："自然人的生命权、身体权、健康权受到侵害或者处于其他危难情形的，负有法定救助义务的组织或者个人应当及时施救"。

这里应明确"负有法定救助义务的组织和个人"的具体范围。如果将"法定救助义务"做进一步区分，可以分为两类：一类是法定救助职责，另一类是因具有特定关系、特定身份等而具有法定救助义务。

首先，具有法定救助职责是指具有负有维护社会治安、在紧急危难情形下实施救助职责的组织和个人，通常是指人民警察、武警部队、医生等。《人民警察法》第二十一条规定："人民警察遇到公民人身、财产安全受到侵犯或者处于其他危难情形，应当立即救助；对公民提出解决纠纷的要求，应当给予帮助；对公民的报警案件，应当及时查处。人民警察应当积极参加抢险救灾和社会公益工作。"《人民武装警察法》第十八条规定："人民武装警察遇到公民人身、财产安全受到侵犯或者处于其他危难情形，应当及时救助。"《消防法》第四十四条规定："消防队接到火警，必须立即赶赴火灾现场，救助遇险人员，排除险情，扑灭火灾。"《执业医师法》第二十四条规定："对危急患者，医师应当采取紧急措施进行诊治；不得拒绝急救处置。"上述这些组织和个人在公民的生命权、身体权、健康权受到侵害或处于危险之中时，负有法定职责进行救助。

其次，还有一些人因具有特定身份而负有救助的法定义务。比如，夫妻之间、父母对于未成年的子女、监护人对于被监护人都有救助的法定义务，要保护配偶、未成年子女、被监护人的人身、财产安全。如果配偶、未成年子女、被监护人遭遇人身、财产危险，夫或妻、父母、监护人应当积极施救。此外，对于特定职业或者具有特定关系的人，法律也可能要求其承担施救义务。比如，《民法典》第八百二十二条规定："承运人在运输过程中，应当

尽力救助患有急病、分娩、遇险的旅客。"第八百二十三条规定:"承运人应当对运输过程中旅客的伤亡承担赔偿责任;但是,伤亡是旅客自身健康原因造成的或者承运人证明伤亡是旅客故意、重大过失造成的除外。"《海商法》第一百七十四条规定:"船长在不严重危及本船和船上人员安全的情况下,有义务尽力救助海上人命。"如果承运人和船长没有对旅客或海上人命进行积极救助,显然要承担法律责任。

(2) 见义勇为行为如何认定?

如果既没有法定职责,也没有法定义务进行施救,行为人仍然进行救助的,则属于见义勇为的范畴,政府和社会对此应当嘉奖和鼓励。比如,发现有小偷偷包而上前制止;发现有人因头颅卡在路边护栏中而面临窒息死亡的危险,将护栏掰弯救出该人,等等,都属于见义勇为的行为。

(3) 为什么严禁党员见危不救?

党员干部需要注意的是,《中国共产党纪律处分条例》(2018 年修订)第一百一十八条规定:"遇到国家财产和群众生命财产受到严重威胁时,能救而不救,情节较重的,给予警告、严重警告或者撤销党内职务处分;情节严重的,给予留党察看或者开除党籍处分"。党纪对党员提出了更高的要求,即使其并不具有法定救助职责或救助义务,但是在群众生命财产遇到严重威胁时,有能力救助就应当救助,否则会受到党纪处分,最高可开除党籍。

62 死者人格利益保护制度

俗语说:"人死如灯灭",似乎人的生命消逝后,附着于生命的一切也都消失了。然而,从法律上讲,自然人死亡之后,某些人格利益仍客观存在且仍有价值,因此民法典专门规定了死者人格利益的保护制度。

(1) 对死者人格利益保护有什么必要性?

人格权是民事主体的一种专属权利,主体死亡则导致权利灭失,死者是不能再享受人格权的,但是,作为曾经生活在社会中的自然人,死亡后其姓名、肖像、名誉、荣誉、隐私等人格利益仍然客观存在,有些人格利益有其伦理价值,对其保护是对社会秩序和风俗的维护,比如对死者遗体的安置;有些人格利益仍然具有商业价值,比如死者的姓名、肖像;还有一些人格利益关系到死者在世亲属的权利,如死者的隐私、名誉会影响到其亲属的隐私、名誉和生活安宁等。因此,仍然有必要对这些人格利益进行保护。保护死者的人格利益,既是对死者的尊重,也是维护社会公共利益和公共秩序,实现社会文明和进步的要求。

（2）法律对死者人格利益有哪些规定？

1986 年的《民法通则》中没有规定死者人格利益的保护条文,直到 1989 年"荷花女"名誉权纠纷案,我国才开始着手对死者的人格利益进行保护。1993 年最高人民法院出台的《关于审理名誉权案件若干问题的解答》第五条规定:"死者名誉遭受不法侵害时,死者近亲属有权提起诉讼。"2001 年最高人民法院颁布的《关于确定民事侵权精神损害赔偿责任若干问题的解释》第三条列举了侵害死者人格利益的行为,将死者肖像、姓名、隐私、荣誉等纳入对死者人格利益的保护范围。在此基础之上,民法典对死者人格利益的保护进行了完善,第九百九十四条规定:"死者的姓名、肖像、名誉、荣誉、隐私、遗体等受到侵害的,其配偶、子女、父母有权依法请求行为人承担民事责任;死者没有配偶、子女且父母已经死亡的,其他近亲属有权依法请求行为人承担民事责任"。

（3）对英雄烈士人格利益有哪些法律保护？

《民法典》第一百八十五条规定:"侵害英雄烈士等的姓名、肖像、名誉、荣誉,损害社会公共利益的,应当承担民事责任"。"烈士"是指为正义事业而牺牲的人;"英雄"则并不必然是已过世的人。但从本条内容来看,保护的是英雄烈士的"姓名、肖像、名誉、荣誉"等人格利益,而不是"姓名权、肖像权、名誉权、荣誉权"等权利,因此本条应当是指对已经过世的英雄烈士的人格利益的保护。该条内容在纳入《民法总则》时,曾引起过很多争论,比如这一特别规定是否表明对英雄烈士人格利益的保护要高于一般死者人格利益?民法典对死者人格利益保护的统一规定,从立法上平息了这一争论,无论是英雄烈士还是普通人,法律对死者人格利益都是给予同等保护的。

（4）死者人格利益保护如何实现？

死者的人格利益受法律保护,那么该如何实现? 死者已逝,不可能再提出请求保护自身的权益,只能依靠死者以外的其他主体来实现。《民法典》第九百九十四条规定:"死者的姓名、肖像、名誉、荣誉、隐私、遗体等受到侵害的,其配偶、子女、父母有权依法请求行为人承担民事责任;死者没有配偶、子女且父母已经死亡的,其他近亲属有权依法请求行为人承担民事责任"。根据《民法典》第一千零四十五条的规定,近亲属的范围是:配偶、父母、子女、兄弟姐妹、祖父母、外祖父母、孙子女、外孙子女。近亲属中的任何人均有权以自己的名义为保护死者人格利益提出请求。

（5）为什么严禁党员诋毁、污蔑党和国家领导人、英雄模范？

党员干部需要注意的是,《中国共产党纪律处分条例》(2018 年修订)第四十六条第一款第三项规定:"诋毁、诬蔑党和国家领导人、英雄模范,情节较轻的,给予警告或者严重警告处分;情节较重的,给予撤销党内职务或者留党察看处分;情节严重的,给予开除党籍处分。"党员干部对此要有明确的认知,如果诋毁、污蔑党和国家领导人、英雄模范(包括在世的和离世的)的,不仅要承担民事责任,还要受到党纪的严厉处分。

63 / 人体捐献制度

人体捐献是一个生命让另一个生命延续下去的伟大之举,正如一位人体器官捐赠受益者所言:"对于我来说,捐献者就像一个素未谋面的英雄"。同时,这一制度又关乎生命健康与人格尊严,因此,民法典对此进行了专门规定。

(1) 什么是人体捐献?

人体捐献,是指具有完全民事行为能力的自然人以书面或订立遗嘱形式,对于自身的人体细胞、人体组织、人体器官和遗体自主决定无偿捐献的制度,或者自然人死亡后,如果其生前并未反对捐献的,其配偶、成年子女、父母可以共同决定捐献其遗体。《民法典》第一千零六条对人体捐献作了明确规定:"完全民事行为能力人有权依法自主决定无偿捐献其人体细胞、人体组织、人体器官、遗体。任何组织或者个人不得强迫、欺骗、利诱其捐献。完全民事行为能力人依据前款规定同意捐献的,应当采用书面形式,也可以订立遗嘱。自然人生前未表示不同意捐献的,该自然人死亡后,其配偶、成年子女、父母可以共同决定捐献,决定捐献应当采用书面形式。"

人体捐献的法律依据是自然人的身体权。身体作为整体,具有承载生命和人格尊严的重大价值,因此即使是身体所属的自然人,也无权支配。但身体的组成部分,在不违反法律和公序良俗的前提下,权利人可以有限度地支配,人体捐献即属于此种情形。需要注意的是,权利人以书面形式同意捐献的,如果在捐献前又表示反悔的,他人不能对其行使请求权,也就是不能强制其进行捐献。《南方都市报》2019 年 4 月 3 日报道,一个江西女孩出生仅 70 天就被确诊为重型地中海贫血。在其 6 岁时,中华骨髓库有人和她配型成功,然而,在女孩进入"移植仓"准备接受捐献者的骨髓时,捐献者却反悔了。对于此种行为,无论是中华骨髓库还是小女孩,都无权要求捐献者继续履行。

(2) 人体捐献有哪些法律规定?

我国关于人体捐献的规定最早在 2007 年的《人体器官移植条例》,其中关于器官捐献的内容有 4 条,有些内容被民法典所吸收采纳,比如第七条规定:"公民享有捐献或者不捐献其人体器官的权利；任何组织或者个人不得强迫、欺骗或者利诱他人捐献人体器官"。第八条规定："捐献人体器官的公民应当具有完全民事行为能力。公民捐献其人体器官应当有书面形式的捐献意愿；公民生前未表示不同意捐献其人体器官的,该公民死亡后,其配偶、成年子女、父母可以以书面形式共同表示同意捐献该公民人体器官的意愿。"

民法典规定人体捐献时,考虑到医学的发展和新兴技术的出现,因此不限于人体器官和遗体捐献,还包括人体细胞、人体组织的捐献。人体细胞如干细胞,人体组织如脐带血、受精卵等的捐献和移植,目前都是社会上比较热点的问题。根据《民法典》第一千零六条的规定,人体捐献的主体是具有完全民事行为能力的自然人,无民事行为能力人和限制民事行为能力人不能自主决定进行人体捐献。捐献应当采用书面形式,也可以通过遗嘱来确定。此外,如果自然人生前未表示不同意捐献的,在其死亡后,其配偶、成年子女、父母可以共同决定捐献,但如果任何一方不同意的,都不能捐献。

（3）为什么禁止人体细胞、人体组织、人体器官、遗体的买卖？

《民法典》第一千零七条规定："禁止以任何形式买卖人体细胞、人体组织、人体器官、遗体。违反前款规定的买卖行为无效。"该规定的法理依据是自然人的生命尊严和健康权。如果有人组织出卖人体器官的,还会触犯刑法,受到刑事制裁。

根据"潍坊网警巡查执法"百度公号于 2020 年 5 月 15 日发布的消息,2018 年 11 月 29 日,河北省邢台市新河县公安局抓获一个非法买卖人体肾脏的团伙。该团伙共作案 9 起,已成功 8 起,从中牟利 139.9 万元。邢台市新河县法院作出一审判决,14 名被告人均构成组织出卖人体器官罪,并分别被判处刑罚。

64 反性骚扰制度

在我国,性骚扰一直是个欲说还"羞"的问题,但随着民众教育水平的提高和法律意识的增强,越来越多的性骚扰受害者不再隐忍,而是通过法律途径维护自己的权利。民法典在防止和制止性骚扰方面,除了明确侵权人的民事责任外,还特别规定了机关、企业、学校等性骚扰"重灾区"的单位责任。

（1）关于性骚扰是如何立法的？

我国性骚扰的概念最早出现于《妇女权益保障法》,其中第四十条规定："禁止对妇女实施性骚扰。受害妇女有权向单位和有关机关投诉"。第五十八条规定："违反本法规定,对妇女实施性骚扰或者家庭暴力,构成违反治安管理行为的,受害人可以提请公安机关对违法行为人依法给予行政处罚,也可以依法向人民法院提起民事诉讼。"《女职工劳动保护特别规定》(2012 年)第十一条也有对性骚扰的规定:"在劳动场所,用人单位应当预防和制止对女职工的性骚扰。"上述规定中虽然提出了性骚扰的概念,但并没有明确什么行为构成性骚扰、如何去保护受害者、如何制裁性骚扰行为,而且,两部法律都是从保护妇女权利的角度来进行规定,性骚扰受害者仅限于妇女。

《民法典》第一千零一十条规定:"违背他人意愿,以言语、文字、图像、肢体行为等方式对他人实施性骚扰的,受害人有权依法请求行为人承担民事责任。机关、企业、学校等单位应当采取合理的预防、受理投诉、调查处置等措施,防止和制止利用职权、从属关系等实施性骚扰。"这是我国第一次明确界定了性骚扰概念,并明确规定了用人单位在防止和制止性骚扰方面应当承担的义务和责任,同时也是第一次确认无论女性还是男性,都是性骚扰的受害对象。

(2) 性骚扰侵犯的人格权益?

性骚扰首先侵犯了权利主体的性自主权,如 2004 年北京朝阳区判处的第一例短信性骚扰案中,原告经常收到丈夫的同事被告齐某发来的带有色情内容的短信,被告承认这一行为,但他认为只是在开玩笑,玩笑有点过头而已。最终法院判决认为被告出于性方面的故意,违反原告主观意志,发送色情、猥亵短信,导致原告产生厌恶心理,侵犯了原告维持性愉快的权利,因此判决其行为构成性骚扰。

如果是通过肢体接触实施性骚扰的,还侵犯了权利人的身体权。2003 年武汉女教师起诉其上司性骚扰案中,女教师起诉提出的理由之一就是侵害其身体权。如果是以言语、短信、微信、电子邮件等形式实施性骚扰的,则同时侵犯了权利人享有私人生活安宁的隐私权。

(3) 性骚扰诉讼难有何原因?

2018 年 12 月 12 日,最高人民法院发布了《关于增加民事案件案由的通知》,首次将"性骚扰责任纠纷"列为案由,在此之前,由于没有独立案由,性骚扰案件通常以身体权纠纷、名誉权纠纷和一般人格权纠纷等案由进行起诉和审判。

虽然性骚扰是侵权行为已被社会所公认,但在许多性骚扰侵害事件中,由于涉及个人隐私、名誉尊严,还关系到职业发展、前途命运,加之举证难、风险大、顾虑多等因素,导致很多受害人选择隐忍、沉默和离职,较少选择诉讼。根据"人民日报中央厨房"2018 年 8 月 4 日刊登的《办公室才是重灾区! 十八年数据挑出中国性骚扰大众认知三大盲区》的报道,"从 2001 年至今(注:2018 年),法院性骚扰案件相关判决书、裁定书共计 479 个。从判决时间上看,2009 年以前,'性骚扰'相关纠纷很少,在 2014、2015 年两年判决数量快速增长后,2016 年判决数量仅达 119 件"。虽然案件数量仍然较少,但可以看出,随着立法的完善、权利意识的觉醒以及技术的进步,民众会更为勇敢地直面性骚扰问题,比如席卷全球的 Me Too(反性骚扰运动)来到中国后,响应者众多,越来越多的女性意识到了自己有权拒绝来自上司或者其他任何人的性骚扰。

(4) 单位在防止和制止性骚扰方面有哪些责任?

性骚扰虽然可能发生在任何场合,但从曝光的相关案例来看,职场、学校是"重灾区"。为此,民法典专门规定了单位在防止和制止性骚扰方面的责任:机关、企业、学校等单位应当采取合理的预防、受理投诉、调查处置等措施,防止和制止利用职权、从属关系等实施性骚扰。

之所以给单位规定责任,一是因为在职场、学校发生性骚扰的概率最高;二是一旦在单位发生性骚扰,单位可以非常方便、及时地取证,越早固定证据越有利于受害人维权;三是单位可以通过在规章制度中规定对性骚扰行为的惩罚措施来对员工进行制约,如果发生性骚扰,单位可以通过辞退等方式加以制止。因此,明确单位职责,可以有效预防、减少性骚扰案件的发生,如果单位没有尽到安全保障义务,员工、学生等受到性骚扰,单位就具有过错,性骚扰的受害者可以要求单位承担责任。

(5) 为什么严禁党员违反社会公德?

党员干部应注意的是,根据《中国共产党纪律处分条例》(2018 年修订)第一百三十八条的规定:"有严重违反社会公德、家庭美德行为的,应当视具体情节给予警告直至开除党籍处分。"性骚扰显然是违背社会公德的行为,如果党员有性骚扰他人的侵权行为,不仅要承担民事责任,还会受到党纪处分。

65 姓名权保护制度

姓名是对自然人的一种称谓,是一个人区别于他人的标识之一。同时,姓名还具有商业利益,可以作为字号使用,还可以注册为商标。对姓名权的保护,体现了文明社会对人格权利和基于人格权利形成的经济利益的保护和重视,以及对自然人应享有的人格尊严的尊重。

(1) 什么是姓名自主决定权?

《民法典》第一千零一十二条规定:"自然人享有姓名权,有权依法决定、使用、变更或者许可他人使用自己的姓名,但是不得违背公序良俗。"与生命权、身体权、健康权不同,姓名权是权利人可以支配的,可以自主决定使用什么姓名,可以变更姓名,还可以取别名、化名、艺名、笔名等。不过,姓名的决定和使用,不得违背公序良俗。在"赵C姓名案"中,赵C自出生起就使用这一名字,用了20多年。2006年,赵C到派出所换发第二代身份证时被告知名字里面不能有C,要改名。赵C很喜欢自己的名字,并不想改名,为此,他提起了行政诉讼,将公安局告上了法庭。2008年,鹰潭市月湖区人民法院对此案作出一审判决,赵C胜诉。公安局不服,提起上诉。二审期间,在法院的反复协调下,当事双方最终达成和解,赵C同意用规范汉字更改名字。该案入选了2008年全国十大影响性诉讼,可见在当时引起的社会反响之大。该案之后,公安部有关人员在接受媒体采访时表示,如果赵C保留原名的话,就意味着公安部要对现有的标准进行修改,这也意味着全国现有的所有正在运行的人口信息管理系统也要更改,牵涉面非常广,操作起来难度非常大,该名字显然已经影响到了社会管理的公共秩序。因此,考虑到公共利益等因素,起名不能太过随意。

(2)姓名为什么要符合法律规定?

子女的姓氏应当随父姓或者母姓,在父姓和母姓之外选取姓氏的应当符合法律规定。《民法典》第一千零一十五条规定:自然人应当随父姓或者母姓,但是有下列情形之一的,可以在父姓和母姓之外选取姓氏:(一)选取其他直系长辈血亲的姓氏,比如用爷爷奶奶、姥姥姥爷的姓氏;(二)因由法定扶养人以外的人扶养而选取扶养人姓氏;(三)有不违背公序良俗的其他正当理由。对于少数民族,民法典规定,其姓氏可以遵从本民族的文化传统和风俗习惯。该条规定采纳了第十二届全国人大常委会第十一次会议通过的《关于民法通则第九十九条第一款、婚姻法第二十二条的解释》的内容。

在"北雁云依"姓名案中,"北雁云依"出生于2009年,其父名为吕某某,其母名为张某某。二人因酷爱诗词歌赋,决定为女儿取名为"北雁云依",姓"北雁",名"云依",但在派出所申请办理户口登记时,被民警告知姓氏应当随父姓或者随母姓,因不符合办理户口登记而被拒。吕某某对该行为不服,提起了行政诉讼,要求确认派出所拒绝办理户口登记的行为违法。因法律适用问题,该案被层层上报至最高人民法院,最高人民法院又向全国人大常委会提出释法议案,在此背景下,第十二届全国人大常委会通过了《关于民法通则第九十九条第一款、婚姻法第二十二条的解释》,也才有了民法典的该条规定。法院依据全国人大常委会的立法解释对该案作出了判决,认为:在父母姓氏之外选取其他姓氏的两个必备条件,一是不违反公序良俗,二是存在其他正当理由。其中,不违反公序良俗是选取其他姓氏时应当满足的最低规范要求和道德义务,存在其他正当理由要求在符合上述条件的基础上,还应当具有合目的性。本案中"北雁云依"的父母自创姓氏的做法,不符合公序良俗对姓名的规制要求,且该姓氏仅凭个人喜好创设,不具有正当理由,因此驳回了原告的请求。

除了选择姓氏应当符合法律规定外,权利人决定、变更自己的姓名不得损害他人权利或者公共秩序,这也是对姓名权自主决定的限制,超出范围即构成权利滥用,比如自然人通过改名来逃债。《民法典》第一千零一十六条第二款对此作出了规定:"民事主体变更姓名、名称的,变更前实施的民事法律行为对其具有法律约束力。"

（3）如何保护姓名权不被非法侵害?

《民法典》第一千零一十四条规定:"任何组织或者个人不得以干涉、盗用、假冒等方式侵害他人的姓名权或者名称权。"该规定的积极意义在于,除了以侵权责任法保护姓名权之外,使姓名权有了自己特殊的救济方式和手段。如果有人盗用、假冒权利人的姓名,即使这种盗用、假冒行为并未造成实际损失,不构成侵权行为,权利人也可以直接以该条规定来保护自己的姓名权。近些年媒体曝光的多起冒名顶替上大学案中,除了受教育权外,权利人的姓名权也受到了侵害,其有权要求对方停止侵害,赔偿损失。

（4）什么是姓名的使用权?

姓名具有商业价值,自然人可以利用其姓名从事营业活动,比如权利人以自己的姓名作为个体工商户的字号;知名的公众人物有权许可他人使用其姓名以换取财产利益,如广告代言、注册商标等。民法典对此也作出了规定,第一千零二十三条第一款规定:"对姓名等的许可使用,参照适用肖像许可使用的有关规定"。

通过许可他人使用权利人的姓名来实现姓名的商业价值,通常被归入知识产权或者类知识产权的保护范畴,受反不正当竞争法等特别法的保护。2019 年修订的《反不正当竞争法》第六条规定:"经营者不得实施下列混淆行为,引人误认为是他人商品或者与他人存在特定联系:(二)擅自使用他人有一定影响的企业名称(包括简称、字号等)、社会组织名称(包括简称等)、姓名(包括笔名、艺名、译名等)"。

（5）如何保护笔名、艺名?

《民法典》第一千零一十七条规定:"具有一定社会知名度,被他人使用足以造成公众混淆的笔名、艺名、网名、译名、字号、姓名和名称的简称等,参照适用姓名权和名称权保护的有关规定。"根据我国户籍法律规定,一个人仅有一个登记的姓名,但这并不妨碍其在现实生活中有几个姓名的情况,有些文化名人、艺人具有笔名或者艺名,比如鲁迅就是笔名,其真名叫周树人;小沈阳是艺名,其真名是沈鹤;等等。对笔名、艺名、网名、译名这些特殊名称的保护,最早出现在 2007 年《最高人民法院关于审理不正当竞争民事案件应用法律若干问题的解释》中,其第六条第二款规定:"具有一定的市场知名度、为相关公众所知悉的自然人的笔名、艺名等,可以认定为反不正当竞争法第五条第(三)项规定的'姓名'"。上述提到的 2019 年修订的《反不正当竞争法》第六条也将笔名、艺名、译名等与姓名进行同等保护。

反不正当竞争法对笔名、艺名的保护,仅仅是保护其商业价值,民法典则将其上升到与姓名权同等的高度来进行保护。需要注意的是,民法典并非保护所有的笔名、艺名、网名、译名等,这些特殊名称应当具有一定的社会知名度,被他人使用足以造成公众混淆,也就是说笔名、艺名等应当具有一定的知名度和特定个人的辨识度。

66 肖像权保护制度

肖像是自然人最主要的标识之一,当人们谈论某个人的时候,在头脑中最先想到的就是这个人的容貌。作为一种重要的人格权,肖像权所保护的肖像利益随着社会发展而日渐丰富,但与此同时,对肖像权的保护也提出了新的问题,民法典对肖像权的规定回应了时代的变化和要求。

（1）什么是肖像和肖像权？

什么是肖像?从字面意思来看,"肖"就是相似;"像"就是人物的形象。肖像就是通过绘画、雕刻等形式表现人的外部形象。民法典对法律意义上的肖像做了界定,第一千零一十八条第二款规定:"肖像是通过影像、雕塑、绘画等方式在一定载体上所反映的特定自然人可以被识别的外部形象"。需要注意的是,肖像并不局限于自然人的面部形象,包括身体在内的整体形象均属于肖像的范畴。

肖像权就是自然人基于其肖像而拥有的民事权利。《民法典》第一千零一十八条第一款规定:"自然人享有肖像权,有权依法制作、使用、公开或者许可他人使用自己的肖像"。肖像权主要包含两项权能:一是肖像决定权;二是肖像利用权。

（2）什么是肖像决定权？

权利人拥有肖像决定权,也就是可以自主决定制作其肖像,同时未经其允许,他人不得为其制作、公开肖像,不得以污损、丑化、伪造等方式侵害其肖像权。《民法典》第一千零一十九条第一款规定:"任何组织或者个人不得以丑化、污损,或者利用信息技术手段伪造等方式侵害他人的肖像权。未经肖像权人同意,不得制作、使用、公开肖像权人的肖像,但是法律另有规定的除外"。

近两年,AI换脸在网上走红,与静态的 PS 修图不同,AI 是动态的换脸,曾有人通过这项技术,将好莱坞著名影星的脸叠加到其他演员身上,凭空杜撰出一部明星影片。对此,《民法典》第一千零一十九条明确规定,任何组织或个人不得"利用信息技术手段伪造等方式侵害他人的肖像权",否则权利人有权要求其停止侵害,赔偿损失。

需要注意的是,肖像作品权利人对绘画、影视作品等享有的著作权不能侵害肖像权人的肖像权。《民法典》第一千零一十九条第二款规定:"未经肖像权人同意,肖像作品权利人不得以发表、复制、发行、出租、展览等方式使用或者公开肖像权人的肖像。"比如,演员对自己的肖像享有肖像权,如果演员与其在影视作品中饰演的角色能够建立一一对应的关系,角色形象能够充分反映该演员的个人体貌特征,那么演员对其所饰演的角色也享有肖像权。

在章金莱(艺名六小龄童)与蓝港在线(北京)科技有限公司人格权纠纷案,章金莱是家喻户晓的电视剧《西游记》中孙悟空的饰演者,他认为被告公司制作的网络游戏中擅自使用电视剧《西游记》中孙悟空的形象侵犯了自己的肖像权,因此索赔100万元。北京市第一中级人民法院在判决书中指出:"当某一形象能够充分反映出个人的体貌特征,公众通过该形象直接能够与该个人建立一一对应的关系时,该形象所体现的尊严以及价值,就是该自然人肖像权所蕴含的人格利益。"针对该案件,法院认为,家喻户晓的"孙悟空"与章金莱存在一一对应关系,章金莱对该常见的"孙悟空"形象享有肖像权。但是,蓝港在线(北京)科技有限公司所塑造的"孙悟空"与章金莱饰演"孙悟空"形象不同,不能与章金莱建立直接的联系。因此,判决驳回章金莱的上诉请求。

(3) 什么是肖像利用权?

权利人有利用肖像的权利,这包括自行利用和许可他人使用两个方面。在现代社会,任何人的肖像都有被利用的可能,而名人、明星的肖像更是具有巨大的商业价值。《民法典》第一千零二十一条规定:"当事人对肖像许可使用合同中关于肖像使用条款的理解有争议的,应当作出有利于肖像权人的解释。"该条规定有两层含义,一是权利人可以通过肖像许可使用合同的形式,许可他人使用自己的肖像,实现肖像的商业价值,这一权利是肖像权人享有的具有财产价值的排他性权利,如果他人违法使用权利人的肖像,权利人有权请求损害赔偿。二是如果当事双方对肖像许可使用合同关于肖像使用条款的理解发生争议的,应当按照有利于肖像权人来进行解释,这体现了法律对肖像权人的倾斜保护。

对于肖像许可使用合同的解除,《民法典》第一千零二十二条规定:"当事人对肖像许可使用期限没有约定或者约定不明确的,任何一方当事人可以随时解除肖像许可使用合同,但是应当在合理期限之前通知对方。当事人对肖像许可使用期限有明确约定,肖像权人有正当理由的,可以解除肖像许可使用合同,但是应当在合理期限之前通知对方。因解除合同造成对方损失的,除不可归责于肖像权人的事由外,应当赔偿损失"。

(4) 如何合理使用肖像权?

人具有社会属性,人的形象时时刻刻曝光于社会中,为了平衡肖像权人的个人利益与新闻自由、舆论监督等社会利益,法律规定了在特定场合下使用权利人的肖像可以不经过其同意,也不需要支付费用,这就是肖像权的合理使用规则。《民法典》第一千零二十条规定:"合理实施下列行为的,可以不经肖像权人同意:(一)为个人学习、艺术欣赏、课堂教学或者科学研究,在必要范围内使用肖像权人已经公开的肖像;(二)为实施新闻报道,不可避免地制作、使用、公开肖像权人的肖像;(三)为依法履行职责,国家机关在必要范围内制作、使用、公开肖像权人的肖像;(四)为展示特定公共环境,不可避免地制作、使用、公开肖像权人的肖像;(五)为维护公共利益或者肖像权人合法权益,制作、使用、公开肖像权人的肖像的其他行为。"

比如,公安机关发布通缉令而使用、公开犯罪嫌疑人的肖像,就属于国家机关为履行职责而合法使用肖像权的行为;记者为报道突发事件而使用的配图中有某人肖像的,就属于为实施新闻报道,不可避免制作、使用、公开肖像的合法使用行为。

67 声音权保护制度

高德地图中的"林志玲版"语音导航,带有林志玲特有的甜美娃娃音;"口红一哥"李佳琦的口头禅"Oh my god! 买它买它!"注册了声音商标。人们已经意识到,声音也具有商业价值,民法典正式承认了声音作为一种新型的人格利益,确认了声音权的人格权地位。

(1) 什么是声音权?

自然人的声音同姓名、肖像一样,是其特有的一种人格权,自然人声音因其唯一性而具有辨识性,通过声音可以识别个人身份,标表自然人的人身专属性与人格特性。正如文学作品中描述的"不见其人,但闻其声",声音就是一个人的人格标识。《民法典》第一千零二十三条第二款规定了对自然人声音的保护参照适用肖像权保护的规定,承认了声音是一种独立的新型人格权,这是民法典人格权编的一个亮点。

早在2005年中新网就曾报道,周星驰的"御用配音"石班瑜在某网站上拍卖自己的声音,前10名中标者可以让石班瑜为其任意指定的电话问候、生日祝福"献声"。此外,手机铃声、门铃、闹钟、商店或家里迎送客人的问候语、Windows 操作系统里的各种声音、电动玩具配音等都是石班瑜接受的献声范畴。

(2) 如何保护声音权?

民法典采用将声音权参照适用肖像权的保护规定。根据《民法典》第一千零一十九条至第一千零二十二条对肖像权的规定,即自然人可以许可他人使用肖像,以实现该权利的经济利用;合理实施某些行为,如为个人学习、艺术欣赏可以不经权利人同意而使用其已公开的肖像;或者为实施新闻报道而不可避免地使用、公开肖像权人的肖像等。上述规则同样适用于声音权,权利人可以对自己的声音进行支配、利用;未经权利人许可,他人不得制作、使用、公开其声音,不得通过剪辑、加工、信息技术手段伪造等方式侵害声音权;权利人有权许可他人使用自己的声音。上述提及的石班瑜"献声"就是其实现声音的商业价值的典型案例。

(3) 声音权与歌曲著作权有什么区别?

需要注意的是,声音权与著作权不同。歌手对其演唱的歌曲享有著作权,该权利的客体是作品以及对作品的演绎,而非声音本身。如果他人未经许可翻录歌手演唱的歌曲,这是侵害其著作权的侵权行为。而声音权则以声音本身为客体,如果是将歌手的声音通过剪辑、加工的方式形成新的内容,则构成侵害声音权。比如近些年随着 AI 技术的流行,不光有换脸,还有变声,有些人借助 AI 技术合成他人的音色和音调实施诈骗,这种行为就侵犯了声音权。

68 名誉权保护制度

近些年来,名誉权纠纷案件,特别是涉及公众名人的名誉权案件日渐增多,如黄奕诉黄毅清名誉权纠纷案、李晨诉李季委名誉权纠纷案、周立波诉唐爽名誉权纠纷案等。此外,还曾出现了诸如名誉权侵权"一元赔偿"的案件,显示了民众对于名誉权保护的法律意识在提高,与此同时,也要求法律对名誉权的保护、对新闻自由、舆论监督和名誉权的平衡有更明确的规范。

(1) 什么是名誉与名誉权?

对于名誉和名誉权的概念,《民法典》第一千零二十四条进行了规定:"民事主体享有名誉权。任何组织或者个人不得以侮辱、诽谤等方式侵害他人的名誉。名誉是对民事主体的品德、声望、才能、信用等的社会评价。"民事主体包括自然人和法人,因此,与生命权、身体权、健康权等专属于自然人的人格权不同,名誉权的主体既可以是自然人,也可以是法人。

(2) 名誉权有哪些特性?

名誉权与其他人格权不同。与姓名权、肖像权等具有客观的权利内容(姓名、肖像)

不同,名誉是对民事主体的一种社会评价,离开了公众的社会评价,就无所谓名誉,因此名誉权的权利内容具有主观性和社会性。此外,因名誉具有社会属性,随着社会发展和价值观变化,名誉也同时具有不确定性,比如古代的妇女被要求从一而终,丧夫改嫁就被视为有辱名誉之举;但在现代,妇女离婚、改嫁都是正常且正当的。正是由于名誉的这种社会性和不确定性,民事主体虽享有名誉权,但并不能像其他权利一样对名誉进行支配,而名誉权主要还是处于消极受保护的状态。

(3) 对名誉权有哪些限制?

由于名誉是一种社会评价,其不确定性导致他人在对民事主体进行描述时很可能与权利人自认的社会评价有不同,为了平衡权利人的个人利益与新闻报道、舆论监督的社会利益,法律对民事主体的名誉权进行了限制。《民法典》第一千零二十五条规定:"行为人为公共利益实施新闻报道、舆论监督等行为,影响他人名誉的,不承担民事责任,但是有下列情形之一的除外:(一)捏造、歪曲事实;(二)对他人提供的严重失实内容未尽到合理核实义务;(三)使用侮辱性言辞等贬损他人名誉。"第一千零二十六条规定了合理核实义务的认定要素:"认定行为人是否尽到前条第二项规定的合理核实义务,应当考虑下列因素:(一)内容来源的可信度;(二)对明显可能引发争议的内容是否进行了必要的调查;(三)内容的时限性;(四)内容与公序良俗的关联性;(五)受害人名誉受贬损的可能性;(六)核实能力和核实成本。"

在北京海淀法院官网于 2020 年 6 月刊登的"吴亦凡名誉侵权案"中,吴亦凡声称,2017 年 12 月 16 日,其发现被告王某在微博账号中发布了标题为《帝师直播实锤赵××:赚钱就走永不嫁卢××说吴亦凡李××》的文章,并在文中公然散播"流量小鲜肉吴亦凡约粉还假装谈恋爱"等对原告进行侮辱、诽谤的内容。经法院查明,上述侮辱、诽谤内容源于陈某某在"全民直播"平台上的所谓"爆料"。2017 年 12 月 15 日晚,陈某某在"全民直播"平台上与昵称为"帝师"的直播用户连麦时,故意对吴亦凡进行侮辱、诽谤,而王某未向吴亦凡核实信息的真实性,故意转发陈某某上述具有侮辱、诽谤性质的言论,法院因此认定其构成共同侵权。王某在微博上发布的文章没有尽到合理核实义务,因此被判构成侵权。

(4) 对名誉权有哪些法律保护?

《民法通则》第一百零一条规定了对名誉权的保护:"公民、法人享有名誉权,公民的人格尊严受法律保护,禁止用侮辱、诽谤等方式损害公民、法人的名誉。"此外,1993 年最高人民法院颁布的《关于审理名誉权案件若干问题的解答》,1998 年最高人民法院颁布的《关于审理名誉权案件若干问题的解释》,以及最高人民法院对于名誉权个案的若干复函,都是关于名誉权保护的规定。由于名誉权侵权行为大多发生在著作作品或媒体报道中,因此民法典对这两种情形下的名誉权侵权及保护进行了规定。《民法典》第一千零二十七条规定了作品侵害名誉权的认定和民事责任:"行为人发表的文学、艺术作品以真人真事或者特定人为描述对象,含有侮辱、诽谤内容,侵害他人名誉权的,受害人有权依法请求该行为人承担民事责任。行为人发表的文学、艺术作品不以特定人为描述对象,仅其中的情节与该特定人的情况相似的,不承担民事责任。"

最高人民法院 2018 年发布的指导案例 99 号"葛长生诉洪振快名誉权、荣誉权纠纷案"中,时任《炎黄春秋》杂志社执行主编的洪振快于 2013 年 9 月在财经网发表《小学课本〈狼牙山五壮士〉有多处不实》一文。文中写道:百度贴吧里一篇名为《狼牙山五壮士真相原来是这样!》的帖子的内容,该帖子说五壮士"5 个人中有 3 个是当场被打死的,后来清理战场把尸体丢下悬崖。另两个当场被活捉,只是后来不知道什么原因又从日本人手上逃了出来"。2013 年第 11 期《炎黄春秋》杂志刊发洪振快撰写的《"狼牙山五壮士"的细节分歧》一文,该文分为"在何处跳崖""跳崖是怎么跳的""敌我双方战斗伤亡""'五壮士'是否拔了群众的萝卜"等部分,对"狼牙山五壮士"事迹中的细节提出质疑。对此,葛长生以洪振快侵犯了英雄烈士的名誉权、荣誉权为由,将其起诉至法院。法院认为,在易县狼牙山发生的狼牙山战斗,是被大量事实证明的著名战斗。在这场战斗中,"狼牙山五壮士"英勇抗敌的基本事实和舍生取义的伟大精神,赢得了全国人民高度认同和广泛赞扬,是五壮士获得"狼牙山五壮士"崇高名誉和荣誉的基础。在无充分证据的情况下,案涉文章多处作出似是而非的推测、质疑乃至评价。因此,尽管案涉文章无明显侮辱性的语言,但通过强调与基本事实无关或者关联不大的细节,引导读者对"狼牙山五壮士"这一英雄烈士群体英勇抗敌事迹和舍生取义精神产生怀疑,从而否定基本事实的真实性,进而降低他们的英勇形象和精神价值。洪振快的行为方式符合以贬损、丑化的方式损害他人名誉和荣誉权益的特征。据此,法院判决洪振快立即停止侵害葛长林名誉、荣誉的行为,并公开发布赔礼道歉公告。

对于报刊、网络等媒体报道内容失实侵害名誉权的,《民法典》第一千零二十八条规定了补救措施,即民事主体有证据证明报刊、网络等媒体报道的内容失实,侵害其名誉权的,有权请求该媒体及时采取更正或者删除等必要措施。

(5) 侵害名誉权会受到什么党纪处分?

党员需要注意,根据《中国共产党纪律处分条例》(2018 年修订)第四十六条的规定:"通过网络、广播、电视、报刊、传单、书籍等,或者利用讲座、论坛、报告会、座谈会等方式,诋毁、诬蔑党和国家领导人、英雄模范,情节较轻的,给予警告或者严重警告处分;情节较重的,给予撤销党内职务或者留党察看处分;情节严重的,给予开除党籍处分"。

69 荣誉权保护制度

获得荣誉称号是值得自豪的事情,比如被评选为"劳动模范""三八红旗手""感动中国人物""见义勇为先进个人""信得过企业"等,而荣誉表彰也能激发工作积极性与创造性,具有社会意义。为此,民法典专门规定了荣誉权,对民事主体的荣誉提供法律保护。

(1) 关于荣誉权有哪些法律规定?

荣誉,即美誉,光荣的名誉,荣誉权即是获得荣誉的民事主体保持荣誉、支配相关利益的权利。最早提及荣誉权的是《民法通则》,其第一百零二条规定:"公民、法人享有荣誉权,禁止非法剥夺公民、法人的荣誉称号"。此后,《侵权责任法》在第二条列举民事权益时也专门提到了荣誉权。而首次对荣誉权的性质进行界定的是《妇女权益保障法》,该法第四十二条第一款规定:"妇女的名誉权、荣誉权、隐私权、肖像权等人格权受法律保护"。明确了荣誉权是一项基本的人格权。

《民法典》第一千零三十一条对荣誉权进行了规定:"民事主体享有荣誉权。任何组织或者个人不得非法剥夺他人的荣誉称号,不得诋毁、贬损他人的荣誉。获得的荣誉称号应当记载而没有记载的,民事主体可以请求记载;获得的荣誉称号记载错误的,民事主体可以请求更正"。荣誉权的主体既包括自然人,也包括法人或其他民事主体。获得荣誉的民事主体有权保持自己的荣誉,不被诋毁、贬损或违法剥夺,同时,荣誉权人还有权在应记载荣誉而没有记载或者记载有错误时要求登记和更正。

(2) 荣誉权与名誉权有什么区别?

在上文中我们对荣誉权和名誉权进行了简单的介绍。"荣誉"与"名誉"在字面上相近,荣誉权与名誉权也常常被人们混为一谈,然而,这是两种不同的人格权。首先,两者的权利主体不同。获得荣誉的民事主体才能享有荣誉权,而名誉权则是为所有民事主体所享有。比如在高岩诉孟非荣誉权纠纷案中,高岩自称"高大师",并表示这是国内外媒体及业界因推崇而给予其的昵称。孟非在郭德纲的微博中对其评论:"但凡敢自称大师的,其精神健康状况令人同情。"高岩认为孟非此言侵犯了其荣誉权。江苏省南京市中级人民法院在判决中认为,"荣誉是指特定的公民、法人从特定组织依法获得的积极评价,它是由社会、国家通过特定的机关或组织给予公民、法人的一种专门性和定性化的积极评价。本案中,高岩并无证据证明其获得过特定的某项荣誉,且该项荣誉被孟非所侵犯"。因此,判决高岩败诉。

第二,权利客体不同。荣誉权的客体是荣誉,也就是权威机构对特定对象在特定方面作出的肯定、正面的评价,比如"优秀教师""法治人物"等;而名誉权的客体是名誉,是社会对民事主体的一般性评价,比如品德、才干、声誉、形象等,当谈到名誉权的时候,往往是指正面评价,但名誉本身是中性的,比如在文章中对某人的品性作出了负面评价,但如果这种评价依据的是真实的事实,同时并没有侮辱他人人格的内容,则不构成侵犯名誉权。

第三,权利产生的程序不同。荣誉权的产生以荣誉的获得为前提条件,无荣誉则无荣誉权;名誉权的产生则无须任何程序,其与民事主体与生俱来。

第四,权利丧失的事由不同。荣誉权的丧失,以荣誉的丧失为前提;名誉权的丧失,则是以民事主体死亡或注销为前提。

第五,权利被损害的内容不同。荣誉权的损害,主要表现为荣誉被违法剥夺,或者应当登记而未登记、登记错误等;而名誉权的损害,则主要表现为侮辱和诽谤。

(3) 荣誉权有哪些内容?

根据民法典的规定,荣誉权包含以下三项内容:

第一,荣誉获得权,即获得荣誉的权利,自然人、法人或其他团体因其行为而获得某种荣誉的权利。民法典规定,获得的荣誉称号应当记载而没有记载的,民事主体可以请求记载,这是权利人荣誉获得权的一种救济方式。

第二,荣誉保持权,即民事主体对自己所获得的荣誉享有不被他人非法剥夺的权利。荣誉是政府或有关组织给予民事主体的一种特殊褒奖,以表彰其在特定领域做出的突出贡献,如果没有正当理由,不能剥夺其荣誉称号,或贬损其荣誉,因此《民法典》第一千零三十一条规定了"任何组织或者个人不得非法剥夺他人的荣誉称号,不得诋毁、贬损他人的荣誉"。不过,如果民事主体违背了授予其荣誉称号的规定,政府或有关组织可以依法撤销其荣誉称号。

第三,荣誉登记更正权。根据民法典的规定,获得的荣誉称号记载有错误的,权利人可以请求更正,这也是对侵害荣誉权的救济措施。比如获得荣誉称号的自然人姓名为 A,荣誉证书上却写着 B,权利人有权要求更正姓名;再如有关组织在授予荣誉称号时称该人自 1990 年参加工作,但其实际上自 1980 年即开始工作,权利人也有权要求更正对其工作经历的描述。

(4) 对英雄烈士荣誉如何保护?

英雄烈士的事迹和精神是中华民族的珍贵历史记忆和社会主义核心价值观的重要体现,全社会都应当认真学习。如果在公共场所、互联网或者利用出版物等媒介,侵害英雄烈士名誉荣誉的,应当承担法律责任。

在 2017 年全国两会上,有 251 人次全国人大代表、全国政协委员和一些群众来信提出,建议通过立法加强英雄烈士保护。2018 年 4 月 27 日,第十三届全国人民代表大会常务委员会第二次会议通过《中华人民共和国英雄烈士保护法》,自 2018 年 5 月 1 日起施行。法律明确了保护英雄烈士的名誉荣誉,同时规定国家建立英雄烈士纪念设施,纪念、缅怀英雄烈士。法律还明确规定,英雄烈士的名誉荣誉等被侵害的,其近亲属可以提起诉讼;没有近亲属或者近亲属不提起诉讼的,检察机关可以提起公益诉讼。

在李青翰、吴定涛侵害英雄烈士荣誉权公益诉讼中,浙江省杭州市人民检察院诉称:萧山烈士陵园系萧山区委、区政府为纪念在第一次国内革命战争、第二次国内革命战争、抗日战争、解放战争、社会主义革命和社会主义建设时期牺牲的萧山籍烈士和外地籍在萧山牺牲的烈士而修建,陵园内英名录碑坊镌刻了 246 名烈士的英名,纪念馆内陈列和展示了 246 名烈士的生平事迹和遗物实物。2018 年 12 月 30 日晚,李青翰、吴定涛二人在萧山烈士陵园身着仿纳粹德军制服拍照,事后,李青翰将照片发布在其 QQ 空间,被群内多人阅见并转发扩散,造成恶劣的社会影响。法院认为,被告李青翰、吴定涛对英雄烈士以及烈士陵园所蕴含的精神价值,应具有一般公民的认知和觉悟,应当知道身着仿制的纳粹军服,在庄重肃穆的烈士安息之地肆意摆拍的行为,会侵害英雄烈士的荣誉权,但其出于个人炫耀之目的,将照片发布于 QQ 空间,致使在网络空间内快速扩散,短期内转载量就高达三万余条,造成恶劣的社会影响。因此,法院判令二被告在省级以上媒体公开赔礼道歉、消除影响。

(5) 为什么严禁荣誉表彰泛滥行为?

荣誉表彰的对象通常是在特定行业、特定领域或特定地区作出突出贡献的民事主体,其对于公共利益和公共价值都有推动促进作用,因此才被授予荣誉称号。如果荣誉表彰过多过滥,获得者没有什么门槛,民众不会认为荣誉称号有价值,而这样的荣誉也很难激发社会的正面评价。正因如此,《中国共产党纪律处分条例》(2018 年修订)第一百零八条规定:"严禁擅自举办评比达标表彰活动,否则对直接责任者和领导责任者,情节较重的,给予警告或者严重警告处分;情节严重的,给予撤销党内职务处分。"

79 隐私权保护制度

2020 年 5 月,脱口秀演员池子与老东家笑果文化传媒有限公司产生合同纠纷,被索赔 3000 多万元。公司向中信银行查询池子的个人账户交易信息记录时,中信银行未经池子本人授权就向公司提供了账户交易明细。此事在网上激起千层浪,也引发了公众对于个人隐私信息保护的忧虑。隐私权该如何保护?民法典对此有哪些具体规定?

（1） 什么是隐私与隐私权？

隐私权这一具体人格权最早出现在《侵权责任法》中，其第二条第二款规定："本法所称民事权益，包括生命权、健康权、姓名权、名誉权、荣誉权、肖像权、隐私权、婚姻自主权、监护权、所有权、用益物权、担保物权、著作权、专利权、商标专用权、发现权、股权、继承权等人身、财产权益。"虽然隐私权在法律上有了"一席之地"，但其具体内容并无规定。

民法典第一次对隐私权的概念、侵犯隐私权的行为、国家机关、法定机构、医疗机构及其工作人员对隐私的保密义务等作出了明确规定，其第一千零三十二条规定："自然人享有隐私权。任何组织或者个人不得以刺探、侵扰、泄露、公开等方式侵害他人的隐私权。隐私是自然人的私人生活安宁和不愿为他人知晓的私密空间、私密活动、私密信息。"民法典引入了"私人生活安宁"的概念，隐私已不仅仅是个人的私密生活，扩大了隐私权的保护范围。

（2） 侵害隐私权的行为有哪些表现？

对于侵害隐私权的行为，《民法典》第一千零三十二条规定了"刺探、侵扰、泄露、公开等方式"，第一千零三十三条则更为详细地列举了侵权行为："除法律另有规定或者权利人明确同意外，任何组织或者个人不得实施下列行为：（一）以电话、短信、即时通讯工具、电子邮件、传单等方式侵扰他人的私人生活安宁；（二）进入、拍摄、窥视他人的住宅、宾馆房间等私密空间；（三）拍摄、窥视、窃听、公开他人的私密活动；（四）拍摄、窥视他人身体的私密部位；（五）处理他人的私密信息；（六）以其他方式侵害他人的隐私权。"

例如，《北京青年报》2018年1月15日报道，"李康在北京做防盗门锁生意，自2016年11月以来，他的10多个业务号码和私人号码，一天要接到至少5000个恶意骚扰电话。'来电，3到5秒，挂断。接了，对方也立马挂断。'李康意识到，他被'呼死你'缠上了"。"呼死你"造成"被呼者"的私人生活不得安宁，这种行为就属于以电话侵扰他人的私人生活安宁的侵权行为。

（3） 隐私保密义务有哪些？

国家机关和承担行政职能的法定机构，为了防止和追究刑事犯罪、维护公共利益，在必要的情况下有权强制性收集个人私密信息，比如在疫情期间，政府可以强制性收集个人行踪信息、健康信息等资料。为了更好地保护权利人的隐私，民法典对"公权力"进行了必要的约束。第一千零三十九条规定："国家机关、承担行政职能的法定机构及其工作人员对于履行职责过程中知悉的自然人的隐私和个人信息，应当予以保密，不得泄露或者向他人非法提供。"医疗机构、医务工作者等可能接触到患者隐私的单位和个人，同样要承担保密义务。《民法典》第一千二百二十六条规定:"医疗机构及其医务人员应当对患者的隐私和个人信息保密。泄露患者的隐私和个人信息,或者未经患者同意公开其病历资料的,应当承担侵权责任。"比如,医生如果未经患者同意而让大批实习生观摩乳腺手术或者妇女分娩,就侵犯了患者的隐私权。

71 个人信息保护制度

我们已经进入到一个信息爆炸和万物互联的时代,信息的搜集、存储、使用和交流成为生活不可或缺的组成部分。政府、各类商业机构都在搜集和存储大量的个人信息。在个人信息被搜集、存储、利用的过程中,信息主体享有哪些权利、如何保护个人信息不被滥用,民法典对此进行了规定。

(1) 什么是个人信息?

民法典首次规定了个人信息保护制度,从对个人私密信息(隐私)的保护发展到对个人公开信息的保护,这无疑是法律的一大进步。《民法典》第一千零三十四条第一款、第二款规定了个人信息的定义:"自然人的个人信息受法律保护。个人信息是以电子或者其他方式记录的能够单独或者与其他信息结合识别特定自然人的各种信息,包括自然人的姓名、出生日期、身份证件号码、生物识别信息、住址、电话号码、电子邮箱、健康信息、行踪信息等。"

从上述定义来看,个人信息并非自然人公开的一切信息,而是能够识别特定自然人、具有人格表征意义的信息,比如身份证号码、生物识别信息、住址等。另外,个人信息既包括公开信息,如姓名、电话号码;也包括不公开信息,如行踪信息、健康信息等,因此其范围大于隐私权中的私密信息。根据《民法典》第一千零三十四条第三款的规定,如果个人信息属于私密信息,则应适用隐私权的保护规定;无规定的,适用有关个人信息的保护规定。

(2) 个人信息有哪些处理原则和条件?

与隐私权侧重于消极防御隐私不被侵扰不同,法律对个人信息的保护更注重权利人对信息处理的控制,比如权利人有权了解谁在收集信息、收集哪些信息、收集信息用于何种用途等,《民法典》第一千零三十五条对此进行了规定:"处理个人信息的,应当遵循合法、正当、必要原则,不得过度处理,并符合下列条件:(一)征得该自然人或者其监护人同意,但是法律、行政法规另有规定的除外;(二)公开处理信息的规则;(三)明示处理信息的目的、方式和范围;(四)不违反法律、行政法规的规定和双方的约定。个人信息的处理包括个人信息的收集、存储、使用、加工、传输、提供、公开等。"

为了保障权利人能够有效控制其个人信息,《民法典》第一千零三十七条规定了权利人针对信息处理者的三项具体权利:一是权利人可以依法向信息处理者查阅或者复制其个人信息;二是权利人发现信息有错误的,有权提出异议并请求及时采取更正等必要措施;三是权利人发现信息处理者违反法律、行政法规的规定或者双方的约定处理其个人信息的,有权请求信息处理者及时删除。除了受到侵害时可以寻求救济或者排除妨碍之外,权利人还有权要求对个人信息进行更新、更正等内容,这是个人信息保护与隐私保护不同的地方。

(3) 什么是信息安全保障义务?

关于信息安全保障义务,《民法典》第一千零三十八条规定:"信息处理者不得泄露或者篡改其收集、存储的个人信息;未经自然人同意,不得向他人非法提供其个人信息,但是经过加工无法识别特定个人且不能复原的除外。信息处理者应当采取技术措施和其他必要措施,确保其收集、存储的个人信息安全,防止信息泄露、篡改、丢失;发生或者可能发生个人信息泄露、篡改、丢失的,应当及时采取补救措施,按照规定告知自然人并向有关主管部门报告。"

2019 年 8 月,演员王一博的手机号码被泄露,遭到粉丝疯狂拨打。据《新京报》报道,贩卖明星信息已经形成了一条完整的非法产业链。在微博、微信、闲鱼等渠道,明星的身份证、电话等多种个人信息,从几块钱到 100 元不等被明码标价公开售卖,500 元能够打包购买上百位明星的信息。"黄牛"贩卖的明星的个人信息,往往都来自处理这些信息的相关机构,泄露或者非法提供这些信息的信息处理者应当承担相应责任。

(4) 处理个人信息有哪些免责事由?

法律对个人信息的保护,同样要平衡考虑权利人的个人利益与社会公共利益,为此,《民法典》第一千零三十六条规定了信息处理者在特定条件下处理个人信息不承担民事责任:(一)在该自然人或者其监护人同意的范围内合理实施的行为;(二)合理处理该自然人自行公开的或者其他已经合法公开的信息,但是该自然人明确拒绝或者处理该信息侵害其重大利益的除外;(三)为维护公共利益或者该自然人合法权益,合理实施的其他行为。

比如,帮助寻找被拐卖儿童的机构和平台在网络上公开儿童及其父母的身份证号、电话号码、家庭住址等个人信息,属于在该自然人或监护人同意的范围内实施的合理行为,因此不需要承担民事责任。

(5) 什么是个人信息保密义务?

与保护个人隐私相类似,民法典对公权力以及医疗机构等可以强制获取个人信息的机构及工作人员规定了保密义务。第一千零三十九条规定："国家机关、承担行政职能的法定机构及其工作人员对于履行职责过程中知悉的自然人的隐私和个人信息，应当予以保密，不得泄露或者向他人非法提供。"第一千二百二十六条规定："医疗机构及其医务人员应当对患者的隐私和个人信息保密。泄露患者的隐私和个人信息，或者未经患者同意公开其病历资料的，应当承担侵权责任。"

第五编 婚 姻 家 庭

家庭是最基本的社会单元,婚姻是缔结家庭最基本的途径,婚姻家庭制度是规范夫妻关系和家庭关系的基本准则。民法典婚姻家庭编吸收了原婚姻法、收养法以及相关司法解释的内容,弘扬了社会主义核心价值观,结合社会发展需要,对一些重要内容进行了修改和完善,并增加了新的规定。

72 树立优良家风制度

为了更好地弘扬家庭美德,体现社会主义核心价值观,民法典首次将"家庭应当树立优良家风,弘扬家庭美德,重视家庭文明建设"写入法典。这是社会主义核心价值观融入民法典的一个重要体现,反映了婚姻家庭关系"德"与"法"共治的特殊属性。

(1) 为什么要树立优良家风,践行社会主义核心价值观?

社会主义核心价值观与树立优良家风密切相关。党的十八大提出的社会主义核心价值观,即富强、民主、文明、和谐,自由、平等、公正、法治,爱国、敬业、诚信、友善,分别从国家、社会和个人三个层面阐述了新时代的价值标准和价值追求,弘扬和践行社会主义核心价值观不仅关系到国家的文化软实力和社会风尚,而且关系到每个人的精神面貌。家风,是指一个家庭在日常生活中逐步形成的较为稳定的生活作风、行为习惯、情趣教养和为人处世之道等。家风一旦形成,既是一种强大的教育力量,又是家庭成员行为的"自动调节器",而且往往可以继续影响后代,作用深远。

良好的家风有利于培育和弘扬社会主义核心价值观。家庭是社会的基本单位,是连接个人与社会、国家的重要纽带。良好的家风能够发挥好的外部效应,保证家庭和谐,是培育和弘扬社会主义核心价值观的重要手段。同时,良好的家风有利于继承和发扬中华民族的传统美德。中华民族在几千年的发展过程中,形成了孝敬、进德、诚信、勤俭、求知等美德,而这些美德主要源自不同时代的家风家教家训之中。2001年中共中央印发的

《公民道德建设实施纲要》指出："要大力倡导以尊老爱幼、男女平等、夫妻和睦、勤俭持家、邻里团结为主要内容的家庭美德，鼓励人们在家庭里做一个好成员。"党的十八大报告指出："加强社会公德、职业道德、家庭美德、个人品德教育，弘扬中华传统美德，弘扬时代新风。"可见，孝敬、和谐、勤俭的家庭美德，已经成为社会主义精神文明建设的重要组成部分。

（2）为什么说家风建设关乎党风政风？

家风建设对于党风政风建设有着重要作用。"国有国法，家有家规"，虽然社会不断发展进步，家族、家规的概念已经逐渐淡化，但是家风家教的作用依然重要。中国共产党始终强调家风建设，把家风建设视为关乎党风政风的大事。2015 年颁布的《中国共产党廉洁自律准则》要求党员领导干部"廉洁齐家，自觉带头树立良好家风"；2018 年修订的《中国共产党纪律处分条例》第一百三十六条明确规定："党员领导干部不重视家风建设，对配偶、子女及其配偶失管失教，造成不良影响或者严重后果的，给予警告或者严重警告处分；情节严重的，给予撤销党内职务处分。"

党员领导干部的家风不是独立存在的，它潜移默化地影响着领导干部的思想和行为作风，并与党风、政风、社会风气相互作用。党员领导干部个人的作风就是党的作风的表现，其家庭在社会中会受到人民群众的广泛关注，产生较大的社会影响力，如果党员领导干部家风不正，就会在社会上产生恶劣影响，使党产生脱离群众腐败变质的危险，比如，周永康、徐才厚、令计划、苏荣等就是家风不正导致其在政治、经济上出现了严重问题。因此，家风问题是党风政风建设中的一个重要课题，在全面从严治党的背景下，党员领导干部要立身修德，先正己身而后正家风，使党的作风归正于清廉本色。

（3）树立优良家风在当代社会有着怎样的现实意义？

树立优良家风，能够有助于稳定家庭关系。现如今，我们经常能从媒体上看到因为离婚财产纠纷、家庭赡养纠纷、父母遗产纠纷、房产纠纷等造成亲人反目的闹剧甚至悲剧。这些现象表明家庭的稳定性正在经受威胁，家庭责任意识淡薄，消费主义和享乐主义思想的流行，推高了离婚率，割裂了家庭中的亲情。树立良好的家风，实现家庭团结、夫妻和睦、子女孝顺、邻里友好，不仅能够降低离婚率，为儿童健康成长和老人安度晚年提供良好环境，减少邻里摩擦，更重要的是美满的家庭是有序稳定的社会的缩影，只有千千万万个家庭美满了，社会才能安定，才能建设富强、文明的和谐社会。

树立优良家风，能够有助于尊法守法。从过去树立家风家训的"家书"到党规党纪再到法律规范，优良家风从道德层面的美德成为具有法律地位的规范，这既是社会主义核心价值观融入民法典的具体体现，也是对大力弘扬社会公德、家庭美德的积极引导。

73 结婚登记制度

结婚是人生的大事,而成为合法夫妻的前提就是要到婚姻登记机关办理结婚登记。

（1）结婚登记如何办理?

办理结婚登记,民法典对于婚姻登记只有一条原则性的规定,即第一千零四十九条规定:"要求结婚的男女双方应当亲自到婚姻登记机关申请结婚登记。符合本法规定的,予以登记,发给结婚证。完成结婚登记,即确立婚姻关系。未办理结婚登记的,应当补办登记。"根据原婚姻法和婚姻登记条例的规定,进行结婚登记的男女双方应当到共同或者一方常住户口所在地的区、县级民政局（或者镇人民政府）的婚姻登记机关提出申请。比如,对于北漂一族来说,如果没有北京市户籍是不能在北京办理结婚登记的,必须要到其中一方的户籍地的民政部门办理。

办理结婚登记手续,只需要携带双方的身份证、户口簿即可。此外,如果办理登记结婚的一方是华侨或者外国人,则应当按相关规定提交相应的证件和证明材料。

办理结婚登记的流程是:双方当事人到婚姻登记机关提出申请,即各自填写一份《申请结婚登记声明书》,在填写完毕之后在声明人一栏签字或按手印。婚姻登记机关对双方提交的声明书、身份证、户口簿进行审查,符合结婚登记条件的,准予登记。

（2）结婚登记为什么不能代办?

结婚登记不能代办,这是民法典明确规定的。办理结婚登记,必须由男女双方亲自到场,不允许其他人代办。这是因为,结婚登记是具有人身性质的民事法律行为,必须双方当事人亲自实施才能有效。而且,双方亲自办理结婚登记,还可以避免包办、强迫、买卖、干涉婚姻自由等违法行为的发生。

如果一方有特殊情况,比如在国外、服役或者其他情形无法到场的,双方只能另行选择其他时间办理,由父母或者其他亲属代为办理都是法律所不允许的,代为办理的结婚证是没有法律效力的。

（3）只办酒席不登记,能否算结婚?

只办酒席不登记,不能算法律意义上的结婚。很多人把盛大的婚礼酒宴作为自己婚姻生活的开始,但如果只办了酒席却没有进行结婚登记,这样的婚姻并不被法律认可。民法典明确规定,完成结婚登记,才能确立婚姻关系。未办理结婚登记的,应当补办登记。

婚姻登记是使婚姻合法有效的唯一途径,只有办理了结婚登记手续,取得了结婚证,婚姻才告成立,结婚的双方才是受法律保护的合法夫妻。如果办理了结婚登记,即使当事人没有办理婚宴,也还没有共同生活,在法律上都已是夫妻,要解除夫妻关系就必须履行离婚手续。

相反,如果双方只办了酒席而没有进行结婚登记,那么无论有多少亲朋好友见证了婚礼,从法律上来讲都不能确立合法的夫妻关系。即使双方已经同居、财产共享、有共同的子女,也都无法为法律所认可,双方当事人不能享受法律对夫妻关系的保护,只能按照同居关系来处理。因此,举办了传统的结婚仪式并不代表双方已是夫妻,还应当尽快补办结婚登记手续。

74 婚姻无效制度

婚姻是组成家庭的根基,婚姻美满家庭才能和谐。而无效婚姻,是指不具备婚姻成立的条件,依据法律判定不具有法律效力的"婚姻"。

(1) 无效婚姻有哪些法律规定?

无效婚姻因为欠缺结婚的实质要件,因此并不发生婚姻法律的效力。原婚姻法第十条规定了婚姻无效的四种情形,即:(一)重婚的;(二)有禁止结婚的亲属关系的;(三)婚前患有医学上认为不应当结婚的疾病,婚后尚未治愈的;(四)未到法定婚龄的。《民法典》第一千零五十一条则将婚姻无效的情形限定在三种:(一)重婚;(二)有禁止结婚的亲属关系;(三)未达到法定婚龄。将婚前患有重大疾病未告知对方的情形,规定为可撤销婚姻的情形。

(2) 什么是重婚?

重婚是指有配偶的人又与他人结婚的违法行为。其中,有配偶的人与他人登记结婚,构成法律上的重婚;虽未登记结婚,但与他人以夫妻名义同居生活的,构成事实上的重婚。无论法律上的重婚还是事实上的重婚,都属违法行为,因此都是无效婚姻。

需要了解的是,1994 年最高人民法院颁布的《关于适用新的〈婚姻登记管理条例〉的通知》的规定,自 1994 年 2 月 1 日起,没有配偶的男女,未经结婚登记即以夫妻名义同居生活的,其婚姻关系无效,不受法律保护。因此,目前在审判实践中因重婚导致婚姻无效的情形,通常是指有配偶而又与他人登记结婚的法律上的重婚。

（3） 有哪些禁止结婚的亲属关系？

法律禁止结婚的亲属关系,是指直系血亲和三代以内的旁系血亲。所谓直系血亲,是指有直接血缘关系的亲属,如父母与子女、祖父母与孙子女、外祖父母与外孙子女等。三代以内旁系血亲,则指的是与自己出自同一父母、祖父母、外祖父母的情况,即:同源于父母的兄弟姐妹(包括同父异母、同母异父的兄弟姐妹),同一父母的子女之间不能结婚;同源于祖父母、外祖父母的上下辈旁系亲属,包括叔、伯、姑与侄儿、侄女,舅、姨与外甥、外甥女,他们之间不能结婚;同源于祖父母、外祖父母的平辈旁系亲属同样不能结婚,包括堂兄弟姐妹、表兄弟姐妹。最后这一类情形,特别是表兄弟姐妹之间通婚,由于有历史的影响,现在仍然有发生,但这种情形同样是法律所禁止的。

（4） 什么是法定婚龄？

法定婚龄,是民法典规定的可以结婚的年龄。《民法典》第一千零四十七条规定,在我国进行结婚登记必须要达到法定结婚年龄,即男不得早于22周岁,女不得早于20周岁。没有达到结婚年龄的不能结婚,如果男女双方或者一方没有达到法定婚龄,通过欺骗、弄虚作假等手段办理了结婚登记;或者虽未办理结婚登记,但以夫妻名义共同生活的,均属于未达法定婚龄而结婚的情形,都属于无效婚姻,不受法律保护。

（5） 婚姻无效有哪些法律后果？

婚姻无效的情形和后果由民法典规定。《民法典》第一千零五十四条规定:"无效的或者被撤销的婚姻自始没有法律约束力,当事人不具有夫妻的权利和义务。同居期间所得的财产,由当事人协议处理;协议不成的,由人民法院根据照顾无过错方的原则判决。对重婚导致的无效婚姻的财产处理,不得侵害合法婚姻当事人的财产权益。当事人所生的子女,适用本法关于父母子女的规定。婚姻无效或者被撤销的,无过错方有权请求损害赔偿。"

无效婚姻因违反了结婚的实质性要件,因此从其成立之日起就无效。但是,婚姻无效必须要经法院确认才能具有法律上的效力,而在被宣告为无效婚姻之前,男女双方很可能已经长期共同生活,有共同的子女和财产,婚姻一旦无效,就需要对财产分割和亲子关系问题进行处理。

关于财产处理的问题,民法典规定,被宣告为无效婚姻的,双方的共同财产按照同居期间所得财产由当事人协议处理;协议不成的,由人民法院按照照顾无过错方的原则判决。如果是因重婚导致婚姻无效的,处理财产时不得侵害合法婚姻当事人的财产权益。按照以往司法实践,因重婚导致婚姻无效,人民法院在审理涉及财产处理的,应准许合法婚姻当事人作为有独立请求第三人参加诉讼,对原有配偶而重婚的一方,要求其不得以协议方式将财产转移给重婚的另一方;已达成协议将财产转移给另一方的,应当确认为无效,以确保合法配偶的财产权益。

关于亲子关系问题,由于无效婚姻自始无效,因此当事人所生的子女属于非婚生子女,但非婚生子女与婚生子女享有同样的权利和义务,同样适用有关父母子女关系的规定,即父母对子女有抚养、教育和保护的义务,子女对父母有赡养扶助的义务,享有继承权,等等。

此外,民法典还规定,婚姻无效的,无过错方有权请求损害赔偿。婚姻被宣告无效后,对于无过错方来说,会造成一定的财产损失乃至精神损害,比如已婚者隐瞒身份与他人结婚的情形,因此民法典规定了无效婚姻损害赔偿制度,使无过错方获得一定赔偿,适当补偿其因婚姻无效而遭受的财产损失和精神伤害。比如,环渤海新闻网 2013 年 2 月报道的《已婚男上网征婚骗惨大龄女　男子被判 15 万精神赔偿》一文中提到,大龄女青年方羽在某网站征婚,邂逅了 60 岁的李某,对方自称离异,有一定的经济实力。为了这段感情,方羽放弃了自己稳定的工作,帮助李某打理公司。在方羽怀孕后,俩人登记结婚。之后,李某的女儿谴责方羽破坏他人家庭,方羽才知晓"丈夫"之前并未离婚。方羽怒将李某告上法庭。法院认为,李某恶意长期隐瞒已婚事实,具有主观过错,侵害了方羽的人格权利,判决其赔偿精神损害抚慰金 15 万元,并向方羽书面赔礼道歉。在该案中,虽然法院是以人格权利受侵害为由判决的损害赔偿,但实质上是李某侵犯了方羽在缔结婚姻过程中的知情权而导致婚姻无效的赔偿责任。

75 婚姻可撤销制度

民法典规定了婚姻可撤销制度,被撤销的婚姻自始没有法律约束力。虽然婚姻被撤销后与无效婚姻的效果相同,但这两种制度是不同的。无效婚姻的事由更多地涉及公共利益,而可撤销婚姻的事由则仅仅涉及当事人个人利益。

(1) 什么是胁迫婚姻?

胁迫婚姻,是指因受到胁迫被逼无奈而结婚的情形。《民法典》第一千零五十二条规定:"因胁迫结婚的,受胁迫的一方可以向人民法院请求撤销婚姻。请求撤销婚姻的,应当自胁迫行为终止之日起一年内提出。被非法限制人身自由的当事人请求撤销婚姻的,应当自恢复人身自由之日起一年内提出。"

这里如何认定"胁迫"? 可以参考最高人民法院 2001 年通过《关于适用〈中华人民共和国婚姻法〉若干问题的解释(一)》第十条的规定:"婚姻法第十一条所称的'胁迫',是指行为人以给另一方当事人或者其近亲属的生命、身体健康、名誉、财产等方面造成损害为要挟,迫使另一方当事人违背真实意愿结婚的情况。因受胁迫而请求撤销婚姻的,只能是受胁迫一方的婚姻关系当事人本人。"

因胁迫而结婚的,受胁迫一方有权请求撤销婚姻,但撤销权必须要在胁迫行为终止之日或恢复人身自由之日起一年内提出,否则,一年以后撤销请求权归于消灭。这样的规定是为了督促权利人尽早行使撤销权,以结束婚姻的长期不稳定状态,有利于保护相关方合法权益,维护社会的秩序稳定。

(2) 为什么隐瞒重大疾病的婚姻可以申请撤销?

结婚双方应当坦诚以待,而不能相互欺骗和隐瞒,尤其是不能隐瞒重大疾病。《民法典》第一千零五十三条规定:"一方患有重大疾病的,应当在结婚登记前如实告知另一方;不如实告知的,另一方可以向人民法院请求撤销婚姻。请求撤销婚姻的,应当自知道或者应当知道撤销事由之日起一年内提出。"在原婚姻法中,"婚前患有医学上认为不应当结婚的疾病,婚后尚未治愈的"属于婚姻无效的情形,而民法典则将一方隐瞒重大疾病的情形规定为可撤销婚姻的情形,这是民法典在婚姻法方面的一个较大变化。

这里的"重大疾病"该如何理解?可以参考《母婴保健法》及卫健委关于不宜结婚或暂缓结婚的疾病的相关规定,主要指以下三种情形:严重遗传性疾病、指定传染病、有关精神病。严重遗传性疾病,是指由于遗传因素先天形成,患者全部或者部分丧失自主生活能力,后代再现风险高,医学上认为不宜生育的遗传性疾病。指定传染病,是指《中华人民共和国传染病防治法》中规定的艾滋病、淋病、梅毒以及医学上认为影响结婚和生育的其他传染病。有关精神病,是指精神分裂症、躁狂抑郁型精神病以及其他重型精神病。

隐瞒重大疾病的婚姻可以申请撤销。如果一方在结婚前不如实告知所患有的重大疾病的,另一方自知道或者应当知道撤销事由之日起可以向法院申请撤销婚姻。比如,男女双方在结婚后,一方被发现隐瞒了婚前患有艾滋病的情况,根据原婚姻法的规定,另一方只能向法院申请宣告婚姻无效;但根据民法典的规定,另一方可以在知道该病情后一年内申请撤销婚姻,但是否行使撤销权,决定权在当事人自己。

民法典之所以将隐瞒重大疾病的情形改为可撤销婚姻,一是为了更好地尊重和保护当事人的婚姻自主权,即一方婚前隐瞒了重大疾病,另一方可以申请撤销婚姻,也可以不撤销婚姻,由当事人自主决定;二是保障当事人的知情同意权,引导公民在结婚之前积极进行婚前体检,行使自己的知情权。

(3) 婚姻被撤销有着怎样的法律后果?

婚姻被撤销的法律后果,《民法典》第一千零五十四条进行了规定:"无效的或者被撤销的婚姻自始没有法律约束力,当事人不具有夫妻的权利和义务。同居期间所得的财产,由当事人协议处理；协议不成的，由人民法院根据照顾无过错方的原则判决。对重婚导致的无效婚姻的财产处理，不得侵害合法婚姻当事人的财产权益。当事人所生的子女，适用本法关于父母子女的规定。婚姻无效或者被撤销的，无过错方有权请求损害赔偿。"

婚姻被撤销后，与无效婚姻一样，从其成立之日起就没有法律约束力。关于财产的处理，婚姻被撤销后，双方的共同财产按照同居期间所得财产由当事人协议处理；协议不成的，由人民法院按照照顾无过错方的原则判决。关于子女问题，由于被撤销的婚姻自始无效，因此当事人所生的子女属于非婚生子女，但非婚生子女与婚生子女享有同样的权利和义务，同样适用有关父母子女关系的法律规定。

另外，与无效婚姻一样，婚姻被撤销的，无过错方有权请求损害赔偿。胁迫他人结婚或者婚前隐瞒重大疾病的，被胁迫方和被隐瞒的一方都有权主张损害赔偿。

76 亲子关系制度

亲子关系，即父母与子女之间的关系，其中以父母抚养、教育和保护未成年子女为最重要内容。1959 年联合国大会通过的《儿童权利宣言》明文规定："儿童应当尽可能地在其父母的照料和负责下，在精神和物质有保障的环境下成长。尚在幼年的儿童除非情况特殊，不应与其母亲分离。儿童应当予以保护，不应受到任何形式的忽视、虐待以及剥削。"1989 年联合国大会又通过了《儿童权利公约》，其中规定，"关于儿童的一切行为，……均应以儿童的最大利益为首要考虑"。儿童不仅是家庭的未来，也是国家的未来，法律在调整亲子关系方面，必须遵守儿童利益最大化的原则。

（1）什么是亲子关系制度？

亲子关系制度，是确认或否认父母子女间血缘关系的制度。《民法典》第一千零七十三条规定了亲子关系的异议之诉："对亲子关系有异议且有正当理由的，父或者母可以向人民法院提起诉讼，请求确认或者否认亲子关系。对亲子关系有异议且有正当理由的，成年子女可以向人民法院提起诉讼，请求确认亲子关系。"父母向法院请求确认或否认亲子关系的，应当具有正当理由，比如男方在女方怀孕期间一直在外出差，物理上的阻隔就是男方提起否认亲子关系之诉的正当理由。除了父母有权申请确认或否认亲子关系，成年子女也有权要求确认亲子关系。要注意的是，成年子女不能提起否认亲子关系之诉，即使其怀疑父亲并非是血缘上的父亲，也不能请求否认亲子关系，这是为了防止成年子女以此为由来逃避对其父母的赡养义务。

对于非婚生子女的亲子关系，《民法典》第一千零七十一条规定："非婚生子女享有与婚生子女同等的权利,任何组织或者个人不得加以危害和歧视。不直接抚养非婚生子女的生父或者生母,应当负担未成年子女或者不能独立生活的成年子女的抚养费。"

（2） 什么是未成年人家庭监护制度？

民法典中关于未成年人家庭监护制度的规定并未放在婚姻家庭编中,而放到了总则"监护"这一节中,作为大监护制度的一部分进行规范。

第一,父母是未成年子女的首位监护人。只有未成年人的父母已经死亡或者没有监护能力的,才能另外选择其祖父母、外祖父母、兄、姐或者其他个人和组织来担任监护人。

第二,父母的监护职责。《民法典》第三十四条规定了监护人的职责,即代理被监护人实施民事法律行为,保护被监护人的人身权利、财产权利以及其他合法权益等。监护人如果不履行监护职责或者侵害被监护人合法权益的,应当承担法律责任。

第三,父母履行监护职责的原则与要求。《民法典》第三十五条规定,监护人应当按照最有利于被监护人的原则履行监护职责。监护人除为维护被监护人利益外,不得处分被监护人的财产。未成年人的监护人履行监护职责,在作出与被监护人利益有关的决定时,应当根据被监护人的年龄和智力状况,尊重被监护人的真实意愿。

第四,撤销和恢复监护人资格的情形。《民法典》第三十六条规定了撤销监护人资格的三种情形,即:实施严重损害被监护人身心健康的行为;怠于履行监护职责,或者无法履行监护职责且拒绝将监护职责部分或者全部委托给他人,导致被监护人处于危困状态;实施严重侵害被监护人合法权益的其他行为。监护人有上述情形之一的,人民法院根据有关个人或者组织的申请,可以撤销其监护人资格,安排必要的临时监护措施,并按照最有利于被监护人的原则依法指定监护人。根据第三十八条的规定,在被撤销监护人资格后,如果其确有悔改表现的,经其申请,人民法院可以在尊重被监护人真实意愿的前提下,视情况恢复其监护人资格。

（3） 什么是父母抚养义务？

根据《民法典》第二十六条的规定,父母对未成年子女负有抚养、教育和保护的义务。如果父母不履行抚养义务的,未成年子女或者不能独立生活的成年子女有要求父母给付抚养费的权利。

继父母与继子女之间的权利义务关系,与一般亲子关系适用同等规定,继父母对未成年的继子女同样要承担抚养、教育和保护的义务。《民法典》第一千零七十二条对此作出了规定:"继父母与继子女间,不得虐待或者歧视。继父或者继母和受其抚养教育的继子女间的权利义务关系,适用本法关于父母子女关系的规定。"

养父母与养子女之间存在法律拟制的血亲关系,也同样适用亲子关系的规定,养父母对未成年养子女要承担抚养、教育和保护的责任。《民法典》第一千一百一十一条规定:

"自收养关系成立之日起,养父母与养子女间的权利义务关系,适用本法关于父母子女关系的规定;养子女与养父母的近亲属间的权利义务关系,适用本法关于子女与父母的近亲属关系的规定。养子女与生父母以及其他近亲属间的权利义务关系,因收养关系的成立而消除。"

父母对未成年子女抚养的问题,主要在于父母一方不尽抚养义务,特别是离婚后不与子女直接生活的父母一方存在不支付抚养费、逃避抚养义务,并且屡教不改,导致子女生活困难的情形。对此,《民法典》第一千零八十五条规定了离婚后子女抚养费的负担:"离婚后,子女由一方直接抚养的,另一方应当负担部分或者全部抚养费。负担费用的多少和期限的长短,由双方协议;协议不成的,由人民法院判决。前款规定的协议或者判决,不妨碍子女在必要时向父母任何一方提出超过协议或者判决原定数额的合理要求。"同时,第一千零八十六条规定了离婚后不直接抚养子女的父或母的探望权。

77 夫妻财产制度

夫妻关系包括人身关系和财产关系,财产关系是稳定家庭生活的物质基础,因此民法典规定的夫妻财产制度具有重要的意义。夫妻财产制度是指关于夫妻财产所有权问题的法律制度,它涉及夫妻婚前和婚后所得财产的归属、管理、使用、收益和处分等。根据夫妻财产制度的产生方式不同,可以分为三类:夫妻约定财产制度、夫妻法定财产制度和特定情形下的夫妻婚内析产制度。

(1) 什么是夫妻约定财产制?

夫妻约定财产制,是夫妻以合法约定的形式决定婚姻财产关系的制度。约定财产制可以包括以下内容:约定的时间、约定的形式、约定生效的条件等。《民法典》第一千零六十五条对这一财产制进行了规定:"男女双方可以约定婚姻关系存续期间所得的财产以及婚前财产归各自所有、共同所有或者部分各自所有、部分共同所有。约定应当采用书面形式。没有约定或者约定不明确的,适用本法第一千零六十二条、第一千零六十三条的规定。夫妻对婚姻关系存续期间所得的财产以及婚前财产的约定,对双方具有法律约束力。夫妻对婚姻关系存续期间所得的财产约定归各自所有,夫或者妻一方对外所负的债务,相对人知道该约定的,以夫或者妻一方的个人财产清偿。"

根据上述规定,夫妻可以约定的财产归属形式有:(1)婚姻关系存续期间所得的财产归各自所有;(2)婚姻关系存续期间的财产归共同所有或者部分共同所有、部分各自所有;(3)约定婚前财产归各自所有、共同所有或部分各自所有、部分共同所有。比如,夫妻法定财产制对于婚前财产规定为个人所有,但如果夫妻实行约定财产制的,可以约定一方婚前财产在婚后归共同所有,或者归对方所有。

夫妻如果实行约定财产制度,该约定行为对双方具有法律约束力。比如夫妻约定婚前财产在婚后归共同所有,任何一方在离婚分割财产时不能以诸如房产未变更登记等为由拒绝承认约定财产所有的内容。

还需要注意的是,夫妻对婚姻关系存续期间所得的财产约定归各自所有,夫或者妻一方对外所负的债务,相对人知道该约定的,以夫或者妻一方的个人财产清偿。相对人不知道该约定的,如果债务是用于夫妻共同生活的,则债权人有权要求夫妻承担连带清偿责任。

(2) 什么是夫妻法定财产制?

夫妻法定财产制度,是指在夫妻双方没有就财产关系作出约定或者约定无效的情形下,依照法律规定而适用的夫妻财产制度。依照民法典规定,如果夫妻间关于财产关系有约定的,应当依照约定处理;无约定的适用法定财产制,因此夫妻约定财产制具有优先效力。但是,现实生活中由于传统和风俗的影响,夫妻婚前或婚后对财产进行约定的比例较低,因此法定财产制成为我国主导类型的夫妻财产制度。

夫妻共同财产范围由《民法典》第一千零六十二条进行明确了,而第一千零六十三条则列举了属于夫妻个人财产的范围,这两条构成了夫妻法定财产制的主要内容。对于夫妻共同财产,第一千零六十二条规定:"夫妻在婚姻关系存续期间所得的下列财产,为夫妻的共同财产,归夫妻共同所有:(一)工资、奖金、劳务报酬;(二)生产、经营、投资的收益;(三)知识产权的收益;(四)继承或者受赠的财产,但是本法第一千零六十三条第三项规定的除外;(五)其他应当归共同所有的财产。夫妻对共同财产,有平等的处理权。"

从上述规定来看,民法典明确将劳务报酬和投资收益列为夫妻共同财产,这是原婚姻法没有规定的。"劳务报酬"与工资、奖金的性质类似,都是婚姻关系存续期间的劳动收入;而投资收益对于越来越重视理财的当代人来说,具有很重要的意义。比如,王先生在婚前有个人存款 50 万元,婚后他用这笔钱购买了理财产品或者股票,虽然 50 万元本金仍然是王先生的个人财产,但理财产品或股票的收益则属于共同财产。

《民法典》第一千零六十三条规定了夫妻个人财产:"下列财产为夫妻一方的个人财产:(一)一方的婚前财产;(二)一方因受到人身损害获得的赔偿或者补偿;(三)遗嘱或者赠与合同中确定只归一方的财产;(四)一方专用的生活用品;(五)其他应当归一方的财产。"原婚姻法规定,一方因受到人身损害获得的医疗费、残疾人生活补助费属于个人财产,但是人身损害赔偿中的其他赔偿则规定不明确,比如残疾赔偿金,而司法实践中对该赔偿金的归属问题争议较大。民法典对此明确规定,"一方因受到人身损害获得的赔偿或者补偿"均属于个人财产,统一了标准,也更好地保护了受到人身损害的夫妻一方的利益。

（3）什么是夫妻婚内析产制?

婚内析产制度,是夫妻在没有离婚尚处在婚姻关系存续期内依法分割共同财产的制度。《民法典》第一千零六十六条规定:"婚姻关系存续期间,有下列情形之一的,夫妻一方可以向人民法院请求分割共同财产:(一)一方有隐藏、转移、变卖、毁损、挥霍夫妻共同财产或者伪造夫妻共同债务等严重损害夫妻共同财产利益的行为;(二)一方负有法定扶养义务的人患重大疾病需要医治,另一方不同意支付相关医疗费用。"

无论是法定财产制度还是约定财产制度,只要是实行夫妻财产共有的制度,都会有优势和弊端。其优势在于肯定了夫妻之间"共同体"的特征,符合婚姻伦理要求,有利于维护婚姻关系的稳定。但是,这种制度也存在弊端,可能会出现不利于保障夫妻的独立人格和经济地位、不利于保障交易安全等问题,其中有两个问题特别突出:一个是夫妻一方侵害共有财产权,比如一方隐藏、挥霍共同财产;另一个是共有财产平等管理权的行使缺乏保障,比如一方想要处分共有财产但对方反对。对此,民法典明确规定,存在上述两种法定事由的,允许夫妻双方婚内析产,将财产共有依法强行改为财产分别所有,以此来保障夫妻一方的个人财产以及解决夫妻财产平等管理权的冲突。

78 夫妻债务承担制度

"债"本是特定人与特定人之间的债权债务关系,债权人和债务人都比较明确。然而,由于夫妻实行财产共有制度,夫妻双方或者一方与第三人形成的债务关系是夫妻共同债务还是个人债务就需要厘清,既要保障债权人的利益,同时还要保障夫妻另一方的合法权益,不能让不合理的"夫债"再由"妻偿"。

（1）如何认定夫妻共同债务?

夫妻共同债务认定的原则是"共债共签",这也就是以夫妻双方的合意作为认定共同债务的依据。《民法典》第一千零六十四条第一款规定:"夫妻双方共同签名或者夫妻一方事后追认等共同意思表示所负的债务,……属于夫妻共同债务。"

夫妻双方共同签名是确定夫妻共同债务最直接的证据,但如果一方举债、另一方事后追认的,也被法律视为夫妻共同债务。比如,有些法院判决将举债一方配偶事后的还款行为视为其事后的"追认",从而认定该债务为夫妻共同债务。

（2）如何认定日常家事债务？

日常家事，也就是夫妻共同生活以及家庭共同生活所需要的物品购置、消费支出等，比如购买食品、衣物、家具等生活必需品，子女教育、医疗支出、日常娱乐消费等支出。"日常家事代理"是指夫妻各自基于其配偶身份依法产生的相互代理权。《民法典》第一千零六十条对此作了规定："夫妻一方因家庭日常生活需要而实施的民事法律行为，对夫妻双方发生效力，但是夫妻一方与相对人另有约定的除外。夫妻之间对一方可以实施的民事法律行为范围的限制，不得对抗善意相对人。"

由于夫妻之间对于日常家事具有相互代理权，因此一方因为日常家事而所负债务就认定为夫妻共同债务，由夫妻双方承担连带清偿责任。《民法典》第一千零六十四条第一款规定："夫妻一方在婚姻关系存续期间以个人名义为家庭日常生活需要所负的债务，属于夫妻共同债务。"

同时，为防止夫妻一方滥用日常家事代理权而损害配偶的财产利益，法律规定夫妻一方所负的债务超出了家庭日常生活所需，属于个人债务，应当以个人财产清偿，其配偶并无清偿责任，但在特定情形下除外。《民法典》第一千零六十四条第二款规定，"夫妻一方在婚姻关系存续期间以个人名义超出家庭日常生活需要所负的债务，不属于夫妻共同债务"，应当由举债个人承担清偿责任。在现实生活中，夫妻在日常家事范围内与第三人交易的标的通常不会很高，如果举债数十万元甚至上百万元，则应综合考虑夫妻共同生活的内部情形和该交易的目的，谨慎认定为日常生活所需。

（3）法律如何推定夫妻共同债务？

民法典既保护举债方配偶的正当利益，也保护债权人的合法利益。民法典规定，夫妻一方举债超出家庭日常生活所需即为个人债务，该规定可以保护举债方配偶不受"意外之债"的困扰。但是，法律同时还应当保护债权人的合法利益。因此，《民法典》第一千零六十四条第二款在规定了夫妻一方举债超出日常家事所需属于个人债务之外，还规定了"但书"条款："夫妻一方在婚姻关系存续期间以个人名义超出家庭日常生活需要所负的债务，不属于夫妻共同债务；但是，债权人能够证明该债务用于夫妻共同生活、共同生产经营或者基于夫妻双方共同意思表示的除外。"

关于夫妻共同债务的认定，夫妻一方负债，且所负债务超出日常生活所需，如果债权人能够证明该债务用于夫妻共同生活、共同生产经营或者基于夫妻双方共同意思表示的，仍然属于夫妻共同债务，夫妻对该债务承担连带清偿责任。该规定强化了债权人的举证责任，对家庭和弱势群体实施了倾斜性的保护。比如，在某案例中，夫妻两人经营一家公司，丈夫举债 75 万元，债权人证明该债务是用于夫妻共同经营的公司，但法院认为："被告叶禾仙与被告宣明春虽然是夫妻关系，借款也发生于两被告夫妻关系存续期间，但由于被告宣明春所借款项用于被告顺鑫公司的生产经营,且被告顺鑫公司有股东5人,并非仅为两被告共同经营,故该债务不属于夫妻共同债务,原告要求被告叶禾仙承担共同还款责任的诉讼请求,本院不予支持。"

（4）夫妻约定财产制中的债务如何承担？

关于夫妻约定财产制中夫妻一方债务如何承担的问题,《民法典》第一千零六十五条第三款规定:"夫妻对婚姻关系存续期间所得的财产约定归各自所有,夫或者妻一方对外所负的债务,相对人知道该约定的,以夫或者妻一方的个人财产清偿。"夫妻实行约定财产制,且约定婚姻关系存续期间财产归各自所有的,夫或妻个人举债则个人偿还,这是一般性规定,但适用该规定的前提是债权人知道夫妻对于财产的约定。如果债权人并不知道这一情况,那么仍然适用上述"共用共债""共需共债"的共同债务认定原则,被认定为夫妻共同债务的,夫妻要对债务承担连带清偿责任。

（5）离婚时夫妻共同债务如何清偿？

关于离婚时夫妻共同债务清偿的问题,《民法典》第一千零八十九条规定:"离婚时,夫妻共同债务应当共同偿还。共同财产不足清偿或者财产归各自所有的,由双方协议清偿;协议不成的,由人民法院判决。"离婚时,夫妻共同债务应首先以夫妻共同财产进行清偿;共同财产不足以清偿,或者夫妻财产归各自所有的,夫妻应当以其个人财产来清偿债务。至于用个人财产清偿共同债务的原则或比例,民法典并未详细规定,仅提到先由双方进行协商,协商不成的由法院判决。从法院判决案例来看,平均分配债务的较多。

79 离婚冷静期制度

从民政部门对结婚和离婚的统计数据来看,登记结婚的数字从2016年的1224.7万对,降到了2019年的947.1万对;然而,离婚的数字却从2016年的384.1万对,增长到2019年的415万对。不断增长的离婚总量中,不乏冲动离婚、轻率离婚的现象。为此,民法典首次对协议离婚设置了"冷静期",允许当事人在30日内吃"后悔药"。

（1）什么是离婚冷静期？

离婚冷静期,是指协议离婚的夫妻双方,从向婚姻登记机关申请离婚开始,由登记机关备案30日后,再由双方当事人决定是否坚持离婚或者撤销离婚申请的制度。离婚冷静期仅限于协议离婚的情形。《民法典》第一千零七十六条第一款规定:"夫妻双方自愿离婚的,应当签订书面离婚协议,并亲自到婚姻登记机关申请离婚登记。"第一千零七十七条规定:"自婚姻登记机关收到离婚登记申请之日起三十日内,任何一方不愿意离婚的,可以向婚姻登记机关撤回离婚登记申请。前款规定期限届满后三十日内,双方应当亲自到婚姻登记机关申请发给离婚证;未申请的,视为撤回离婚登记申请。"

根据专家介绍,设立离婚冷静期经过了相关方面长时间慎重的考虑,近年来闪婚、闪离现象多见,当代人结婚、离婚较为草率,设立冷静期,是希望推动婚姻当事人充分考虑婚姻关系所附的权利义务,能够留出时间思考婚姻中存在的问题。

（2）为什么说设置离婚冷静期并不妨碍家暴受害者主张离婚？

有些公众认为,离婚冷静期的设置可能会导致家暴、婚内出轨等弱势一方不能尽快摆脱恶的婚姻,有损其人身安全和人格尊严。这种想法其实是对法律的误解。离婚冷静期仅适用于协议离婚,也就是夫妻双方都同意离婚的情形。对于一方因对方实施家庭暴力而要求离婚的,几乎没有施暴者主动同意离婚的情形,所以这种情况下都是通过诉讼离婚,经法院判决准予离婚。诉讼离婚是不适用离婚冷静期规定的。

（3）离婚冷静期有着怎样的意义？

婚姻并非儿戏,不是小孩子过家家。虽然法律规定结婚、离婚自由,但是任何自由都是有限制的,滥用了自由就可能伤害他人。夫妻之间多一点耐心、多一点包容,家庭将会更加和谐,社会也才能更加稳定。离婚冷静期的设置,首先,能够减少因冲动而导致的草率离婚,能够使夫妻双方冷静下来,理性的考虑相互之间的关系、对家庭的责任,特别是对于子女的责任问题。其次,设置离婚冷静期制度,可以节约司法资源和行政资源。现实生活中,夫妻因为日常琐事产生矛盾,当处于冲动期的时候,双方情绪不稳定,往往不能冷静地处理夫妻关系、财产关系、子女关系等,执意要求离婚,但经过一段时间的冷静,可能又反悔而复婚。不论是协议离婚还是诉讼离婚,都浪费了大量的人力、物力。因此,设置离婚冷静期制度,对于小到家庭和谐、大到社会稳定,都能起到积极作用。

89 离婚的法定条件

"夫妻感情确已破裂"是离婚的法定条件,《民法典》第一千零七十九条规定:"夫妻一方要求离婚的,可以由有关组织进行调解或者直接向人民法院提起离婚诉讼。人民法院审理离婚案件,应当进行调解;如果感情确已破裂,调解无效的,应当准予离婚。"夫妻感情是否破裂,原则上是由法官根据个案的具体情况来分析判断,但是,在某些严重侵害一方权益的情形下,立法直接推定夫妻感情已经破裂,民法典规定了四种具体情形,即重婚或与他人同居;实施家庭暴力或虐待、遗弃家庭成员的;有赌博、吸毒等恶习屡教不改;因感情不和分居满二年。

(1) 什么是重婚或与他人同居?

重婚是指有配偶的人又与他人结婚的违法行为。有配偶的人与他人同居,虽然对外不以夫妻名义称呼,不构成刑法意义上的事实重婚,但其行为也严重损害了合法婚姻关系中另一方的权利,因此属于感情确已破裂的情形。婚姻中的一方如果有重婚或与他人同居的行为,根据《民法典》第一千零九十一条的规定,婚姻中的无过错方就可以以此为由提起离婚诉讼,并主张损害赔偿。

从相关案例来看,法院对于因一方重婚而导致夫妻感情破裂的认定是比较严格的,基本上是以有重婚罪的刑事判决书为前提。如果仅是一方指责对方有婚外情的,法院通常是不以重婚为由认定夫妻感情破裂的。

(2) 什么是家庭暴力?

民法典规定,实施家庭暴力或虐待、遗弃家庭成员的,人民法院经调解无效,应准予离婚。关于"家庭暴力"的概念,《反家庭暴力法》第二条规定:"本法所称家庭暴力,是指家庭成员之间以殴打、捆绑、残害、限制人身自由以及经常性谩骂、恐吓等方式实施的身体、精神等侵害行为。"根据民法典规定,实施家庭暴力导致离婚的,无过错方有权请求损害赔偿。

存在家庭暴力,是认定夫妻感情破裂应准予离婚的法定情形,也是因此导致离婚无过错方请求赔偿的法定依据。不过,家庭暴力是否存在,应当有较为客观的标准予以认定,比如公安机关出警记录、告诫书、伤情鉴定意见等。比如,张某与曹某在结婚后,因家庭琐事发生矛盾,导致感情不和。某一天,双方又发生争吵并有殴打行为,张某还为此报警。公安机关接警后到现场了解情况,并对双方的吵打做简易治安纠纷予以调解处理。此后,张某以家庭暴力为由提起离婚诉讼。法院经审理认为,家庭成员之间偶尔的争吵、打骂不能一概作为家庭暴力来对待。家庭暴力的本质是为了达到控制对方的目的,而采取暴力手段造成对方人身、精神的伤害。家庭暴力发生在长期共同生活的家庭成员之间,具有长期性和反复性的特点。但在本案中,张某主张婚姻期间存在家庭暴力,并提供了公安机关的接警工作登记表予以证明。但该证据仅能表明当天双方有过争吵、殴打行为,不足以证明构成家庭暴力。因此,法院虽判决双方离婚,但未支持张某提出的损害赔偿请求。

(3) 什么是虐待、遗弃家庭成员?

虐待家庭成员,是指经常以打骂、捆绑、冻饿、有病不给治疗、强迫过度体力劳动等方式,对共同生活的家庭成员进行肉体上、精神上的摧残、折磨的行为。遗弃家庭成员,是指负有赡养、抚养、扶养义务的人,对年老、年幼、患病或者其他没有独立生活能力的人拒绝赡养、抚养、扶养的行为。《民法典》第一千零七十九条规定,虐待、遗弃家庭成员,经调解无效的,法院应准予离婚。根据第一千零九十一条规定,因虐待、遗弃家庭成员导致离婚的,无过错方有权请求损害赔偿。

例如,蔡某经人介绍认识了离异的陈某,之后双方登记结婚。起初,蔡某也竭尽所能想扮演好一个称职的继母角色,可时间长了,蔡某与公婆、小姑子产生了矛盾,而丈夫也未能给双方做好工作。后来,因拆迁问题,蔡某与婆家人的矛盾愈来愈深,蔡某就将矛头转向了陈某与前妻所生的5岁女儿兰兰。从一开始的掐肉、踹踢,到后来的用擀面杖打,蔡某多次对兰兰施暴。经诊断,兰兰身受多处伤害。蔡某对兰兰施加的暴行足以构成虐待罪,后经医务人员报警,蔡某被抓,并被法院以虐待罪判处有期徒刑5年。之后,陈某提起离婚诉讼,因蔡某对兰兰的虐待行为,法院准予双方离婚。

(4)什么是恶习不改?

关于赌博、吸毒等恶习不改的离婚事由,《民法典》第一千零七十九条规定:"夫妻一方有赌博、吸毒等恶习屡教不改,经调解无效的,应准予离婚。"

比如,郑某和丈夫曹某经自由恋爱后于2013年结婚,并在婚后生育一名女孩。在婚姻生活中,郑某发现丈夫有一些不良生活习惯,特别是近些年来染上吸食毒品的恶习,双方为此时常发生争吵,郑某于2018年起诉到法院要求离婚。在离婚诉讼中,郑某向法庭提交了一份公安局行政处罚决定书,该决定书认定曹某于2014年3月开始吸食毒品,2014年12月8日在吸食毒品时被查获,认定其吸毒成瘾。一审法院据此认定因曹某吸毒成瘾造成夫妻感情破裂,准予其离婚。曹某不服一审判决上诉至二审法院,并提交了公安局禁毒大队的一份证明,该证明显示曹某在2017年7月21日的尿液检测中,冰毒、吗啡均呈阴性,因此来证明自己已经戒毒,要求重新认定夫妻感情确已破裂的原因。二审法院虽然认可了曹某提交检测证明,但认为该证明并不能否认曹某曾经吸毒成瘾的事实,因此仍然维持了一审判决。

(5)什么是因感情不和分居满二年?

关于因感情不和分居满二年的离婚事由,根据《民法典》第一千零七十九条的规定,夫妻双方因感情不和分居满二年,经调解无效的,人民法院应当准予离婚。需要注意的是,夫妻一方因工作原因、治疗疾病等具有明确事由而造成夫妻分居的,不能认定为是"因感情不和分居满二年"的情形,法律上的"分居满二年"只是指标之一,而且要强调是因"感情不合"而分居,如果仅因为客观受限不能共同生活,是不符合准予离婚的情形的。

比如,沈某与唐某共同生活了30多年并育有一女,现在两人年纪都大了,妻子唐某也步入了退休生活。由于唐某身体多病，做过两次肿瘤手术，加之长期药物治疗、化疗，需要安静的居住环境，因此在外租房居住。丈夫沈某从事教师职业，缺少了妻子的关心和家庭温暖后，自己身体也不如从前，他认为双方缺乏沟通和交流，感情已经破裂，因此起诉要求离婚。沈某起诉离婚的理由是，双方已经分居两年多，以此为由要求确认夫妻感情破裂。法院认为，沈某提出两人分居两年以上，是指唐某为了治疗方便在外居住两年以上，这与夫妻感情破裂夫妻分居有本质区别，并不符合婚姻法的相关规定，因此不能认定夫妻感情确已破裂。

81 离婚后未成年子女抚养权制度

当父母因感情破裂无法生活下去而各奔东西，一个完整的家庭轰然倒塌，此时尚未成年的儿童该如何安置？《儿童权利宣言》和《儿童权利公约》都规定了儿童利益最大化原则，因此，法律强化了离婚时和离婚后对未成年子女的抚养、保护规定，使孩子尽可能少地受到父母离婚的负面影响。

（1）离婚时未成年人抚养权如何归属？

关于离婚时未成年子女抚养权的归属问题，《民法典》第一千零八十四条规定："父母与子女间的关系，不因父母离婚而消除。离婚后，子女无论由父或者母直接抚养，仍是父母双方的子女。离婚后，父母对于子女仍有抚养、教育、保护的权利和义务。离婚后，不满两周岁的子女，以由母亲直接抚养为原则。已满两周岁的子女，父母双方对抚养问题协议不成的，由人民法院根据双方的具体情况，按照最有利于未成年子女的原则判决。子女已满八周岁的，应当尊重其真实意愿。"

父母是否离婚，他们与子女之间的关系是不变的，无论是否直接抚养未成年子女，都应承担抚养、教育和保护的义务。由于父母离婚之后不再共同生活，在确定未成年子女归谁抚养这一问题时，就必须要考虑到儿童利益最大化原则。根据民法典的规定，对未成年子女的抚养权归属问题，将子女分为两周岁以下、两周岁以上八周岁以下和八周岁以上三个年龄段来考虑，即（一）不满两周岁的子女，以由母亲直接抚养为原则；（二）已满两周岁的子女，父母双方对抚养问题协议不成的，由人民法院根据双方的具体情况，按照最有利于未成年子女的原则判决；（三）子女已满八周岁的，应当尊重其真实意愿。

原婚姻法规定，离婚后，哺乳期内的子女，以随哺乳的母亲抚养为原则。由于该规定的内容并不确定，导致实践中法律适用不统一的现象时有发生。民法典则将"哺乳期内的子女"改为"不满两周岁的子女"，标准更明确，充分考虑了年幼子女对于母亲的依恋。

例如在某案例中,夫妻离婚时,孩子被男方抢走,法院认为:"双方所生子女年龄尚小,刚满一周岁,因此随母亲生活,更有利于其身心健康发展,另外被告(男方)虽然具有较好的物质条件,工资收入也较高,但其无视婴儿成长的规律,擅自将婴儿与母亲分离,该行为严重侵害了少年儿童的基本权利,亦使本院不能相信其能为孩子的利益进行全面考虑,故本院认定双方所生子女应随原告生活。"

已满两周岁的子女,在其抚养权归属问题上,首先由父母协商,协议不成的,则由法院根据双方的具体情况,按照最有利于未成年子女的原则判决。这里所指的"双方的具体情况",比如身体是否健康、工作是否稳定、是否有家庭暴力行为、是否能够较好的照料子女等。

如果子女已满八周岁的,法院在判决抚养权归属时,则应当尊重其本人意愿。该规定体现了对未成年人的保护和尊重,体现儿童利益最大化原则。

(2) 离婚后子女抚养费如何负担?

关于离婚后子女抚养费负担的问题,《民法典》第一千零八十五条规定:"离婚后,子女由一方直接抚养的,另一方应当负担部分或者全部抚养费。负担费用的多少和期限的长短,由双方协议;协议不成的,由人民法院判决。前款规定的协议或者判决,不妨碍子女在必要时向父母任何一方提出超过协议或者判决原定数额的合理要求。"

在确定未成年子女的抚养费数额时,法院会考虑支付抚养费一方是否有固定收入。如果有固定收入的,其月收入较为明确,按照其收入的一定比例支付;而无固定收入的,其月收入要参照当年的总收入或者同行业平均收入进行计算。在判决具体数额时,法院会考虑未成年子女成长所需费用、父母承担能力、子女生活地域的生活水准等因素来决定。

在确定未成年子女的抚养费给付期限时,一般是以年龄为节点,即给付至子女十八周岁为止。如果子女已满十八周岁但尚未独立生活,且父母具有给付能力的,也可以另行确定给付期限。

在协议或者判决确定了抚养费数额后,子女在必要时可以向父母任何一方提出增加抚养费的权利,但增加的抚养费数额应当合理。参考最高人民法院 1993 年发布的《关于人民法院审理离婚案件处理子女抚养问题的若干具体意见》的规定,"必要时"是指三种情形:原定抚养费数额不足以维持当地实际生活水平的;因子女患病、上学,实际需要已超过原定数额的;有其他正当理由应当增加的。

(3) 父母的探望权如何实现?

探望权,是指夫妻离婚后,不直接抚养未成年子女的一方享有与未成年子女联系、见面、交流等的权利。《民法典》第一千零八十六条规定:"离婚后,不直接抚养子女的父或者母,有探望子女的权利,另一方有协助的义务。行使探望权利的方式、时间由当事人协议;协议不成的,由人民法院判决。父或者母探望子女,不利于子女身心健康的,由人民法院依法中止探望;中止的事由消失后,应当恢复探望。"

离婚家庭的未成年子女不能和父母共同居住,没有与未成年子女共同居住的一方对子女探望,可以有效弥补未成年子女的心理空缺,保持与父母双方正常的情感交流,这对未成年子女性格养成和社会能力的培养都有重要作用。

如果一方的探望不利于子女身心健康的,人民法院可以依法中止探望,中止事由消失后,才能恢复探望。这里提到的"不利于子女身心健康"的事由,比如探望一方有传染性疾病、严重精神疾病、吸毒等疾病或恶习,会影响未成年子女的正常生活和价值观的形成,就应当中止其探望。

82 离婚救济制度

离婚是男女双方的权利与自由,为了确保婚姻中的一方不因离婚而导致利益受损及生活困难,体现法律公平正义的价值理念,民法典规定了离婚救济制度,即离婚经济补偿、经济帮助和离婚损害赔偿三项内容。

(1) 什么是离婚经济补偿制度?

离婚经济补偿制度,是指在离婚时,一方可以因其在婚姻关系存续期间对家庭和子女付出更多的义务而向另一方请求补偿。《民法典》第一千零八十八条规定:"夫妻一方因抚育子女、照料老年人、协助另一方工作等负担较多义务的,离婚时有权向另一方请求补偿,另一方应当给予补偿。具体办法由双方协议;协议不成的,由人民法院判决。"

原婚姻法中也有离婚经济补偿制度的规定,其第四十条规定:"夫妻书面约定婚姻关系存续期间所得的财产归各自所有,一方因抚育子女、照料老人、协助另一方工作等付出较多义务的,离婚时有权向另一方请求补偿,另一方应当予以补偿。"但是,原婚姻法的规定仅限于夫妻约定分别财产制的情形,而实践中采取分别财产制的夫妻很少,导致可以适用离婚经济补偿的范围极窄。其实,抚育子女、照料老人等家务工作与夫妻实行什么样的财产制度并无关联,在大多数采用法定财产制的夫妻中,一方提供较多的家务劳动的情形非常常见,并不能因为他们的婚后所得是共同财产就否认一方的家务劳动付出。因此,民法典在规定这一内容时,删除了夫妻实行约定分别财产制的限制条件。

离婚经济补偿制度是尊重付出较多家务劳动一方的劳动价值、平衡夫妻经济利益关系的法律安排。现在仍然有许多家庭中有全职妈妈,专职照料子女、老人、从事家务劳动;在双方都有工作的家庭中,也存在一方从事家务劳动较多的情形,离婚经济补偿肯定了一方家务劳动的价值,从法律上确认家务劳动与职业劳动具有同等地位。

同时,离婚经济补偿是实现男女家庭地位平等、维护婚姻关系公平的重要机制。虽然法律上早已确立了男女平等的原则,但是在婚姻家庭领域,由于传统和风俗的影响,男女不平等仍然存在,"男主外、女主内"仍然是很多人认可的观念,女性仍然处于弱势地位,是家务劳动的主要承担者。离婚时,如果承担较多家务劳动的女方与男方获得同等的财产,这就意味着一方多承担义务,而另一方却多享受权利,这是不公平的。离婚经济补偿正是为了矫正这种表面公平实则不公的现象,以实现夫妻实质上的平等。

(2) 什么是离婚经济帮助制度?

离婚经济帮助制度,是指离婚时,经夫妻双方协商或者法院判决,由有负担能力的一方给予生活困难的另一方适当帮助的制度。《民法典》第一千零九十条规定:"离婚时,如果一方生活困难,有负担能力的另一方应当给予适当帮助。具体办法由双方协议;协议不成的,由人民法院判决。"

离婚时对生活困难的一方进行帮助,这一规定在原婚姻法中也有,其第四十二条规定:"离婚时,如一方生活困难,另一方应从其住房等个人财产中给予适当帮助。具体办法由双方协议;协议不成时,由人民法院判决。"原婚姻法明确提出了"住房帮助",《最高人民法院关于适用〈中华人民共和国婚姻法〉若干问题的解释(一)》对此解释为:"离婚时,一方以个人财产中的住房对生活困难者进行帮助的形式,可以是房屋的居住权或者房屋的所有权。"但是,离婚帮助并非婚姻关系存续期间夫妻间的扶养义务,而仅是一方对另一方道义上的责任,因此这种帮助仅限于解决对方的生活困难,而不应损害帮助方的权益,比如,离婚后一方没有住房而另一方有条件的,可以提供住房居住权,但以转让房产的方式来救济则超过了限度。因此,民法典在规定离婚帮助时,删除了"住房帮助"这一提法,明确提出"给予适当帮助"。

(3) 什么是离婚损害赔偿制度?

离婚损害赔偿,是指因夫妻一方的特定侵权行为导致离婚,法律规定另一方有权请求损害赔偿的制度。《民法典》第一千零九十一条规定:"有下列情形之一,导致离婚的,无过错方有权请求损害赔偿:(一)重婚;(二)与他人同居;(三)实施家庭暴力;(四)虐待、遗弃家庭成员;(五)有其他重大过错。"

原婚姻法对离婚损害赔偿制度的规定,仅限于四种情况,即重婚、有配偶者与他人同居、实施家庭暴力、虐待遗弃家庭成员。民法典则多规定了一个兜底条款"有其他重大过错",比如,第一千零五十四条第二款规定,"婚姻无效或者被撤销的,无过错方有权请求损害赔偿"。胁迫他人结婚的,被胁迫者在申请撤销婚姻后,有权提出损害赔偿请求;隐瞒重大疾病导致婚姻被撤销的,隐瞒疾病的一方应当承担损害赔偿责任。

离婚损害赔偿,包括物质损害赔偿和精神损害赔偿。离婚损害赔偿的构成有五个要件:一是夫妻一方发生过错;二是该过错行为具有违法性,也就是民法典规定的四种具体情形以及法官根据兜底条款确定为违法的行为;三是受害人受到了损害,包括人身、财产、精神方面的损害与损失;四是受害人没有过错,如果受害人也存在过错导致离婚,比如受到家暴的一方存在婚外情而离婚的,不适用损害赔偿制度;五是过错方的违法行为是导致损害发生的原因。此外,离婚损害赔偿必须是在无过错方提起离婚的时候提出,如果没有提出离婚诉讼,即使有损害事实的发生,也不能单独提起损害赔偿之诉。

83/ 收养制度

收养,作为一种为孤弃儿童提供温暖、正常的成长环境的重要方式,在保护儿童利益方面发挥着重要作用。随着社会的发展和进步,"儿童最大利益原则"成为收养立法的指导原则,最大限度地保护被收养儿童的利益。1986 年《关于儿童保护和儿童福利、特别是国内和国际寄养和收养办法的社会和法律原则宣言》第五条指出:"在亲生父母以外安排儿童的照料时,一切事项应以争取儿童的最大利益特别是他或她得到慈爱的必要并享有安全和不断照料的权利为首要考虑。"1989 年《儿童权利公约》则标志着确立"儿童最大利益原则"的里程碑,我国也批准加入了该公约。收养制度中,"儿童最大利益原则"也是司法、行政工作的准则。

(1) 被收养人的范围有哪些?

关于可以被收养的未成年人,由《民法典》第一千零九十三条明确规定:"下列未成年人,可以被收养:(一)丧失父母的孤儿;(二)查找不到生父母的未成年人;(三)生父母有特殊困难无力抚养的子女。"原收养法对被收养人限定为未满 14 周岁的儿童,其立法目的是未满 14 周岁的儿童更容易融入新的家庭,感受到养父母和收养家庭的关怀,但是,这一规定却将 14—18 周岁的儿童排除在被收养人的范围之外。这些"超龄"儿童也是未成年人,同样需要家庭的关怀和温暖,特别是他们正处于人生观、世界观、价值观的形成时期,尤其需要良好的教育和正确的引导,被良好家庭收养,对这些儿童是非常有益且必要的,因此,民法典将被收养人的年龄放宽至 18 周岁以下。

(2) 收养人的条件有哪些?

关于收养人的条件,《民法典》第一千零九十八条规定:"收养人应当同时具备下列条件:(一)无子女或者只有一名子女;(二)有抚养、教育和保护被收养人的能力;(三)未患有在医学上认为不应当收养子女的疾病;(四)无不利于被收养人健康成长的违法犯罪记录;(五)年满三十周岁。"

原收养法对于收养人的条件规定为四项:一是无子女;二是有抚养教育被收养人的能力;三是未患有在医学上认为不应当收养子女的疾病;四是年满三十周岁。收养人没有不利于被收养人健康成长的违法犯罪记录,这是民法典的新规定,如果收养人曾有过侮辱、猥亵甚至诱奸儿童的不良记录,法律是不允许其收养儿童的。另外,原收养法规定的收养人必须无子女,是我国实施计划生育政策这一特殊国情下的产物,现如今国家已经放开了二胎,因此民法典规定收养人可以无子女,也可以有一名子女,放宽了收养人的条件。

针对华侨进行收养的,《民法典》第一千零九十九条第二款规定:"华侨收养三代以内旁系同辈血亲的子女,还可以不受本法第一千零九十八条第一项规定的限制。"第一千一百条第二款规定:"收养孤儿、残疾未成年人或者儿童福利机构抚养的查找不到生父母的未成年人,可以不受前款和本法第一千零九十八条第一项规定的限制。"华侨收养三代以内旁系血亲的子女,以及收养孤儿、残疾儿童或者儿童福利机构抚养的查找不到生父母的未成年人的,可以不受只有一名子女的限制。

如果是继父母收养继子女的,根据《民法典》第一千一百零三条的规定,收养人可以不受第一千零九十八条规定的限制。

需要注意的是,单身男收养女孩,单身女收养男孩,收养人与被收养人之间的年龄应当相差40岁以上。《民法典》第一千一百零二条规定:"无配偶者收养异性子女的,收养人与被收养人的年龄应当相差四十周岁以上。"相比于原收养法第三条:"无配偶的男性收养女性的,收养人与被收养人的年龄应当相差四十周岁以上。"由"男性收养女性"改为规定"收养异性子女",体现了对男童的保护和男女平等的观念。

此外,《民法典》第一千一百零一条规定,"有配偶者收养子女,应当夫妻共同收养"。我国不允许夫妻单方收养,必须共同收养。

(3) 送养人的范围有哪些?

关于送养人,《民法典》第一千零九十四条规定了送养人的范围,即:"下列个人、组织可以作送养人:(一)孤儿的监护人;(二)儿童福利机构;(三)有特殊困难无力抚养子女的生父母。"

监护人送养孤儿的,《民法典》第一千零九十六条规定,应当征得有抚养义务的人同意。有抚养义务的人不同意送养、监护人不愿意继续履行监护职责的,应当依照民法典第一编的规定另行确定监护人。亲生父母送养子女的,根据第一千零九十七条的规定,应当父母双方共同送养;只有当生父母一方不明或者查找不到的,才允许单方送养。如果未成年人的父母均不具备完全民事行为能力且可能严重危害该未成年人的,监护人可以将未成年人送养。

此外,收养三代以内旁系同辈血亲的子女,送养人不必是生活困难无力抚养的父母,也就是说,父母家境良好、能够抚养教育子女,但如果是被三代以内旁系同辈血亲收养(比如表兄弟姐妹之间、堂兄弟姐妹之间过继子女),法律也是允许的。如果是继父母收养继子女的,送养人同样不受该项规定限制。

(4)什么是收养登记?

对于收养关系,必须经过县级以上人民政府民政部门登记才能成立。未经登记的,收养关系不能成立。实行收养登记制度,有利于保障被收养儿童的利益,以杜绝不法分子趁机买卖儿童。《民法典》第一千一百零五条规定:"收养应当向县级以上人民政府民政部门登记。收养关系自登记之日起成立。收养查找不到生父母的未成年人的,办理登记的民政部门应当在登记前予以公告。收养关系当事人愿意签订收养协议的,可以签订收养协议。系当事人各方或者一方要求办理收养公证的,应当办理收养公证。县级以上人民政府民政部门应当依法进行收养评估。"第一千一百零六条规定:"收养关系成立后,公安机关应当按照国家有关规定为被收养人办理户口登记。"

(5)什么是无效收养行为?

对于无效收养,民法典规定了几种情形:一是收养人或送养人不具备法定条件,或者收养人收养、送养人送养并非出自自愿,收养行为违反了民法典的规定或者违背了公序良俗的;二是收养未经过民政部门登记的;三是收养关系当事人采用欺诈方式骗取收养登记的。

比如,据中国法院网2019年3月报道的《民间收养不规范之痛》一文中提到,平顶山市民王女士发现,自己刚从浙江杭州收养的一个不到5个月的女婴,身患先天性心脏病等疾病。得知孩子的病情后,王女士不愿继续领养女婴,可孩子的父母也不愿接回孩子。由于双方是私下签订的送养协议,并未办理收养登记,收养行为是无效的。最终,在有关部门关注下,女婴才被暂送至杭州市儿童福利院。

84 收养关系解除制度

亲生父母子女间的自然血亲关系是无法通过法律来解除的,但收养关系与此不同,它是基于当事人间的法律行为而产生的法律拟制血亲,依照法律规定的条件和程序而成立,所以如果出现了法定事由,也可以通过法定的程序来解除。

（1） 如何解除收养关系？

关于解除收养关系,民法典规定三种情形:收养人与送养人达成协议而解除;收养人不履行抚养义务而解除;养父母与成年养子女因关系恶化、无法共同生活而解除。

第一,收养人与送养人达成协议而解除。《民法典》第一千一百一十四条第一款规定:"收养人在被收养人成年以前,不得解除收养关系,但是收养人、送养人双方协议解除的除外。养子女八周岁以上的,应当征得本人同意。"从上述规定来看,在养子女成年以前,原则上收养人不得单方解除收养关系;如果收养人、送养人双方达成协议的,可以依法解除,但养子女在八周岁以上的,应征得本人同意。

第二,收养人不履行抚养义务而解除。《民法典》第一千一百一十四条第二款规定:"收养人不履行抚养义务,有虐待、遗弃等侵害未成年养子女合法权益行为的,送养人有权要求解除养父母与养子女间的收养关系。送养人、收养人不能达成解除收养关系协议的,可以向人民法院提起诉讼。"收养关系成立后,养父母与养子女之间形成拟制血亲关系,同亲生父母子女关系一样,父母应当承担抚养、教育子女的义务,如果收养人没有尽到法定义务,甚至有虐待、遗弃未成年被收养人的行为的,送养人有权单方解除收养关系,如果送养人与收养人达不成协议的,可以通过法院判决来解除收养关系。

另外,如果送养人死亡或者下落不明,收养人有虐待、遗弃等侵害未成年养子女合法权益行为的,根据《民法典》第三十六条的规定,居委会、村委会、学校、医疗机构、妇联、残联、未成年人保护组织、民政部门等可以向法院提出申请,撤销收养人的监护资格,由人民法院安排必要的临时监护措施,并按照最有利于被收养人的原则依法指定监护人。

第三,养父母与成年养子女因关系恶化、无法共同生活而解除。《民法典》第一千一百一十五条规定:"养父母与成年养子女关系恶化、无法共同生活的,可以协议解除收养关系。不能达成协议的,可以向人民法院提起诉讼。"

（2） 如何解除收养关系登记？

关于解除收养关系登记,《民法典》第一千一百一十六条规定:"当事人协议解除收养关系的,应当到民政部门办理解除收养关系登记,该解除行为才能产生法律效力。"另外,如果是通过诉讼解除收养关系的,人民法院的判决书就是解除收养关系的法定凭证,当事人不需要再到民政部门进行登记。

（3） 解除收养关系有哪些法律后果？

收养关系解除后,收养人与被收养人之间的法律拟制血亲的身份关系终止,同时,在财产关系上也会有变化。

第一,解除收养关系后的身份效力。《民法典》第一千一百一十七条规定:"收养关解除后,养子女与养父母以及其他近亲属间的权利义务关系即行消除,与生父母以及其他近亲属间的权利义务关系自行恢复。但是,成年养子女与生父母以及其他近亲属间的权利义务关系是否恢复,可以协商确定。"收养关系解除后,养子女与养父母(以及其他近亲属)之间的权利和义务关系消除。如果养子女尚未成年的,与生父母(以及其他近亲属)之间的权利义务关系自动恢复;如果养子女已成年,其与生父母之间的关系能否恢复,应协商确定。

第二,解除收养关系后的财产效力。《民法典》第一千一百一十八条规定:"收养关系解除后,经养父母抚养的成年养子女,对缺乏劳动能力又缺乏生活来源的养父母,应当给付生活费。因养子女成年后虐待、遗弃养父母而解除收养关系的,养父母可以要求养子女补偿收养期间支出的抚养费。生父母要求解除收养关系的,养父母可以要求生父母适当补偿收养期间支出的抚养费;但是,因养父母虐待、遗弃养子女而解除收养关系的除外。"首先,经养父母抚养成年的养子女,如果养父母缺乏劳动能力又无生活来源的,应当给付生活费。在双方的收养关系解除时,养父母尚有劳动能力,但在解除一段时间后养父母丧失劳动能力又无生活来源的,同样可以向养子女主张生活费。其次,养父母享有补偿请求权,根据具体情况向成年养子女主张或向未成年养子女的生父母主张,但养父母对养子女有虐待、遗弃的除外。

第六编　继　　承

继承制度是关于自然人死亡后财富传承的基本制度。根据中国发展基金会于2020年6月发布的《中国发展报告2020：中国人口老龄化的发展趋势和政策》，自2000年迈入老龄化社会后，我国人口老龄化的程度持续加深。到2022年左右，中国65岁以上人口将占到总人口的14%，到2050年，中国老龄化将达到峰值，65岁以上人口将占到总人口的27.9%。严重的老龄化使得继承问题成为国家和社会必须重视的一个重大问题，民法典继承回应了社会发展的诉求，在现行继承法的基础上，修改完善了继承制度，以满足人民群众处理遗产的现实需要。

85　法定继承制度

法定继承是指在被继承人没有立遗嘱处理其遗产的情况下，由法律直接规定继承人的范围、继承顺序、遗产分配的原则的一种继承形式。法定继承目前是我国最主要的继承方式，对保护公民财产继承权、增进家庭成员之间的互助团结、稳定社会秩序起到了积极作用。

（1）法定继承人的范围有哪些？

民法典关于法定继承人范围的规定具有法定性和强制性，明确只有法律条文列举的才可以作为法定继承人。

法定继承人的第一顺序是配偶、子女、父母。《民法典》第一千一百二十七条规定："遗产按照下列顺序继承：（一）第一顺序：配偶、子女、父母；……本编所称子女，包括婚生子女、非婚生子女、养子女和有扶养关系的继子女。本编所称父母，包括生父母、养父母和有扶养关系的继父母。"

法定继承人的第二顺序是兄弟姐妹、祖父母、外祖父母。《民法典》第一千一百二十七条规定："……（二）第二顺序：兄弟姐妹、祖父母、外祖父母。……本编所称兄弟姐妹，包括同父母的兄弟姐妹、同父异母或者同母异父的兄弟姐妹、养兄弟姐妹、有扶养关系的继兄弟姐妹。"

法定继承的顺序是先由第一顺序继承人继承,第二顺序继承人不继承;没有第一顺序继承人的,由第二顺序继承人继承。

男女具有平等的法定继承权。《民法典》第一千一百二十六条规定:"继承权男女平等。"

(2) 什么是代位继承?

关于代位继承,《民法典》第一千一百二十八条规定:"被继承人的子女先于被继承人死亡的,由被继承人的子女的直系晚辈血亲代位继承。被继承人的兄弟姐妹先于被继承人死亡的,由被继承人的兄弟姐妹的子女代位继承。代位继承人一般只能继承被代位继承人有权继承的遗产份额。"原继承法在代位继承方面的规定是:"被继承人的子女先于被继承人死亡的,由被继承人的子女的晚辈直系血亲代位继承。代位继承人一般只能继承他的父亲或者母亲有权继承的遗产份额。"

从上述规定可以看出,民法典扩大了代位继承的范围,除了孙子女、外孙子女可以代位继承其父母的份额外,侄甥也可以代位继承。这意味着被继承人死亡后,他的遗产无人继承的概率会大幅降低,避免了财富流失。这项新规定有利于财富在家族范围内的传承和家族内亲情关系的维系。

(3) 什么是丧偶儿媳、丧偶女婿的继承权?

关于丧偶儿媳、丧偶女婿的继承权,《民法典》第一千一百二十九条规定:"丧偶儿媳对公婆,丧偶女婿对岳父母,尽了主要赡养义务的,作为第一顺序继承人。"继承的原则是财产尽量在血亲家族内部流传,因此只具有姻亲关系的丧偶儿媳和丧偶女婿原本是不应具有继承权的,而制定该条文的初衷则是为了在社会福利尚不健全的广大农村地区,鼓励丧偶儿媳和丧偶女婿主动承担起赡养老人的义务,从法律上对赡养老人的丧偶儿媳和丧偶女婿进行物质奖励。

需要注意的是,丧偶儿媳和丧偶女婿如果赡养了其公婆或岳父母,无论其是否再婚,都能获得第一顺序的继承人资格。同时,丧偶儿媳和丧偶女婿的子女还可以代位继承的形式参与继承,两者互不冲突。

(4) 遗产分配的原则是什么?

关于遗产分配,《民法典》第一千一百三十条规定:"同一顺序继承人继承遗产的份额,一般应当均等。对生活有特殊困难又缺乏劳动能力的继承人,分配遗产时,应当予以照顾。对被继承人尽了主要扶养义务或者与被继承人共同生活的继承人,分配遗产时,可以多分。有扶养能力和有扶养条件的继承人,不尽扶养义务的,分配遗产时,应当不分或者少分。继承人协商同意的,也可以不均等。"

第一,遗产分配的一般原则是,同一顺序继承人均等分配,比如第一顺序继承人有配偶、两名子女,则遗产均分为三份,每人一份。

第二,保障老、幼和无劳动能力,以及生活有特殊困难继承人的生活。这项原则不仅在法定继承中必须遵守,而且在执行遗嘱继承与遗赠时也要予以考虑,甚至用遗产来清偿死者债务时,也要给上述继承人留下必需的份额,以确保其生活需要。

第三,考虑被继承人与继承人之间的实际抚养关系。民法典对此规定为,对被继承人尽了主要扶养义务或者与被继承人共同生活的继承人,分配遗产时,可以多分;有扶养能力和有扶养条件的继承人,不尽扶养义务的,分配遗产时,应当不分或者少分。这一原则体现了继承权利与义务相一致的精神。

第四,提倡互谅互让,和睦团结。在不违反法律政策、不侵犯他人合法继承权利的情况下,继承人之间关于遗产分割的时间、办法和份额,可以协商确定,以增进家庭内部的团结。对此,《民法典》第一千一百三十二条规定:"继承人应当本着互谅互让、和睦团结的精神,协商处理继承问题。遗产分割的时间、办法和份额,由继承人协商确定;协商不成的,可以由人民调解委员会调解或者向人民法院提起诉讼。"

（5）酌情分得遗产有哪些特殊规定？

关于酌情分得遗产,《民法典》第一千一百三十一条规定:"对继承人以外的依靠被继承人扶养的人,或者继承人以外的对被继承人扶养较多的人,可以分给适当的遗产。"

酌情分得遗产的主体是继承人以外的人。在法定继承中,除了法定继承人有权参加继承外,具备法定条件的非继承人也有权适当分得遗产。具体而言有两种,一种是依靠被继承人扶养的人,另一种是对被继承人扶养较多的人。在其依法取得遗产权利受到侵害时,有权以独立的主体进行起诉。养子女对其亲生父母如果尽到了主要赡养义务的,就可以根据这一规定适当分得其亲生父母的遗产。

86 遗嘱继承制度

继承法律制度由法定继承、遗嘱继承和遗赠共同组成,其中遗嘱继承是自然人处分自己死后个人财产的一种重要方式,在继承序位上优先于法定继承。遗嘱继承反映了被继承人的自由意志,同时也对家庭的和睦团结有重大影响。

（1）遗嘱的形式有哪些？

关于遗嘱的订立,《民法典》从第一千一百三十四条至第一千一百三十九条列举了六种遗嘱形式。

第一,自书遗嘱。《民法典》第一千一百三十四条规定:"自书遗嘱由遗嘱人亲笔书写,签名,注明年、月、日。"自书遗嘱,顾名思义就是遗嘱人完全由自己亲笔书写,签名,注明年、月、日。自书遗嘱要求遗嘱人在书写遗嘱时具有完全民事行为能力,同时,对遗嘱处分的财产具有独立的处分权,是其合法财产。另外,遗嘱的形式要符合法律的规定。

第二,代书遗嘱。《民法典》第一千一百三十五条规定:"代书遗嘱应当有两个以上见证人在场见证,由其中一人代书,并由遗嘱人、代书人和其他见证人签名,注明年、月、日。"有些老人因为生病或者文化程度不高等原因,无法自己书写遗嘱,就请人帮忙代写,这就是代书遗嘱。根据民法典的规定,代书遗嘱必须要有两个以上的见证人在场见证,其中一人可为代书人。见证人应当为自然人,法人或者其他组织不能作为见证人。代书人将遗嘱书写完毕后,应交由其他见证人核实,并向遗嘱人当场宣读,遗嘱人确认无误后,由遗嘱人、代书人和其他见证人亲笔签名,并注明当天具体日期。

第三,打印遗嘱。《民法典》第一千一百三十六条规定:"打印遗嘱应当有两个以上见证人在场见证。遗嘱人和见证人应当在遗嘱每一页签名,注明年、月、日。"打印遗嘱在原继承法中是没有的,这是民法典的新规定。现如今人们通过电脑打字进行写作并打印留存已经非常普遍,民法典规定了这一形式,既顺应了现实需求,也有利于规范这类遗嘱形式。根据规定,打印遗嘱要求有两个以上见证人在场见证,并且遗嘱人和见证人应当在遗嘱的每一页都签名,注明当天具体日期,以此来确定遗嘱的真实性与合法性。

第四,录音录像遗嘱。《民法典》第一千一百三十七条规定:"以录音录像形式立的遗嘱,应当有两个以上见证人在场见证。遗嘱人和见证人应当在录音录像中记录其姓名或者肖像,以及年、月、日。"录音遗嘱是原继承法中已有规定的遗嘱形式,而录像遗嘱则是民法典新增加的遗嘱形式。录像遗嘱通常是指用录像机、手机等具有录像功能的器材所录制的遗嘱人的遗嘱。相比于录音遗嘱,录像遗嘱既可以记录立遗嘱人的声音,还能记录其影像,因此能更直观地反映遗嘱人的状态和意思表示。根据民法典的规定,录音录像遗嘱应当有两个以上见证人在场见证,并且遗嘱人和见证人应当在录音中记录其姓名、在录像中记录其姓名和肖像,并说明具体日期。

第五,口头遗嘱。《民法典》第一千一百三十八条规定:"遗嘱人在危急情况下,可以立口头遗嘱。口头遗嘱应当有两个以上见证人在场见证。危急情况消除后,遗嘱人能够以书面或者录音录像形式立遗嘱的,所立的口头遗嘱无效。"口头遗嘱是遗嘱人在危急情况下所立的一种特殊遗嘱,在危急情况消除后,遗嘱人有能力采用其他遗嘱形式的,口头遗嘱就失效了。虽然是危急情况下的特殊遗嘱,口头遗嘱也要求有两个以上见证人在场见证。

第六,公证遗嘱。《民法典》第一千一百三十九条规定:"公证遗嘱由遗嘱人经公证机构办理。"遗嘱人申请办理公证遗嘱的,应当亲自到公证处提出申请,不能委托他人代办。同时,遗嘱人要按照公证机构的要求提供身份证明、产权凭证等相关证明材料。

需要注意的是,代书遗嘱、打印遗嘱、录音录像遗嘱和口头遗嘱都要求有两个以上的见证人在场见证,见证人对遗嘱是否生效有至关重要的作用,对于法律不允许作见证人的,遗嘱人应当避开,否则会导致遗嘱无效。根据《民法典》第一千一百四十条的规定,三类人不能作为遗嘱见证人:一是无民事行为能力人、限制民事行为能力人以及其他不具有见证能力的人,比如儿童、精神病人;二是继承人、受遗赠人;三是与继承人、受遗赠人有利害关系的人,比如继承人的配偶或债权人等。

(2) 公证遗嘱效力是否优先?

在民法典中,公证遗嘱效力已不具有优先地位了。原继承法在第二十条规定:"自书、代书、录音、口头遗嘱,不得撤销、变更公证遗嘱。"最高人民法院在《关于贯彻执行继承法若干问题的意见》第四十二条也规定了"遗嘱人以不同形式立有数份内容相抵触的遗嘱,其中有公证遗嘱的,以最后所立公证遗嘱为准;没有公证遗嘱的,以最后所立的遗嘱为准"。上述内容确立了公证遗嘱的优先效力。

但是,公证遗嘱只能说明该遗嘱在制作的方式与条件上严于其他形式的遗嘱,但并不能以此证明其内容就是遗嘱人的真实意思表示。遗嘱人在做完遗嘱公证之后,因主客观原因发生变化而修改遗嘱的可能性是存在的,并不能以遗嘱的形式来推定公证遗嘱才是遗嘱人的真实意愿。因此,《民法典》第一千一百四十二条第三款规定:"立有数份遗嘱,内容相抵触的,以最后的遗嘱为准。"所有遗嘱形式具有同等效力,以最后所立的为准,取消了公证遗嘱的优先效力。也就是说,在内容相抵触的情况下,任何形式的后遗嘱都可以视为是对在先遗嘱的变更或撤回;在效力层级上,不再考虑遗嘱是否经过了公证。

(3) 遗嘱的实质要件是什么?

与法定继承相比,遗嘱继承的最大特点就是反映了遗嘱人的主观意志。遗嘱继承的前提是遗嘱人所立的遗嘱有效,主观意志的反映必须是真实且合法的。因此,《民法典》第一千一百四十三条对于遗嘱具有法律效力的实质要件作出了规定:"无民事行为能力人或者限制民事行为能力人所立的遗嘱无效。遗嘱必须表示遗嘱人的真实意思,受欺诈、胁迫所立的遗嘱无效。伪造的遗嘱无效。遗嘱被篡改的,篡改的内容无效。"

首先,遗嘱人应当具有完全民事行为能力,即能够依据法律规定设立遗嘱、并自由处分自己财产的能力,因此,无民事行为能力人或者限制民事行为能力人所立的遗嘱是无效的。根据《民法典》第十七条、第十八条的规定,十八周岁以上的自然人为成年人,成年人为完全民事行为能力人;十六周岁以上的未成年人,以自己的劳动收入为主要生活来源的,视为完全民事行为能力人。

其次,遗嘱必须表示遗嘱人的真实意思。如果遗嘱人的意思表示是迫于外来压力而做出的,或者其意思被他人以伪造、篡改遗嘱的方式歪曲,就不是真实的意思表示,这种遗嘱是无效的。因此,民法典规定,受欺诈、胁迫所立的遗嘱无效;伪造的遗嘱无效;遗嘱被篡改的,篡改的部分无效。

最后,遗嘱的内容应当合法,不得违反法律规定,也不能侵害他人的合法权益。

(4) 什么是必留份制度?

必留份制度,是法定继承的一项原则,是为了保障老、幼和无劳动能力以及生活有特殊困难继承人的生活而作出的特别规定,该原则同样适用于遗嘱继承。《民法典》第一千一百四十一条规定:"遗嘱应当为缺乏劳动能力又没有生活来源的继承人保留必要的遗产份额。"必留份制度是对遗嘱人自由意志的一种限制,其目的是防止遗嘱人滥用遗嘱自由的权利,剥夺既无劳动能力又无生活来源的法定继承人的继承权,让他们衣食无着、难以生存。

(5) 什么是附义务遗嘱?

附义务遗嘱,是指遗嘱人在遗嘱中约定由继承人履行一定义务的遗嘱。《民法典》第一千一百四十四条规定:"遗嘱继承或者遗赠附有义务的,继承人或者受遗赠人应当履行义务。没有正当理由不履行义务的,经利害关系人或者有关组织请求,人民法院可以取消其接受附义务部分遗产的权利。"

需要注意的是,遗嘱所附的义务必须合法,不能违反法律规定,也不能违背公序良俗或损害他人利益。此外,遗嘱所附义务不能是法定义务,比如要求继承人赡养其母亲,该项义务本就是继承人应当承担的法定义务,因此该遗嘱并不能被认为是附义务遗嘱。

87 继承权制度

继承权,是指继承人享有的继承被继承人遗产的权利,是自然人基于一定的身份关系享有的权利。继承权不仅可以接受和放弃,在法定情形下,还可以被剥夺和恢复。

(1) 什么是继承权的放弃?

继承权放弃,是指继承人依法以特定方式作出的放弃继承被继承人遗产的权利的一种法律行为。《民法典》第一千一百二十四条规定:"继承开始后,继承人放弃继承的,应当在遗产处理前,以书面形式作出放弃继承的表示;没有表示的,视为接受继承。受遗赠人应当在知道受遗赠后六十日内,作出接受或者放弃受遗赠的表示;到期没有表示的,视为放弃受遗赠。"继承权放弃制度以继承自愿为原则,目的在于保护继承人的自由选择权、同时从公平角度考虑,对遗产债权人和继承人债权人的利益予以保护。

根据《民法典》第一千一百六十一条的规定,继承人放弃继承权的,对被继承人依法应当缴纳的税款和债务无须承担清偿责任。

(2) 什么是继承权的丧失?

继承人如果对被继承人或者其他继承人实施特定的犯罪或者违法行为,其继承权会被依法剥夺,这就是继承权的丧失。《民法典》第一千一百二十五条第一款规定:"继承人有下列行为之一的,丧失继承权:(一)故意杀害被继承人;(二)为争夺遗产而杀害其他继承人;(三)遗弃被继承人,或者虐待被继承人情节严重;(四)伪造、篡改、隐匿或者销毁遗嘱,情节严重;(五)以欺诈、胁迫手段迫使或者妨碍被继承人设立、变更或者撤回遗嘱,情节严重。"

原继承法规定了继承权丧失的四种情形,即:故意杀害被继承人的;为争夺遗产而杀害其他继承人的;遗弃被继承人的,或者虐待被继承人情节严重的;伪造、篡改或者销毁遗嘱,情节严重的。与之相比,民法典有两个方面的变化:一是增加了一种情形,即"以欺诈、胁迫手段迫使或者妨碍被继承人设立、变更或者撤回遗嘱,情节严重"。二是除了伪造、篡改、销毁遗嘱这三种情形,隐匿遗嘱情节严重的,也可导致继承权丧失。

第一,故意杀害被继承人。这一规定体现了"染血之手不得取得财产"的古老原则。只要继承人是故意实施的杀人行为,不论是出于何种动机(是否是为了谋夺遗产),不论既遂还是未遂,也不论是否被追究刑事责任,都确认其丧失继承权。

第二,为争夺遗产而杀害其他继承人。这是指继承人出于争夺遗产的动机,故意杀害与其同一顺序或在先顺序的其他继承人的行为。比如,为争夺父母遗产而杀害兄弟姐妹;或者为争夺兄弟姐妹的遗产而杀害其配偶、子女等第一顺序继承人的行为。该行为不论既遂或未遂,也不论是否承担刑事责任,都将导致丧失继承权。

第三,遗弃被继承人,或者虐待被继承人情节严重。遗弃被继承人,是指继承人有扶养能力和扶养条件而对缺乏劳动能力又无生活来源的被继承人拒不履行扶养义务。虐待被继承人,是指对被继承人的身体或精神进行摧残或折磨的行为,虐待以情节严重为丧失继承权的条件。

第四,伪造、篡改、隐匿或者销毁遗嘱,情节严重。需要注意的是,这里所说的遗嘱,应当是遗嘱人合法有效的遗嘱,是其真实的意思表示。伪造、篡改、隐匿或者销毁遗嘱,违背了遗嘱人的真实意愿,因此法律要剥夺其继承权。如果伪造、篡改、隐匿或者销毁的是遗嘱人已撤销或者无效的遗嘱,则不应认定构成丧失继承权的事由。

第五,以欺诈、胁迫手段迫使或者妨碍被继承人设立、变更或者撤回遗嘱,情节严重。这种行为同样严重侵害了被继承人的自由意志,因此法律要剥夺其继承权。比如张大爷有一儿一女,女儿对父亲很孝顺,儿子却不闻不问。为了得到张大爷的遗产,儿子用打骂、威胁、恐吓等方式,逼迫张大爷写出了一份遗嘱,将其所有财产都由他来继承。张大爷儿子的这种行为就会导致其丧失继承权。

(3) 什么是继承权的恢复?

继承权的恢复是指由于某种法定事由的发生,使得继承权在丧失后得以恢复。《民法典》第一千一百二十五条第二款规定:"继承人有前款第三项至第五项行为,确有悔改表现,被继承人表示宽恕或者事后在遗嘱中将其列为继承人的,该继承人不丧失继承权。"因继承权的恢复需要得到被继承人的宽恕,这一制度又称为对继承人宽恕制度。

对继承人宽恕制度在原继承法中并没有规定,只是在《最高人民法院关于贯彻执行〈中华人民共和国继承法〉若干问题的意见》第十三条提到了继承人虐待、遗弃被继承人后被宽恕的情形:"继承人虐待被继承人情节严重的,或者遗弃被继承人的,如以后确有悔改表现,而且被虐待人、被遗弃人生前又表示宽恕,可不确认其丧失继承权。"

根据民法典的规定,继承人如果有三种丧失继承权的行为(遗弃或虐待被继承人;伪造、篡改、隐匿或者销毁遗嘱;以欺诈、胁迫手段迫使或者妨碍被继承人设立、变更或者撤回遗嘱),如果之后其确有悔改表现,被继承人表示宽恕或者事后在遗嘱中将其列为继承人的,继承人仍可保留其继承权。比如在前文提到的案例中,张大爷的儿子认识到自己行为的错误,向父亲认真悔过,张大爷对他也表示了宽恕,那么张大爷儿子的继承权就可以恢复。

什么形式的宽恕才算达到继承权恢复的条件?民法典中规定了一种情形:事后在遗嘱中将其列为继承人。除此之外,从司法实践来看,如果被继承人在继承人的悔过书上签字,也应认定为是其宽恕的表示。例如,李某起初对其母亲有虐待行为,但事后在相关部门的教育下悔过并写下了悔过书,其母亲表示原谅了儿子,并在悔过书上签字,该行为即能够作为继承权恢复的形式。

88 遗产管理人制度

随着社会的发展,人们所拥有的财产数额、种类日益增多,为了确保遗产得到妥善管理、顺利分割,更好地维护继承人、受遗赠人、债权人的利益,避免和减少纠纷,民法典在继承编新增了遗产管理人制度。

（1）遗产管理人如何确定？

关于遗产管理人确定的问题，《民法典》第一千一百四十五条规定："继承开始后，遗嘱执行人为遗产管理人；没有遗嘱执行人的，继承人应当及时推选遗产管理人；继承人未推选的，由继承人共同担任遗产管理人；没有继承人或者继承人均放弃继承的，由被继承人生前住所地的民政部门或者村民委员会担任遗产管理人。"

根据该规定，遗产管理人的确定分为三种情形：一是在遗嘱继承中有遗嘱执行人的，遗嘱执行人为遗产管理人；二是在没有遗嘱执行人的遗嘱继承和法定继承中，继承人应当首先推选遗产管理人，未推选的，由继承人共同担任；三是无人继承遗产的，由被继承人生前住所地的民政部门或者村委会担任遗产管理人。

如果对遗产管理人的确定有争议的，根据《民法典》第一千一百四十六条的规定，利害关系人可以向人民法院申请指定遗产管理人。利害关系人包括继承人、受遗赠人、遗赠抚养人、遗嘱执行人等。

（2）遗产管理人有哪些职责？

关于遗产管理人的职责，《民法典》第一千一百四十七条规定了遗产管理人的职责，即："遗产管理人应当履行下列职责：（一）清理遗产并制作遗产清单；（二）向继承人报告遗产情况；（三）采取必要措施防止遗产毁损、灭失；（四）处理被继承人的债权债务；（五）按照遗嘱或者依照法律规定分割遗产；（六）实施与管理遗产有关的其他必要行为。"

第一，遗产管理人应当清理遗产并制作遗产清单。编制遗产清单是遗产管理人最主要的一项职责，通过制作遗产清单，可以清晰地掌握被继承人的遗产种类、数量和负债情况，为此后进行遗产分割、清偿债务和交付剩余遗产奠定基础，还可以防止遗产的散失和他人的侵夺。

第二，向继承人报告遗产情况。遗产管理人从事遗产管理的最终目的，就是使遗产能够以符合被继承人意愿或者法律规定的方式交付给继承人。因此，在清理遗产并制作遗产清单后，遗产管理人应当向继承人报告遗产的相关情况，如遗产的种类、数额、债权债务等。继承人在了解遗产的详情后，可以作出接受或者放弃继承的表示。

第三，采取必要措施防止遗产毁损、灭失。这是遗产管理人妥善保管遗产的职责，在必要的情况下，遗产管理人可以对遗产进行处分，比如遗产是鲜活的水产品，或者是易腐的鲜花水果，如不及时处置便会腐烂而丧失价值，此时遗产管理人就可以将其出卖而保存价款。

第四，处理被继承人的债权债务。如果被继承人的债权债务关系明晰，且遗产管理人已知债权人和债务人，可以径行通知后处理债权债务关系。如果遗产管理人对被继承人的债权债务关系并不知晓，在必要的情形下，应当申请法院通过公示催告程序确定债权人。

第五,按照遗嘱或者依照法律规定分割遗产。被继承人立有遗嘱的,按照遗嘱的内容分割遗产;被继承人没有遗嘱或者所立遗嘱无效的,依照法定继承的相关规定分割遗产。

第六,实施与管理遗产有关的其他必要行为,比如继承人中的一人强行占有遗产的,遗产管理人可以向法院申请排除妨害,并追究其责任。《民法典》第一千一百五十一条规定:"存有遗产的人,应当妥善保管遗产,任何组织或者个人不得侵吞或者争抢。"

遗产管理人完成其职责的,可以获取相应的报酬。《民法典》第一千一百四十九条规定:"遗产管理人可以依照法律规定或者按照约定获得报酬。"

(3) 遗产管理人有哪些赔偿责任?

遗产管理人应当认真履行职责,以有利于遗产利害关系人的方式妥善保管遗产。如果遗产管理人没有尽到相应的注意义务,致使遗产债权人、继承人、受遗赠人等利害关系人的权益受损的,应当承担损害赔偿责任。《民法典》第一千一百四十八条规定:"遗产管理人应当依法履行职责,因故意或者重大过失造成继承人、受遗赠人、债权人损害的,应当承担民事责任。"比如,未及时清理遗产并编制遗产清单,造成遗产流失;对部分债权人先行赔付,造成其他债权人的债权落空;或者因管理不善造成遗产中的字画毁损,等等,都属于遗产管理人未尽到谨慎管理职责的情形,应当承担民事赔偿责任。

89 遗赠扶养协议制度

遗赠扶养协议是指遗赠人与扶养人签订的关于扶养人承担遗赠人生养死葬的义务,遗赠人将自己的财产于死后赠与扶养人的协议。民法典完善了遗赠扶养协议制度,适当扩大扶养人的范围,明确继承人以外的组织或者个人均可以成为扶养人。对于我国人口老龄化带来的养老问题,遗赠扶养协议制度提供了更多解决方案。

(1) 扶养人的范围是什么?

遗赠扶养协议制度,在原继承法中已有规定:"公民可以与扶养人签订遗赠扶养协议。按照协议,扶养人承担该公民生养死葬的义务,享有受遗赠的权利。公民可以与集体所有制组织签订遗赠扶养协议。按照协议,集体所有制组织承担该公民生养死葬的义务,享有受遗赠的权利。"根据该规定,扶养人仅限于两类:一是自然人,二是集体所有制组织。

《民法典》第一千一百五十八条扩大了扶养人的范围:"自然人可以与继承人以外的

组织或者个人签订遗赠扶养协议。按照协议,该组织或者个人承担该自然人生养死葬的义务,享有受遗赠的权利。"扶养人不再限于集体组织,私营养老服务机构也有权签订遗赠扶养协议。

（2）遗赠扶养协议为什么具有更高的法律效力？

遗赠扶养协议虽然规定在民法典继承编,但其又有着合同的特征,是一种平等、有偿和互为权利义务的民事法律关系。与其他继承方式相比,遗赠扶养协议具有双方义务的属性,扶养人要承担遗赠人的生养死葬的义务,在遗赠人死后取得遗产,因此,相比于无须履行义务即可获得遗产的法定继承和遗嘱继承、遗赠来说,遗赠扶养协议具有更高的法律效力,在遗嘱的内容与遗赠扶养协议的内容发生冲突时,遗嘱中冲突部分的内容无效。《民法典》第一千一百二十三条规定:"继承开始后,按照法定继承办理;有遗嘱的,按照遗嘱继承或者遗赠办理;有遗赠扶养协议的,按照协议办理。"

（3）遗赠扶养协议如何解除？

扶养人与遗赠人签订了遗赠扶养协议之后,如果扶养人无正当理由不履行生养死葬的义务的,遗赠人有权解除协议,扶养人不能享有受遗赠的权利。如果遗赠人无正当理由致使协议无法履行的,比如擅自将遗赠的财产进行处分的,则应当偿还扶养人已经支付的供养费用。

第七编　侵　权　责　任

　　侵权责任是民事主体侵害他人权益应当承担的法律后果。民法典侵权责任编针对侵权领域出现的新矛盾新情况新问题,在总结社会实践经验和汲取司法解释精华的基础上,进一步健全和完善了侵权责任制度。

99 侵权责任编的基本内容

　　民法典侵权责任编,在沿承了原《侵权责任法》基本内容的基础上,为适应新时代新发展新要求,按照新时代全面依法基本方略的要求和人民对美好生活向往的需要,增加了一些新的重要规定,以解决民事侵权领域的新矛盾新问题。民法典侵权责任编与民法典其他各编相互独立又相互联系,共同构建了统一规范、交融互通的民法典体系。

（1）什么是侵权责任?

　　侵权责任,是指因行为人侵害了法律规定的他人合法民事权益而依法应当承担的民事法律责任的总称。《民法典》第一千一百六十四条规定:“本编调整因侵害民事权益产生的民事关系。”侵权责任是对行为人侵害他人人身权利、财产权利、知识产权等合法权益的惩罚和对被侵权人的保护。

　　根据中国裁判文书网的数据显示,侵权责任纠纷案件是全国各地各级法院审结民事案件当中数量排名第三的案件类型,仅次于合同、无因管理、不当得利纠纷和婚姻家庭、继承纠纷。2019年全国法院系统审结侵权责任纠纷案件1027939件,占全年民事总案件量超过了一成的比重。而自2017年起,每年审结的侵权责任纠纷案件都维持在100万件左右。这些数据一方面能够体现侵权责任纠纷是我国十分常见的民事纠纷,另一方面也显示出侵权责任的法律规定对被侵权人利益进行保护的积极作用。

（2）侵权责任编有哪些归责原则？

侵权责任在绝大多数的情况下都是由于侵权人过错引起的，但是根据法律的规定在没有过错的情况下有时也需要承担侵权责任，这就需要我们了解侵权责任的归责原则。

民法典只规定了哪些行为应当如何承担侵权责任，而没有将这些责任的类型进行明确划分，我们可以从法学界的学理解释中去寻找相关答案。通说的学理解释认为，侵权行为需要承担的责任主要包括了过错责任、过错推定责任、严格责任和公平责任等类型。了解这些责任类型能够有效地帮助我们理解侵权责任的轻重以及对被侵权人合法权益保护力度的大小。

首先是过错责任，这是侵权责任当中适用数量最多的责任类型。《民法典》第一千一百六十五条第一款规定："行为人因过错侵害他人民事权益造成损害的，应当承担侵权责任。"过错责任强调的是"有过错须担责，无过错不担责"的归责原则，当事人的举证责任是"谁主张谁举证"。比如说甲方认为乙方有侵权行为应承担责任的话，必须得由甲方拿出证据来证明乙方是有过错的。

其次是过错推定责任，《民法典》第一千一百六十五条第二款规定："依照法律规定推定行为人有过错，其不能证明自己没有过错的，应当承担侵权责任。"过错推定责任，比过错责任要严苛，他将举证责任加给了乙方，也就是说，甲方说乙方有过错，乙方必须证明自己没有过错才不承担责任，否则就推定乙方应当承担侵权责任。

再次是严格责任，《民法典》第一千一百六十六条规定："行为人造成他人民事权益损害，不论行为人有无过错，法律规定应当承担侵权责任的，依照其规定。"严格责任，不要求行为人有过错，只要行为人作出该类行为就要承担侵权责任。

最后是公平责任，《民法典》第一千一百八十六条规定："受害人和行为人对损害的发生都没有过错的，依照法律的规定由双方分担损失。"公平责任，也不要求行为人要有过错，它的目的是为了保护弱势群体等特殊利益，而让行为人承担一部分责任。

由于过错推定责任、严格责任和公平责任对行为人要求比较严苛，而且负担较重，因此只有在法定的特殊情况下才适用。另外，对共同实施侵权、被侵权人自己有过错、第三人有过错等情形，民法典也规定了相关的归责原则，我们会在下面的内容中进行专门的解释和说明。

（3）民法典对侵权责任有哪些新的规定？

民法典是一部与时俱进的法律，它围绕当前社会中关注的一些热点、难点问题增加了一些新的规定：确立了"自甘风险"规则，明确规定了"自助行为"制度，增加了人身损害赔偿的内容，完善了精神损害赔偿制度，完善了公平责任规则，增加规定了委托监护的侵权责任，增加了缺陷产品召回的责任，完善了高空抛物坠物治理规则等。

其中关于"自甘风险",民法典规定了两种情形:一是自愿参加具有一定风险的文体活动,因其他参加者的行为受到损害,除非其他参加者存在故意或重大过失,其他参加者不承担损害赔偿责任。这是对参加者的约束,也是"自甘风险"最基本的情形。二是组织者组织活动时需要对被监护对象尽到监护、管理义务,比如说活动组织者是学校等教育机构,应当在学生受到人身损害时尽到相关监护、管理等义务,否则就要担责,这是对组织者的约束。《北京晚报》2019 年 5 月《男子冰上遛狗不幸坠河身亡,家属向水务部门索赔被驳,法院:自甘风险自担责任》一文就报道了一个案例:"一男子在冬天外出遛狗时,因河面结冰,他便走上永定河一处大坝的消力池内的冰面,不慎落水溺亡。其家属将北京市水务局、丰台区水务局、北京市永定河管理处、丰台区永定河管理所起诉至法院,索赔 62 万元。记者今日(5 月 6 日)获悉,经审理,丰台法院一审判决驳回家属的全部诉讼请求。法院在判决中明确指出,不能以情感或结果责任主义为导向,将损失交由不构成侵权的他方承担。"

民法典关于侵权责任的其他新增规定,将会在下面的内容结合相关规定逐一进行详述。

(4) 侵权责任编与其他编有何联系?

侵权责任编与其他各编是相互独立又相互关联的,它们之间的联系,主要体现在侵权责任编为其他编中规定的权利提供了保护和救济。

一是保护总则编规定的权利。《民法典》第一千一百八十五条规定:"故意侵害他人知识产权,情节严重的,被侵权人有权请求相应的惩罚性赔偿"。这对权利人的知识产权给予了保护。

二是保护物权编规定的权利。《民法典》第一千一百八十四条规定:"侵害他人财产的,财产损失按照损失发生时的市场价格或者其他合理方式计算。"这是对权利人财产权的保护。

三是保护人格权编规定的权利。《民法典》第一千一百七十九条、第一千一百八十三条规定:"侵害他人造成人身损害的,应当赔偿医疗费、护理费、交通费、营养费、住院伙食补助费等为治疗和康复支出的合理费用,以及因误工减少的收入。造成残疾的,还应当赔偿辅助器具费和残疾赔偿金;造成死亡的,还应当赔偿丧葬费和死亡赔偿金","侵害自然人人身权益造成严重精神损害的,被侵权人有权请求精神损害赔偿。因故意或者重大过失侵害自然人具有人身意义的特定物造成严重精神损害的,被侵权人有权请求精神损害赔偿。"这是侵权责任编对人身损害和精神损害分别给予的救济。

四是保护婚姻家庭编、继承编规定的权利。《民法典》第一千一百八十一条规定:"被侵权人死亡的,其近亲属有权请求侵权人承担侵权责任。"这是侵权责任编对被侵权人近亲属权利的保障。

（5）侵权责任编有哪些重要的作用？

侵权责任编为解决我国经济生活中普遍存在的民事纠纷提供了解决途径和救济措施，体现了我国的具体国情，维护了其他各编权利的行使，具有十分重要的意义和作用。

一是能够发挥预防侵权的作用。民法典将侵权责任编侵权责任以法定的形式固定下来，让行为人引以为戒，对自己的侵权后果有明显的法定预期，为不承担侵权责任而不去触碰法律的底线，从而让侵权的事件少发生或不发生。

二是能够发挥救济权利的作用。侵权责任编也规定了权利人的自助行为和侵权责任请求权，在发生侵权行为之前或者过程中，给被侵权人维护合法权益提供法律救济途径，并给予被侵权人损害赔偿。

三是能够发挥制裁侵权的作用。侵权责任编通过规定要求侵权人对被侵权人给予赔偿损失或者恢复原状、赔礼道歉以及惩罚性赔偿等措施，是对侵权人侵权行为的制裁。

四是能够发挥维护权益和自由的作用。民法典中规定的有些权利具有排他的性质，但是这种排他性权利的行使不能以践踏他人的合法权益和自由为前提，侵权责任编通过将违反这一前提的行为认定为侵权责任，以充分维护平等民事主体的自由。

91 多数人侵权责任

在一些侵权纠纷中，侵权行为有可能是两个或者两个以上的多数人实施的，由于这些多数人侵权比单一侵权人的侵权行为要复杂得多，民法典对此进行了专门的规定。

（1）什么是多数人侵权？

多数人侵权，是指二人以上共同实施了造成他人损害的侵权行为，而应当承担的侵权责任。多数人侵权，侵权人必须是两个人以上，而且是必须造成了同一个损害后果。

多数人侵权共同侵害的权利可以是人身权、财产权也可以是知识产权。《山西晚报》2019年11月《爱奇艺被判侵权，天下霸唱承担连带责任》一文报道："近日，备受关注的网剧《鬼吹灯之牧野诡事》被诉侵权案二审结果出炉。2019年10月，江苏省高级人民法院（下称江苏高院）作出二审判决，网剧《鬼吹灯之牧野诡事》片名及相关推广中使用'鬼吹灯'等行为，构成不正当竞争，爱奇艺需赔偿玄霆公司经济损失150万元，东阳向上及天下霸唱就其中的110万元承担连带赔偿责任。"

多数人侵权可以是共同侵权，也可以是各自侵权。共同侵权需要有共同的故意或过失，而各自侵权则没有。

（2）教唆、帮助他人侵权如何认定和归责？

民法典规定了多数人侵权中教唆、帮助他人侵权特殊情形。《民法典》第一千一百六十九条规定："教唆、帮助他人实施侵权行为的，应当与行为人承担连带责任。教唆、帮助无民事行为能力人、限制民事行为能力人实施侵权行为的，应当承担侵权责任；该无民事行为能力人、限制民事行为能力人的监护人未尽到监护职责的，应当承担相应的责任。"

教唆、帮助他人侵权，是一种特殊的共同侵权行为。其中有教唆帮助侵权的一方，还有具体实施侵权的一方，双方一起实施了侵权行为，共同承担连带责任。而在此类共同侵权中的实施主体如果是无民事行为能力人、限制民事行为能力人的话，监护人只在没有尽到监护职责的前提下，为被监护人的侵权行为负责。对于监护人监护责任，我们将在下文中进行专门论述。

侵权责任对责任能力的认定与刑事责任相类似。刑事责任的承担与刑事责任能力有关，对完全刑事责任能力人、限制刑事责任能力人和无刑事责任能力人要求承担不同的刑事责任。民事行为能力人也分为完全民事行为能力人、限制民事行为能力人和无民事行为能力人。在教唆帮助他人实施侵权行为时，被教唆被帮助的侵权人也按照民事行为能力来承担相应的侵权责任。

（3）多数人侵权如何归责？

民法典为了全面合理保护被侵权人，通过连带责任或按份责任要求侵权人对被侵权人给予赔偿。

连带责任是与按份责任相对应的。连带责任是指两个以上的责任主体每个主体都要对共同责任的全部或者部分进行承担。也就是说，所有的责任人都应当承担这个共同责任，直到履行完为止。连带责任是一种法定的责任，具有强制性的效力。当事人相互约定由固定的几个人来完成约定的履行，只能约束自己内部的关系，而不能对被侵权人产生任何效力。当然，被侵权人有权利减轻或者免除侵权人的相关责任。如果被侵权人愿意减轻或者免除部分侵权人责任的话，其他侵权人也将在共同责任基础上减免相应的责任。而按份责任是由侵权人各自或平均承担相应的责任。

对多数人侵权，能明确侵权人的由侵权人承担，不能明确的行为人承担连带责任。《民法典》第一千一百七十条规定："二人以上实施危及他人人身、财产安全的行为，其中一人或者数人的行为造成他人损害，能够确定具体侵权人的，由侵权人承担责任；不能确定具体侵权人的，行为人承担连带责任。"《西宁晚报》2020年4月《西宁一小区高空坠物砸伤保洁，整栋楼54名住户……》一文报道："2018年8月，汪某作为西宁市城北区某小区的保洁人员，在小区内1号楼1单元门前进行卫生打扫时，被高空坠落的半块红砖击中头部，导致原告严重受伤并当场昏迷。经勘查，110出警人员怀疑坠落的半块红砖是从1

号楼1单元内装修的业主家掉落,并查看监控录像和入户调查,但未查明实际侵权人。西宁市城北区人民法院审理认为,84名被告的房屋装修入住情况不尽相同,抛掷物或为房屋建设施工时工地遗留或为业主装修房屋时产生,故无论业主房屋在事发时是否装修,都不能排除该物品可能位于其房屋内,各被告所举证据不能证明事发时,其房屋内没有其他人,因此,除因房屋地理位置不可能抛掷物品致原告损害的3号房屋被告及监控视频拍摄到的1、2楼住户不可能抛掷物品致原告损害的被告外,其他54名被告均作为可能加害的建筑物使用人对原告因砸伤所致的损害后果给予平均补偿。"

另外,《民法典》第一千一百七十一条、第一千一百七十二条还规定:二人以上分别实施侵权行为造成同一损害,每个人的侵权行为都足以造成全部损害的,行为人承担连带责任;能够确定责任大小的,各自承担相应的责任;难以确定责任大小的,平均承担责任。2017年8月中国法院网公布了一起共同侵权案例,其中就对连带责任和按份责任的适用进行了明确:"2010年10月20日,凌某驾驶二轮摩托车行至北松公路时与王某驾驶的二轮车相撞倒地(驾驶人王某已逃逸),适逢张某驾驶的中型货车行驶至此,凌某被货车右后轮碾压致死,经交警部门事故认定,逃逸的王某负事故主要责任,凌某和张某均负事故的次要责任。凌某妻子诉至法院要求张某与逃逸的王某承担连带赔偿责任。法院经审理认定,事故认定已经确定了各当事人的责任大小,应当各自承担相应的责任,故张某不应承担逃逸王某的连带责任。"

92 自助行为制度

自助行为是此次民法典在侵权责任编中新增加的一项制度内容。自助行为制度的设置完善了民法典侵权责任编关于被侵权人自力救济的法律适用,具有重大的法律价值和社会价值。

(1) 什么是自助行为?

自助行为,是指被侵权人凭借自己的力量来恢复或保障合法权利的行为。《民法典》第一千一百七十七条规定:"合法权益受到侵害,情况紧迫且不能及时获得国家机关保护,不立即采取措施将使其合法权益受到难以弥补的损害的,受害人可以在保护自己合法权益的必要范围内采取扣留侵权人的财物等合理措施;但是,应当立即请求有关国家机关处理。"

《湖南日报》2020年6月《守法者不用为他人过错买单》一文报道:"2019年7月的一天晚上,胡田在宁乡沩水边取车时发现车窗玻璃被砸,车内皮包被盗。车边恰巧有一名形迹可疑男子杨某,胡田前去追赶,杨某跳水游走,胡田报警,经警方搜救未果。两天后,该男子的尸体在沩水下游被发现。去年11月,死者亲属将胡田诉至法院,索赔30万元。宁乡市人民法院审理查明,胡田基于杨某深夜在自己车边形迹可疑、自己车内财物失窃且杨某经喝问无应答逃跑的情境,认定杨某有盗窃嫌疑而追赶,属于公民在自身合法权益受到侵害、不能及时获得国家机关保护时的一种自助行为,法院判决驳回了杨某亲属的诉讼请求。长沙市中级人民法院二审维持原判。"

(2) 民法典对自助行为有哪些要求?

自助行为是在不能及时得到国家机关保护的情况下,为维护自己的合法权利,不得已而采取的临时行为措施。因此,需要对自助行为进行必要性的限制,以防止因实施自助行为而侵害到其他人的合法权益以及破坏法律秩序的权威性和稳定性。合法实施自助行为时需要注意六个方面的问题。

第一,必须是自己的合法权益受到了侵害。自己的合法权益包括了自己所处的家庭、组织的利益,也包括了对自己管理权限范围内的权利。但是不能针对与自己无关的属于第三者的权利行使。

第二,这种受侵害的情况是紧迫的,而且不能及时获得国家机关的保护。如果是不紧迫的情况下,或者国家机关能及时到场和有效保护,也不能行使。

第三,不立即采取措施自己的合法权益将受到难以弥补的损害。譬如餐馆老板遇到吃"霸王餐"拒不买单的人,出租车司机载客遇到拒不付账的人,或者财物、遗忘物被盗窃、被侵占而侵权人想要离开的时候。如果这些侵权人当时离开便难以再去追查他们的身份。

第四,只能就侵权人的财物进行留置,而不能对其人身进行过多的限制。受害人可以采取扣留侵权人的随身证件、适当财物或者短时间内不让其离开等必要、合理的措施,来维护自己的权益能够得到保障。

第五,要立即请求有关国家机关来处理。必须要立即报警,请求公安机关来进行处理,而不能擅自作出搜身等行为。

第六,自助行为不能超出必要的限制。《民法典》第一千一百六十七条第二款规定:"受害人采取的措施不当造成他人损害的,应当承担侵权责任。"自助行为的人不能为了维护自己的合法权益而肆意妄为,罔顾他人的合法权益。

(3) 自助行为制度有着怎样的意义?

民法典规定自助行为制度十分必要,为私力救济提供了一项新的合法措施。在民法典颁布之前,自助行为没有任何法律依据,难以受到法律的保护,但是在社会生产生活中,自助行为是广泛存在的。行为人在情况紧迫、来不及请求公力救济的情况下,采取自助措施以避免或减轻自己的财产或人身权利的侵害,常常是能够受到社会习惯和舆论认可的。而自助行为与正当防卫有很大的差别,不能为正当防卫所包含,必须单独予以规定。

另外,民法典通过设置自助行为制度,统一规范了私力救济的适用范围和适用条件,既可以及时有效地保护权利人合法权益,又对自助行为进行必要限制以防止私力救济被滥用和法治秩序被破坏。

93/ 损害赔偿制度

损害赔偿制度,是民法典责任编中又一个重要的保障制度,是侵权人对自己侵权行为造成损害后果而必须承担的法定给付责任,也是被侵权人在合法权益受到侵害而遭受损失时请求赔偿损失的权利。

(1) 什么是损害赔偿?

损害赔偿,是指侵权人因侵害他人的合法民事权益造成他人人身、精神和财产损害而应承担的赔偿责任。侵权损害是侵权人因其侵权行为而造成的被侵权人权利和利益受到损害的后果。这种后果有的可以通过赔偿予以恢复,有的无法恢复,只能通过赔偿来进行抚慰。

损害赔偿的目的,是想通过对损害进行赔偿,使被侵权人遭受的损害得以恢复或减轻。损害赔偿分为人身损害赔偿、精神损害赔偿和财产损害赔偿三种类型。

在损害赔偿制度中,民法典规定了一项重要的归责原则,那就是在前文中所提到的公平责任。《民法典》第一千一百八十六条规定:"受害人和行为人对损害的发生都没有过错的,依照法律的规定由双方分担损失。"

而且民法典还规定了赔偿费用的支付方式,第一千一百八十七条规定:"损害发生后,当事人可以协商赔偿费用的支付方式。协商不一致的,赔偿费用应当一次性支付;一次性支付确有困难的,可以分期支付,但是被侵权人有权请求提供相应的担保。"允许分期付款,对于支付困难的侵权人来说是一件好事,在承担责任的时候可以减少侵权人的一些负担。

(2) 人身伤害有哪些赔偿?

在损害赔偿中,人身伤害是比例较多的。民法典对人身损害赔偿进行了详细规定,其中第一千一百七十九条规定:"侵害他人造成人身损害的,应当赔偿医疗费、护理费、交通费、营养费、住院伙食补助费等为治疗和康复支出的合理费用,以及因误工减少的收入。

造成残疾的,还应当赔偿辅助器具费和残疾赔偿金;造成死亡的,还应当赔偿丧葬费和死亡赔偿金。"此次,民法典将"营养费""住院伙食补助费"明确列为人身损害赔偿项目,扩大了人身损害赔偿的范围,让被侵权人能够得到更多的赔偿。

我国长期实行城乡二元化管理,这导致城镇居民和农民在人身损害赔偿上存在"同命不同价"的不公平现象。而这种现象目前逐步得到缓解,各地为解决问题纷纷出台政策。《中国青年报》2020 年 3 月《江苏统一城乡人身损害赔偿标准》一文报道:"3 月 20 日,江苏省高级人民法院发布《江苏省高级人民法院关于开展人身损害赔偿标准城乡统一试点工作的实施方案》,通过统一城乡标准,消除城乡二元结构带来的赔偿标准差异,适用于发布之日起的所有在审案件。"据媒体报道,北京、上海、深圳、青海、山西等省市也都相继开展了统一城乡人身损害赔偿标准的相关工作。

(3) 什么是精神损害赔偿?

精神损害赔偿是另一个重要的损害赔偿内容。民法典也进一步完善了精神损害赔偿制度。民法典将精神损害赔偿列为两种类型。

第一种是因人身权益受到侵害而造成的严重精神损害的赔偿。《民法典》第一千一百八十三条第一款规定:"侵害自然人人身权益造成严重精神损害的,被侵权人有权请求精神损害赔偿。"这是最基本也是最普遍的精神损害,比如,某个人因他人泼洒硫酸毁损了容颜,被侵权人因他人的侵权行为导致的心理创伤要比肉体上的创伤还要大。因此,民法典明确给予了保护。

第二种是因具有人身意义特定物的毁损灭失而造成的严重精神损害。《民法典》第一千一百八十三条第二款规定:"因故意或者重大过失侵害自然人具有人身意义的特定物造成严重精神损害的,被侵权人有权请求精神损害赔偿。"比如某个家庭的独本家谱,为这个家庭溯本究源提供了重要依据,虽然也许没有什么市场价值,可是一旦被他人毁损灭失,会造成永久的心灵创伤。民法典对这种类型进行了重点表述。

(4) 财产损失赔偿有哪些?

民法典规定的财产损失赔偿,主要包括了一般财产损失赔偿以及知识产权中的财产利益损失赔偿两种类型。

对于一般财产损失赔偿,《民法典》第一千一百八十四条规定:"侵害他人财产的,财产损失按照损失发生时的市场价格或者其他合理方式计算。"这其中民法典规定的是以财产损失时的市场价格来计算,而非现实的市场价格,有利于对损失的财产利益进行公正评估。

对于知识产权,《民法典》第一千一百八十五条规定:"故意侵害他人知识产权,情节严重的,被侵权人有权请求相应的惩罚性赔偿。"这里包括了惩罚性赔偿,即在实际损失赔偿的基础上再增加额外的赔偿,以示惩戒。这是民法典对知识产权加以重点保护的重要举措。

当前一些地方已经开始对知识产权侵权适用惩罚性赔偿制度进行了尝试和探索。《中国质量报》2020 年 6 月《深圳将在全国率先建立专利侵权惩罚性赔偿制度》一文报道:"日前,深圳市发布《深圳经济特区知识产权保护条例(修正案)》,正式向社会公开征求意见并明确,深圳将在全国率先建立惩罚性赔偿制度,大幅提高知识产权侵权法定赔偿额上限。"

另外,在缺陷产品造成他人死亡或者健康严重损害的,以及违反法律规定故意污染环境、破坏生态造成严重后果的两种情形下,民法典也规定被侵权人有权请求相应的惩罚性赔偿。

(5) 损害赔偿有着怎样的重要意义?

一是能够起到补偿相关损害的作用。损害赔偿作为侵权行为的民事责任,其最基本的功能就是填补侵权人对被侵权人所造成的损害,使受害者的权益通过救济途径而得到全部或部分恢复。

二是能够一定程度上给予被侵权人以抚慰。虽然有时人身损害难以康复、人的精神损害也难以用财产衡量,但财产毕竟还是能够给人一定的物质保障,让被侵权人能够有保障地生活。另外要求侵权人对其侵权损害的错误行为进行赔偿,也是对被侵权人的一种告慰和安抚。

三是能够通过制裁达到预防侵权行为的作用。当其他人看到侵权人受到法律的制裁,会提醒自己不要作出类似的侵权行为,从而起到遵法守法、预防侵权的作用。

94　责任主体特殊规定制度

民法典在责任主体特殊规定中列明了监护人、用工人、承揽人、网络服务提供者、安全保障义务人、学校等教育机构等主体的特殊责任。在这里我们重点了解一下监护人监护责任、用工关系的主体责任、安全保障义务人的责任和教育机构的责任。

(1) 什么是监护人监护责任?

监护人监护责任,是指监护人对其监护的无民事行为能力人或限制民事行为能力人因侵权造成他人的损害,依法所应承担的侵权责任。《民法典》第一千一百八十八条、第一千一百八十九条规定了无民事行为能力人、限制民事行为能力人造成他人损害,监护人应当承担侵权责任。另外,监护人将监护职责委托给他人的,受托人有过错的,承担相应的责任。

监护人的监护责任是由被监护人侵权行为所导致的。中国江苏网 2019 年 8 月《两孩子玩丢别人金戒指　法院:监护人承担相应赔偿责任》一文报道:"2018 年 6 月的一天中午,被告刘某带着两个孩子,两个孩子拉开了原告李某的车门,进入车内玩耍,李某没有在意,回到家时发现车内一枚价值 9000 余元的金戒指丢失,于是报了警。警方在询问两个孩子时,他们表示确实在车里拿到一个戒指玩耍,后放入衣服口袋忘记将戒指还了回去。因李某、刘某协商无果,两个孩子都未成年,李某便将孩子的监护人刘某诉至法院,要求赔偿其损失 9000 余元。法院审理认为,行为人因过错侵害他人财产权益的,应承担侵权责任。被侵权人对损害的发生也有过错的,可以减轻侵权人的责任。该案中,两个孩子在原告李某不知情的情况下,拿走原告的黄金戒指玩耍后遗失,应承担赔偿责任。因两个孩子都未成年,一个系限制行为能力人、一个系无民事行为能力人,该二人造成的损害后果,应由监护人承担侵权责任。结合双方的过错程度及戒指购买时价格,法院酌情确定由被告赔偿原告 5000 元损失。"

(2) 用工关系中主体责任有哪些不同?

由于经济社会生活的复杂性和多样性,我国存在着多种用工关系,有基于劳动合同的劳动关系、基于劳务派遣合同的劳务派遣关系、基于雇佣的劳务关系等。在实际工作生活中,职务侵权,劳务派遣、雇佣工、义务帮忙、长短期家政人员侵权等造成的纠纷时有发生。因此民法典对于这些主体的侵权责任给予了明确规定。

关于劳动关系,《民法典》第一千一百九十一条第一款规定:"用人单位的工作人员因执行工作任务造成他人损害的,由用人单位承担侵权责任。用人单位承担侵权责任后,可以向有故意或者重大过失的工作人员追偿。"也就是说,存在劳动关系的劳动者因职务行为侵权的,由用人单位承担责任。

关于劳务派遣关系,《民法典》第一千一百九十一条第二款规定:"劳务派遣期间,被派遣的工作人员因执行工作任务造成他人损害的,由接受劳务派遣的用工单位承担侵权责任;劳务派遣单位有过错的,承担相应的责任。"存在劳动派遣关系的劳动者因职务行为侵权的,还是用工单位来承担责任,劳务派遣单位有过错的也需承担责任。

关于劳务关系,《民法典》第一千一百九十二条规定:"个人之间形成劳务关系,提供劳务一方因劳务造成他人损害的,由接受劳务一方承担侵权责任。接受劳务一方承担侵权责任后,可以向有故意或者重大过失的提供劳务一方追偿。提供劳务一方因劳务受到损害的,根据双方各自的过错承担相应的责任。"劳务提供方因劳务侵权的,由劳务接受方承担责任。

（3）什么是安全保障义务责任?

安全保障义务责任,是指侵权人未尽到法律法规所规定的,或基于合同、习惯等产生的对他人的安全保障义务,造成他人损害时应承担的赔偿责任。

关于安全保障义务责任,《民法典》第一千一百九十八条规定:"宾馆、商场、银行、车站、机场、体育场馆、娱乐场所等经营场所、公共场所的经营者、管理者或者群众性活动的组织者,未尽到安全保障义务,造成他人损害的,应当承担侵权责任。因第三人的行为造成他人损害的,由第三人承担侵权责任;经营者、管理者或者组织者未尽到安全保障义务的,承担相应的补充责任。经营者、管理者或者组织者承担补充责任后,可以向第三人追偿。"由此我们可以得知,安全保障义务责任人要么是经营性公共场所的经营者管理者,要么是公共活动的组织者,他们的责任是因为不作为而承担的责任,跟之前所说的作为侵权有很大的区别。

安全保障义务责任纠纷在生活中比较常见。

（4）教育机构有哪些主体责任?

幼儿园、学校或者其他教育机构在无民事行为能力人和限制民事行为能力人在校期间受到人身损害时,需要对未尽到教育管理职责承担侵权责任。教育机构所承担的侵权责任和安保义务责任人一样,也是不作为责任。

关于无民事行为能力人,《民法典》第一千一百九十九条规定:"无民事行为能力人在幼儿园、学校或者其他教育机构学习、生活期间受到人身损害的,幼儿园、学校或者其他教育机构应当承担侵权责任;但是,能够证明尽到教育、管理职责的,不承担侵权责任。"教育机构对无民事行为能力人承担的是过错推定责任,承担证明责任的主体是教育机构。

关于限制民事行为能力人,《民法典》第一千二百条规定:"限制民事行为能力人在学校或者其他教育机构学习、生活期间受到人身损害,学校或者其他教育机构未尽到教育、管理职责的,应当承担侵权责任。"教育机构对限制民事行为能力人承担的是过错责任,承担证明责任的主体是对方。

关于第三人造成的人身损害,《民法典》第一千二百零一条规定:"无民事行为能力人或者限制民事行为能力人在幼儿园、学校或者其他教育机构学习、生活期间,受到幼儿园、学校或者其他教育机构以外的第三人人身损害的,由第三人承担侵权责任;幼儿园、学校或者其他教育机构未尽到管理职责的,承担相应的补充责任。幼儿园、学校或者其他教育机构承担补充责任后,可以向第三人追偿。"在第三人造成的无民事行为能力人或者限制民事行为能力人人身损害的案件中,教育机构未尽责的承担补充责任,可向第三人追偿。

值得注意的是,教育机构未尽到职责的时候,仅对无民事行为能力人或者限制民事行为能力人的人身损害承担责任,对于财产损害不承担特殊主体责任。

（5）责任主体特殊规定有着怎样的意义？

责任主体的特殊规定具有我国法律特色，是构建民法典法律体系的一项重要内容。它针对不同责任主体的侵权行为作出了不同的规定，是具体问题具体解决的务实表现。

一是与我国具体国情相适应。由于我国经济制度的多样化，各种利益主体的多元化，侵权的责任也是多样化的。就上述的用工关系来说，在我国经济社会中，就存在着劳动关系、劳动派遣关系、劳务关系等，所以，为了符合我国国情的需要，民法典对这些责任主体的侵权责任进行特殊规定。

二是明确了特殊责任主体的责任区别。由于每一个责任主体侵权的行为不一样，有的是作为侵权，有的是不作为侵权；有的是过错责任，有的是过错推定责任，有的是严格责任。因此民法典根据主体的不同对主体的责任进行了特殊规定与区别，从而实现具体问题具体解决。

三是确定了特殊责任主体的归责方法。民法典对上述不同责任主体的归责各不相同，而且对不同侵权人的同一责任主体归责也各不相同。监护人的监护责任是严格责任，安保义务员是过错责任，而教育机构对限制民事行为能力人在学校期间人身损害承担过错责任，对无民事行为能力人承担过错推定责任。这些规则方法也体现了具体问题具体解决。

95 产品责任制度

产品责任制度是特殊的侵权责任。自古以来就有产品责任的问题，明长城和南京古城墙上的每一块砖上都印有制砖者的名字，就是为了解决产品责任的问题。在当今工业社会，由于生产出来产品数量巨大，产品一旦出现缺陷进入市场对社会造成的危害会非常大，因此必须明确产品责任，以减少产品质量问题所造成的侵权事件。

（1）什么是产品责任？

产品责任，是指因产品缺陷造成他人的财产或人身损害，产品的生产者和销售者对受害人承担的侵权责任。

首先，产品责任必须是因为产品有缺陷，而造成对他人的侵权责任。这个产品必须是能够进入流通领域而且能够为他人所用的成品，不能够为人所用的半成品不是产品。如果产品没有缺陷，他人因使用不当而造成了财产或人身损害的，肯定不是产品责任。

其次，产品缺陷必须造成了他人财产或者人身的实际损害。如果有缺陷的产品，已经被他人所使用,但是没有造成财产或人身损害的,也不能算是产品责任。

最后,民法典规定产品责任是严格责任。也就是说只要是因为产品缺陷所造成的他人的损害,无论生产者或者销售者有没有过错都得承担责任。

由于产品责任的风险很大,许多企业为了规避这一风险而购买了产品责任保险。《经济日报》2018 年 5 月《萌狮锂电池已获 1000 万元电池产品责任险保障,单次最高理赔 500 万》一文报道:"萌狮换电于近日启动第二重安全保障——投保电池产品责任险,由中国人民财产保险股份有限公司承保。这意味着,使用萌狮换电共享锂电池服务的用户,如果在使用电动车时或为电池充电时,电池出现漏电、短路、燃烧等意外事故造成用户本人的人身伤亡及第三者的人身伤亡和财产损失,可获得相应经济赔偿。每次事故每人人身伤亡赔偿限额 30 万元(其中医疗费限额 3 万元),每次事故赔偿限额 500 万元,最高保额达 1000 万元。"

(2) 产品责任有哪些归责原则?

民法典规定了产品责任的归责原则,侵权责任承担者首当其冲的就是生产者。《民法典》第一千二百零二条规定:"因产品存在缺陷造成他人损害的,生产者应当承担侵权责任。"作为产品的生产者,对产品负有严格责任,因此只要产品存在缺陷,必须承担侵权责任。保证产品质量安全,是市场经济对产品生产者的基本要求,也是每一个产品生产者的基本素养。没有这样的要求和素养,对于市场和社会来说是灾难性的。

产品一旦进入流通领域,就需要销售者。而对于销售者的责任,《民法典》第一千二百零三条规定:"因产品存在缺陷造成他人损害的,被侵权人可以向产品的生产者请求赔偿,也可以向产品的销售者请求赔偿。产品缺陷由生产者造成的,销售者赔偿后,有权向生产者追偿。因销售者的过错使产品存在缺陷的,生产者赔偿后,有权向销售者追偿。"产品责任一般情况下都是由生产者造成的。但是现实中也存在着销售者是产品缺陷的制造者,比如说运输不当、保管不当,或者擅自加工或改装不当,都有可能将原来没有缺陷的产品变为存在缺陷的产品。但是即便如此,生产者也逃不了关系,只有在赔偿过后,才能向有责任的销售者追偿。

上述中的运输不当和管理不当,有的是第三人造成的,因此《民法典》第一千二百零四条规定:"因运输者、仓储者等第三人的过错使产品存在缺陷,造成他人损害的,产品的生产者、销售者赔偿后,有权向第三人追偿。"对于第三者造成的产品缺陷,生产者和销售者也得事先赔偿,之后才能向第三者进行追偿。

(3) 缺陷产品召回制度有着怎样的意义?

缺陷产品召回制度,是生产者、销售者在发现产品存在缺陷时采取补救措施,以消除损害或者是防止损害扩大的一项强制性制度。

对于缺陷产品召回,《民法典》第一千二百零六条规定:"产品投入流通后发现存在缺陷的,生产者、销售者应当及时采取停止销售、警示、召回等补救措施;未及时采取补救措施或者补救措施不力造成损害扩大的,对扩大的损害也应当承担侵权责任。"民法典里还新规定了采取召回措施的生产者、销售者应当负担被侵权人因此支出的必要费用。对被侵权人给予更多的保护。

民法典规定了被侵权人的请求权。第一千二百零五条规定:"因产品缺陷危及他人人身、财产安全的,被侵权人有权请求生产者、销售者承担停止侵害、排除妨碍、消除危险等侵权责任。"这个请求权保障了被侵权人在事前或事中得到救济的权利。

民法典还规定了产品责任中的惩罚性赔偿。第一千二百零七条规定:"明知产品存在缺陷仍然生产、销售,或者没有依据前条规定采取有效补救措施,造成他人死亡或者健康严重损害的,被侵权人有权请求相应的惩罚性赔偿。"

近年来各地严格执行缺陷产品召回制度,并取得了显著成效。南京市市场监督管理局微信公众号 2019 年 11 月《缺陷产品召回案例发布》一文报道:"近日,江苏省市场监管局召开全省缺陷产品召回工作情况新闻发布会,冯新南副局长专题发布我省缺陷产品召回相关情况。质量发展处、省质量和标准化研究院负责人分别发布了我省缺陷产品召回典型案例和召回制度的相关情况。2013 年起至 2019 年 10 月底,省市场监管局共对 192 家企业生产的 257 款 302.5 万件产品实施了召回,建议 36 家企业生产的 45 款 29.1 万件产品实施整改,为保障民生质量安全、推进高质量发展发挥了积极作用。"

96 机动车交通事故责任

机动车交通事故责任是侵权责任中比重最大的一类责任。根据中国裁判文书网显示:2019 年全国各地各级法院审结侵权责任纠纷案件 1027939 件,其中机动车交通事故责任纠纷案件就达 813095 件,占到了侵权责任纠纷案件总量超过八成。而且自 2017 年起,每年此类案件都维持在 80 万件以上。

(1) 什么是机动车交通事故责任?

机动车交通事故责任,是指因机动车交通事故导致他人人身或财产的损害时,机动车一方应当承担的侵权责任。《民法典》第一千二百零八条规定:"机动车发生交通事故造成损害的,依照道路交通安全法律和本法的有关规定承担赔偿责任。"也就是说机动车交通事故责任主体是机动车一方,而机动车交通事故包括了机动车之间、动车与非机动车之间以及机动车与行人之间发生的交通事故。

对机动车的认定,《道路交通安全法》第一百一十九条规定:"以动力装置驱动或者牵引,上道路行驶的供人员乘用或者用于运送物品以及进行工程专项作业的轮式车辆。"根据这一规定,汽车、新能源车、摩托车、非农用拖拉机、各种专用机械车、特种车等用于载人、载物和从事某种作业的轮式车辆都属于机动车的范围。

（2）机动车交通事故如何归责?

民法典对机动车交通事故归责原则的规定并不明确,只是明确了"属于该机动车一方责任的"处理方式。因此还必须结合《道路交通安全法》视情况来明确归责原则。机动车一方的责任,包括了有过错责任,有过错推定责任,还有严格责任等。

一般情况下,在"属于该机动车一方责任的"情况下,民法典规定了以交通事故责任人为主、机动车所有人为辅的归责原则。《民法典》第一千二百零九条规定:"因租赁、借用等情形机动车所有人、管理人与使用人不是同一人时,发生交通事故造成损害,属于该机动车一方责任的,由机动车使用人承担赔偿责任;机动车所有人、管理人对损害的发生有过错的,承担相应的赔偿责任。"这也就明确了谁有过错谁负责的原则。当然,如果车辆有挂靠关系的,挂靠人和被挂靠人要承担连带责任。

对于在同事、朋友间经常发生的"好意同乘"情况下,出现的机动车交通事故责任,民法典也进行了规定,第一千二百一十七条规定:"非营运机动车发生交通事故造成无偿搭乘人损害,属于该机动车一方责任的,应当减轻其赔偿责任,但是机动车使用人有故意或者重大过失的除外。"

（3）机动车强制保险有着怎样的作用?

机动车强制保险是由保险公司对被保险机动车发生道路交通事故造成受害人的人身伤亡、财产损失,在责任限额内予以赔偿的强制性责任保险。机动车强制保险是我国首个由国家法律规定实行的强制保险制度。它的保费也由国家统一规定。民法典对机动车强制保险的适用进行了规定,第一千二百一十三条、第一千二百一十六条规定:机动车发生交通事故造成损害,属于该机动车一方责任的,先由承保机动车强制保险的保险人在强制保险责任限额范围内予以赔偿。机动车驾驶人发生交通事故后逃逸,该机动车参加强制保险的,由保险人在机动车强制保险责任限额范围内予以赔偿。

我国设立机动车强制保险,有诸多的好处和作用。一是除极个别严重机动车交通事故外,大部分机动车交通事故需要保障的额度不高,机动车强制保险费用较低,能够广泛适用。二是在机动车造成交通事故时,赔付的程序相较于侵权损害诉讼更为简便、及时,能够对被侵权人及时有效给予赔付。三是机动车强制保险也减轻了侵权人的一部分风险和赔偿的压力。还允许机动车所有人通过购买商业保险作为补充来增加赔偿能力。四是通过及时有效的赔付,补偿了被侵权人,能够有效化解社会矛盾,保持社会的和谐稳定。

机动车强制保险在我国发展势头良好。据中国银行保险报网 2019 年 12 月《2018 年全国交强险保费收入 2034 亿元，历年累计经营利润 51 亿元》一文报道："近日，银保监会发布 2018 年机动车交通事故责任强制保险（以下简称"交强险"）业务情况公告。公告显示，2018 年 1 月 1 日至 2018 年 12 月 31 日，各经营交强险业务的保险公司共承保机动车 2.55 亿辆次，交强险保费收入 2034 亿元；赔付成本 1384 亿元，各项经营费用 547 亿元（含救助基金 25 亿元）。2018 年，交强险承保盈利 51 亿元，投资收益 71 亿元，经营利润 122 亿元。历年累计经营利润 51 亿元。"

（4）道路交通事故社会救助基金有着怎样的作用？

道路交通事故社会救助基金制度最早在 2003 年《道路交通安全法》中进行了规定。2006 年出台的《机动车交通事故责任强制保险条例》对这个制度进行了明确的规定。2009 年，财政部等五部委颁布《道路交通事故社会救助基金管理试行办法》对社会救助基金作了详细规定。民法典吸收了以上法律法规规章，将道路交通事故社会救助基金纳入条文。

《民法典》第一千二百一十六条规定："机动车不明、该机动车未参加强制保险或者抢救费用超过机动车强制保险责任限额，需要支付被侵权人人身伤亡的抢救、丧葬等费用的，由道路交通事故社会救助基金垫付。道路交通事故社会救助基金垫付后，其管理机构有权向交通事故责任人追偿。"

道路交通事故社会救助基金是由国家建立的具有社会救助的性质的保障制度。设立基金就是为了国家通过基金给予被侵权人以补偿，以保障被侵权人在道路交通事故之后能够恢复正常生产生活而不至于陷入困境，具有社会保障的性质。在道路交通事故中，如果找不到机动车肇事者，先由救助基金进行垫付，在发现肇事者之后再向其追偿，这样更有利于保护道路交通事故中的受害人。

（5）机动车交通事故责任有着怎样的意义？

机动车交通事故责任因其在侵权责任中的重要性，对维护社会和谐稳定、保障当事人合法权益、化解社会矛盾，有着积极的作用。

一是能够预防机动车交通事故。通过对相关机动车交通事故进行处罚，能够让机动车驾驶人认识到机动车交通事故的严重危害性，提高机动车驾驶人严格遵守交通规则、避免和减少交通事故的法制意识。

二是解决机动车交通事故纠纷。在发生机动车交通事故后，明确责任主体，确定划分归责，让应当承担责任的人依据法律规定，承担起自己的侵权责任。

三是尽可能全面地保障被侵权人。机动车交通事故责任制度中设置了机动车强制保险、机动车商业保险、道路交通事故社会救助基金等多元化的救济途径，并在发生机动车交通事故之后为被侵权人提供充分的保障。

97 环境污染和生态破坏责任

近年来,我国在经济社会取得巨大进步的同时,也面临着环境污染的问题,而且随着生活水平的提高和"绿水青山就是金山银山"观念深入人心,人民群众对生存环境的要求也越来越高,环境保护的意识越来越强。环境污染和生态破坏责任为此提供全面的法律保障。

(1) 什么是环境污染和生态破坏责任?

环境污染和生态破坏责任,是指侵权人因污染环境、破坏生态造成他人损害,应当对损害后果承担的侵权责任。《民法典》第一千二百二十九条规定:"因污染环境、破坏生态造成他人损害的,侵权人应当承担侵权责任。"

民法典为了加大对生态环境保护的力度,专门规定了生态环境损害的惩罚性赔偿制度,第一千二百三十二条规定:"侵权人违反法律规定故意污染环境、破坏生态造成严重后果的,被侵权人有权请求相应的惩罚性赔偿。"

民法典还规定了生态环境损害的修复和赔偿规则。第一千二百三十四条规定:"违反国家规定造成生态环境损害,生态环境能够修复的,国家规定的机关或者法律规定的组织有权请求侵权人在合理期限内承担修复责任。侵权人在期限内未修复的,国家规定的机关或者法律规定的组织可以自行或者委托他人进行修复,所需费用由侵权人负担。"这一要求,加大了生态环境损害者的责任,为修复生态环境损害提供了法律保障。

民法典通过对生态环境损害给予惩罚性赔偿,以及对生态环境损害进行修复要求,能够对试图破坏生态环境的人以严正的警告,并对恶意破坏生态环境者给予严厉的打击。

(2) 环境污染和生态破坏责任如何归责?

环境污染和生态破坏责任是过错推定责任。《民法典》第一千二百三十条规定:"因污染环境、破坏生态发生纠纷,行为人应当就法律规定的不承担责任或者减轻责任的情形及其行为与损害之间不存在因果关系承担举证责任。"也就是说,责任人只有举证证明与自己无关才不承担责任,减轻责任也需要责任人举证。

2019 年 3 月,最高人民法院召开新闻发布会,发布了人民法院生态环境保护典型案例,通报了一个关于水污染的案例:2010 年 9 月 9 日,被中国石油天然气股份有限公司吉林油田分公司位于原告韩国春鱼塘约一公里的油井发生泄漏,部分原油随洪水下泄流进韩国春的鱼塘,导致水质环境不适合渔业养殖。韩国春请求法院判令中石油吉林分公司赔偿 3015040.36 元经济损失。吉林省白城市中院一审判决驳回其诉讼请求。吉林省高院二审改判支持赔偿其 2010 年养鱼损失 1058796.25 元。

最高人民法院再审认为,本案系因原油泄漏使鱼塘遭受污染引发的环境污染侵权责任纠纷。韩国春举证证明了中石油吉林分公司存在污染行为,鱼塘因污染而遭受损害的事实及原油污染与损害之间具有关联性,完成了举证责任;中石油吉林分公司未能证明其排污行为与韩国春所受损害之间不存在因果关系,应承担相应的损害赔偿责任。排放污染物行为,不限于积极的投放或导入污染物质的行为,还包括伴随企业生产活动的消极污染行为。中石油吉林分公司是案涉废弃油井的所有者,无论是否因其过错导致废弃油井原油泄漏流入韩国春的鱼塘,其均应对污染行为造成的损失承担侵权损害赔偿责任。洪水系本案污染事件发生的重要媒介以及造成韩国春 2010 年养鱼损失的重要原因,可以作为中石油吉林分公司减轻责任的考虑因素。综合本案情况,改判中石油吉林分公司赔偿韩国春经济损失 1678391.25 元。

(3) 环境污染和生态破坏责任制度有着怎样的重要意义?

民法典建立环境污染和生态破坏责任制度,从民事法律关系上以严格的责任来约束民事主体从事污染环境和破坏生态的行为,对于我国加强生态环境保护,改善人民生存环境有着重要而深远的意义。

民法典建立环境污染和生态破坏责任制度,一方面衔接了保护生态环境的多重法律体系。行政法和刑法对环境污染和生态破坏都有着相关的处罚规定,明确了人身罚、财产罚、行为罚等处罚措施,民法典通过环境污染和生态破坏责任制度,与行政法和刑法相衔接,共同构建保护生态环境的多重法律体系。另一方面也明确了相关主体的民事责任。通过规定生态环境损害的惩罚性赔偿制度,以及生态环境损害的修复和赔偿规则,对责任主体的民事责任的承担进行了明确。让侵权人为破坏生态环境的不法行为付出沉重的代价。

98 高度危险责任

生产生活中存在一定的风险,而有些风险来自于高度危险作业。高度危险作业的风险非常之大,一旦出现问题会给国家和个人造成巨大的损失。因此国家对高度危险作业的流程进行了严格的限制,民法典也明确了高度危险责任,让高度危险作业的风险可防可控。

(1) 什么是高度危险责任?

高度危险责任,是指责任人在从事高度危险作业时造成他人损害而承担的侵权责任。

《民法典》第一千二百三十六条规定:"从事高度危险作业造成他人损害的,应当承担侵权责任"。高度危险责任可以分为两类。一类是对高度危险活动所承担的责任。比如说使用民用航空器,从事高空、高压、地下挖掘活动或者使用高速轨道运输工具等。另一类是对高度危险物所承担的责任。比如说,民用核设施或者运入运出核设施的核材料发生核事故,占有或使用易燃、易爆、剧毒、高放射性、强腐蚀性、高致病性等高度危险物。

高度危险责任是民法典在当前社会普遍存在各类风险的前提下为受到损害的人提供救济的重要法律保障。但是高度危险作业也是社会生产和发展所需要的,因此,为了既让受害人的利益得到一定的保护,也能让侵权人在赔偿损失后能够生存,保证高度危险作业从业者的整体稳定,以达到平衡二者利益的目的,民法典规定了赔偿限额。《民法典》第一千二百四十四条规定:"承担高度危险责任,法律规定赔偿限额的,依照其规定,但是行为人有故意或者重大过失的除外"。当然,赔偿限额适用的前提是侵权人只是一般过失,如果侵权人是以故意的心态或存在重大过失而造成的侵权,不能适用赔偿限额。

(2) 高度危险责任如何归责?

按照民法典的规定,高度危险责任归责采取的是"谁占有使用谁负责,谁遗失抛弃谁负责"。民法典也对高度危险责任的免责和减责情形进行了规定:不可抗力和自甘风险条件下,责任人不承担责任。《民法典》第一千二百三十七条规定:"能够证明损害是因战争、武装冲突、暴乱等情形或者受害人故意造成的,不承担责任"。第一千二百三十八条:"能够证明损害是因受害人故意造成的,不承担责任"。

关于减轻责任的情形,《民法典》第一千二百三十九条、第一千二百四十条:被侵权人对损害的发生有重大过失的,可以减轻经营者的责任。湖南红网 2015 年 6 月《湘潭县法院巡回开庭进乡镇当庭宣判释法明理》一文报道:"案件被告朱某夫妇系石潭镇人,开有一酒坊,在一次酿酒过程中,因锅炉爆炸,将前来购买酒和讨要酒糟的何某、胡某两夫妻烫伤,两原告均构成十级伤残。考虑到朱某夫妇系石潭人,当地群众对该案关注度高,县法院特将案件进行就地审理。法院经审理认定,两被告未经批准便擅自制作锅炉,锅炉在安装后也未经相关行政部门检测合格便投入使用,且被告未办理司炉操作证,便自行操作,是导致事故发生的主要原因,两被告应对事故承担主要责任,对两原告的经济损失承担 70% 的责任;两原告明知蒸汽锅炉在投入使用时存在一定的危险性,但两原告并未与蒸汽锅炉保持有效的安全距离,忽视安全自身也是导致事故发生的原因,两原告也应负次要责任,对自身经济损失承担 30% 的责任。遂依照有关规定,判决两被告赔偿何某经济损失 65442.46 元,赔偿胡某经济损失 77545.36 元,驳回两原告其他诉讼请求"。

(3) 高度危险责任制度有着怎样的意义?

现代社会因科学技术的广泛运用而发展迅速,但科学技术在扩大人类的建设能力的同时,也增加了破坏能力,因而社会风险也在急剧加大,由于风险无处不在,并且难以预测,而风险所产生的损害也往往非常巨大。高度危险作业虽然风险很大,但是社会发展所必需的,它能够提高工作效率加快工期。为了防控风险所带来的损害,各个法律都对高度危险作业的风险进行限制,民法典就是通过明确高度危险责任来限制高度危险作业可能带来的损害。

一方面,高度危险责任制度是对被侵权人合法利益的一种保护。通过明确责任主体的侵权责任的归属,让被侵权人最容易找到责任人进行索赔,以减少自己的损失。另一方面,高度危险责任制度是对高度危险作业行业的一种保护。通过对违规操作的责任主体进行处罚,以警示其他责任主体认真履行高危作业的规章程序,防止危害的发生;通过免责和减责的相关条款,使正常作业责任主体免受或少受处罚;通过赔偿限额,不让责任主体因一般过失事故而破产。

99 饲养动物损害责任

饲养动物致人损害是一个古老问题。在我国秦代就有律法规定了马食他人庄稼的处置方法,唐律也有明确法律解决恶犬伤人案件,国外的如《美苏尔法典》《汉谟拉比法典》《十二铜表法》等古代法典对动物致人损害也都有相应的规定。而民法典为当今社会解决饲养动物损害指明了法律方向,明确了饲养动物损害责任。

(1) 什么是饲养动物损害责任?

饲养动物损害责任,是指动物饲养人或者管理人对饲养的动物造成他人损害应当承担的侵权责任。《民法典》第一千二百四十五条规定:"饲养的动物造成他人损害的,动物饲养人或者管理人应当承担侵权责任。"

动物饲养人,不仅包括动物的所有人,也包括了其他接受委托饲养的人;而动物管理人,是除了动物所有人外,其他对动物进行管理的人,包括了受委托的、借用的、拾得的动物管理人。

针对当前小区居民因饲养的宠物伤人的事件增多,争议很大,民法典专门明确了宠物伤害责任。《民法典》第一千二百四十五条规定:"饲养的动物造成他人损害的,动物饲养人或者管理人应当承担侵权责任;但是,能够证明损害是因被侵权人故意或者重大过失造成的,可以不承担或者减轻责任"。饲养的动物造成他人损害的,动物饲养人或者管理人承担赔偿责任需根据具体情况来认定责任,如果是被侵权人故意激怒宠物或不小心把关着的恶犬放出来等重大过失造成的,动物饲养人或管理人可以不承担或者减轻责任。

　　而且《民法典》第一千二百四十六条规定:"违反管理规定,未对动物采取安全措施造成他人损害的,动物饲养人或者管理人应当承担侵权责任;但是,能够证明损害是因被侵权人故意造成的,可以减轻责任"。比如饲养人没给宠物注射疫苗、遛狗不拴绳造成损害的,即便是受害人故意逗弄激惹宠物,也不能完全免除饲养人的责任。《江门日报》2019年2月《泰迪狗起身致老太受惊摔成9级伤残,狗主担全责赔20余万》一文报道:"遛狗不拴狗绳到底是多大事? 很多人觉得是小事,可是,江门狗主人高某却因此赔了20万! 估计他肠子都悔青了! 六旬老太欧某在步行街散步时,被一条泰迪犬惊吓倒地,摔成9级伤残。近日,广东省江门市中级人民法院对该饲养动物损害责任纠纷一案作出二审判决,犬主高某因未尽到看管义务,被判处赔付对方医疗费、后续治疗费、伤残赔偿金等20万余元"。

　　另外,民法典还明确了饲养动物应当遵守法律法规,尊重社会公德,不得妨碍他人生活。

（2）饲养动物损害责任如何归责?

　　饲养动物因饲养者的不同以及动物的种类不同,所承担的责任也不同。法律禁止饲养的危险动物致人损害,饲养人是无过错责任;动物园的动物致人损害,动物园是过错推定责任;其他饲养人是严格责任。民法典也明确了免责和减责的情形,第一千二百四十五条规定:"能够证明损害是因被侵权人故意或者重大过失造成的,可以不承担或者减轻责任。"

　　另外,遗弃、逃逸的动物在遗弃、逃逸期间造成他人损害的,由动物原饲养人或者管理人承担侵权责任。人民网2016年3月《三个案例告诉你被狗咬伤谁担责?》一文报道:"今年4月初,肥西县居民赵某散步时,被一只从后面跑来的流浪狗咬了一口,遂到医院处理伤口,并注射狂犬疫苗。赵某经打听得知,咬自己的那条狗似乎是附近居民马某家的。面对找上门要求赔偿的赵某,马某承认那条狗曾经是自己家养的,但却以自己在一个月前送给了别人为由拒绝予以赔偿。庭审中,面对赵某的索赔要求,马某声称自己并不是狗的主人,故不应承担赔偿责任,但未能提供声称所送之人的相关资料。最终,经法官调解,赵某和马某达成了调解协议,约定由马某赔偿赵某的治疗费"。

（3）饲养动物损害责任有着怎样的作用?

　　饲养动物损害责任一直为古今中外的法律所规定,有着积极并且重要的作用,这些作用主要表现在三个方面。

　　一是能够防范饲养动物伤人的危险发生。动物由于存在野性,具有一定危险性,既会造成受害人人身或者财产损害,还有可能引发一些传染疾病的发生。在媒体的报道中,我们经常可以听到一些饲养的烈性动物致人伤害的事件。因此,通过明确饲养动物损害责任,让饲养人加强对饲养动物的管理,防范这些危险的发生。

二是能够加强对被侵权人的充分保护。民法典明确了饲养人对动物致害的严格责任;而对于法律禁止饲养的危险动物,直接明确了饲养人的无过错责任,无论被侵权人有无过错,饲养人都要承担责任;明确了动物园的过错推定责任,饲养动物必须举证自己尽到管理职责才不用担责。这都体现了民法典对被侵权人的充分保护。

三是加强对公共安全的保护。由于宠物经常出没于公共场所,如果其具有直接伤人或者传染疾病的危险性,就会危害公共安全。而且随着人们饲养动物的数量和种类的不断增长,它们对公共安全的危险性也不断增加。民法典增加了饲养动物损害责任内容,以加强危险的控制和避免,避免社会公众受到侵害。

109 建筑物和物件损害责任

建筑物和物件损害是现代社会比较常见的一种致人损害的侵权纠纷类型。建筑物、构筑物或者其他设施以及在上面的搁置物、悬挂物等造成他人的损害,都属于建筑物和物件损害。民法典设立建筑物和物件损害责任具有重要的意义。

(1) 什么是建筑物和物件损害责任?

建筑物和物件损害责任,是指相关责任主体因建筑物及其搁置物、悬挂物以及在公共场所放置物造成他人损害,应当承担的侵权责任。建筑物和物件损害责任主体非常广泛,包括了建筑物、构筑物或者其他设施的建设单位、施工单位,还包括了这些物件的所有人、管理人、使用人以及相关第三人。

建筑物和物件损害中的物的范围也非常的广泛,包括了不动产、道路、林木等以及不动产之上的搁置物、悬挂物等。当然,这些动产通常都与不动产具有一定的关联。它们或者置于不动产之上,或者是建筑物上的搁置物或者悬挂物等。物件致人损害包括的范围也非常宽泛,既包括建筑物自身的倒塌,也包括建筑物的设施等的脱落、坠落;既包括建筑物中抛掷的物品致人损害,也包括堆放物倒塌致人损害以及林木折断、道路上的遗撒物致人损害等。

(2) 建筑物和物件损害责任如何归责?

建筑物和物件损害责任的归责原则是过错推定责任,也就是说侵权责任主体如果不能证明自己没有过错,或者无法证明自己已经履行了相关义务,就要承担责任。

关于建筑物和物件损害责任的归责,《民法典》第一千二百五十三条规定:"建筑物、构筑物或者其他设施及其搁置物、悬挂物发生脱落、坠落造成他人损害,所有人、管理人或者使用人不能证明自己没有过错的,应当承担侵权责任"。《潇湘晨报》2020 年 6 月《被高空坠落物砸伤致面瘫,男子索赔 47 万! 法院这样判》一文报道:"2018 年 1 月,聂某途经佛山市南海区一村居房屋时,头部被房屋坠落物砸中受伤,经鉴定,聂某颅脑损伤致左侧面瘫构成八级伤残,颅脑损伤致嗅觉功能丧失构成十级伤残,后聂某向事主索赔 47 万元。佛山市南海区人民法院审理认为,综合本案证据分析,砸伤聂某的坠落物,应是龙某承揽的涉案房屋加建工程的工地搁置物、悬挂物发生脱落、坠落所致。龙某作为施工人员,未提供证据证明其无过错,应对聂某受伤承担赔偿责任,而房屋所有人陈某也应承担赔偿责任"。

近年来,随着我国城市化进程的加速,城市人口不断增加,由于集约用地的需要,城市的楼层也越来越高。一些高层业主或不讲道德随手向外扔东西,或对物品管理不善导致高空坠物,久而久之,高空抛物坠物成为了社会问题。民法典为了解决这一问题,完善了高空抛物坠物治理规则。规定禁止从建筑物中抛掷物品,《民法典》第一千二百五十四条规定:"从建筑物中抛掷物品或者从建筑物上坠落的物品造成他人损害的,由侵权人依法承担侵权责任;经调查难以确定具体侵权人的,除能够证明自己不是侵权人的外,由可能加害的建筑物使用人给予补偿。可能加害的建筑物使用人补偿后,有权向侵权人追偿。物业服务企业等建筑物管理人应当采取必要的安全保障措施防止前款规定情形的发生;未采取必要的安全保障措施的,应当依法承担未履行安全保障义务的侵权责任。发生本条第一款规定的情形的,公安等机关应当依法及时调查,查清责任人"。民法典强调了公安等机关应当依法及时调查查清责任人,同时还规定物业服务企业等建筑物管理人应当采取必要的安全保障措施防止此类行为的发生。

（3）建筑物和物件损害责任有着怎样的作用?

在各种社会风险不断增加而且无法预料的当下,民法典通过设立建筑物和物件损害责任制度,对于一些人民群众反映强烈的问题给予了法律的责任划分,对保护被侵权人、维护社会和谐稳定起着重要的作用。

一是明确了责任主体并划清了责任的边界。民法典在建筑物和物件损害责任中对各种复杂的情况进行了列举,并逐一明确了责任主体和责任归属。为可能承担侵权责任的主体进行了警示,从而防范相关风险和事故的发生。

二是有效解决相关纠纷。建筑物和物件损害责任对于出现的相关损害后果,分别明确了责任,能够起到定分止争的作用,为促进社会和谐稳定发挥应有的贡献。

三是保护了被侵权人的利益。建筑物和物件损害责任作为一项过错推定责任,将无过错的举证责任交给了侵权人一方,被侵权人只要能证明自己受到的损害与侵权人有关即可,这为保护被侵权人利益提供了极大的便利。

责任编辑:洪　琼

图书在版编目(CIP)数据

应知应会的 100 个民法典知识/佟丽华 编著. —北京:人民出版社,2021.1
ISBN 978－7－01－022959－1

I.①应…　Ⅱ.①佟…　Ⅲ.①民法-法典-中国-干部教育-学习参考资料　Ⅳ.①D923.04

中国版本图书馆 CIP 数据核字(2020)第 252958 号

应知应会的100个民法典知识
YINGZHIYINGHUI DE 100 GE MINFADIAN ZHISHI

佟丽华　编著

人民出版社 出版发行
(100706　北京市东城区隆福寺街 99 号)

北京汇林印务有限公司印刷　新华书店经销

2021 年 1 月第 1 版　2021 年 1 月北京第 1 次印刷
开本:787 毫米×1092 毫米 1/16　印张:15.5
字数:340 千字

ISBN 978－7－01－022959－1　定价:59.00 元

邮购地址 100706　北京市东城区隆福寺街 99 号
人民东方图书销售中心　电话 (010)65250042　65289539